INVESTIEREN WIE DIE PROFIS

JOSHUA PEARL
JOSHUA ROSENBAUM

INVESTIEREN wie die Profis

Die 5 Schritte
der Aktienauswahl

Börsenbuchverlag

Die Originalausgabe erschien unter dem Titel
The Little Book of Investing Like the Pros: 5 Steps for Picking Stocks
ISBN 978-1-118-28140-6

Autorenporträts: Noli Novak
Übersetzung: Egbert Neumüller
Gestaltung Cover: Johanna Wack
Gestaltung und Satz: Sabrina Slopek
Herstellung: Daniela Freitag
Lektorat: Claus Rosenkranz
Druck: GGP Media GmbH, Pößneck

ISBN 978-3-86470-739-1

Bibliografische Information der Deutschen Nationalbibliothek:
Die Deutsche Nationalbibliothek verzeichnet diese Publikation in der
Deutschen Nationalbibliografie; detaillierte bibliografische Daten
sind im Internet über <http://dnb.d-nb.de> abrufbar.

BÖRSEN MEDIEN
AKTIENGESELLSCHAFT

Postfach 1449 • 95305 Kulmbach
Tel: +49 9221 9051-0 • Fax: +49 9221 9051-4444
E-Mail: buecher@boersenmedien.de
www.boersenbuchverlag.de
www.facebook.com/plassenbuchverlage
www.instagram.com/plassen_buchverlage

Gewidmet meinem Großvater Joseph Pearl, einem Holocaust-Überlebenden, wegen seiner Inspiration, beharrlich zu sein und Erfolg zu haben.

– J. P.

In liebendem Gedenken an Ronie Rosenbaum, eine Inspiration zu Stärke und Selbstlosigkeit.

– J. R.

INHALT

VORWORT

Von Howard Marks, dem Co-Vorsitzenden und Mitgründer von Oaktree Capital Management

Im Jahr 2011 schrieb ich ein Buch mit dem Titel „Der Finanz-Code: Die Erfolgsphilosophie des letzten großen Investors“, Originaltitel: „The Most Important Thing: Uncommon Sense for the Thoughtful Investor“. Der Titel war ein bisschen ironisch gemeint, denn bei der Geldanlage gibt es keinen einzelnen Punkt, der am wichtigsten ist. Bei jeder Anlageentscheidung müssen enorm viele Faktoren berücksichtigt werden und der Prozess muss sowohl breit angelegt als auch detailliert, sowohl methodisch als auch kreativ sein.

Wie kann jemand, der Anleger werden will oder auf dem Weg nach oben ist, alle diese Elemente erlernen und verstehen, wie er sie in seine Methodologie aufnehmen kann? „Investieren wie die Profis“ von Joshua Pearl und Joshua Rosenbaum ist in dieser Hinsicht eine grandiose Hilfe. Es sorgt beim angehenden Anleger für eine steile Lernkurve.

Einfach ausgedrückt habe ich noch nie zuvor ein Buch gesehen, das eine so vollständige und durchdachte Einweisung in den Anlageprozess bietet. „Investieren wie die Profis“ ist klar, logisch und gut strukturiert, ein prägnanter Übersichtskurs über das, was Anleger wissen müssen. Es fängt mit den Grundlagen an, mit der Identifizierung von Investmentkandidaten und der Überprüfung ihres Potenzials. Dann geht es dazu über, die Finanzen der betreffenden Unternehmen zu untersuchen und das Potenzial ihrer Geschäftstätigkeit einzuschätzen. Als Nächstes kommt die unerlässliche Einschätzung, ob die identifizierten Eigenschaften zum aktuellen Aktienkurs hoch bewertet oder als Schnäppchen zu haben sind. Den Schluss bilden Überlegungen, wie man ermittelt, welche Rolle die Aktie im Portfolio eines Anlegers spielen kann. Diese Lehren werden durch das gesamte Buch hindurch anhand von Unternehmensbeispielen veranschaulicht.

Unter dem Strich steht für mich fest, dass „Investieren wie die Profis“ eine unkomplizierte Einführung in ein keineswegs unkompliziertes Gebiet darstellt. Um auf dem umkämpften Feld der Geldanlage eine überlegene Performance zu erzielen, muss man sowohl die praxisbezogenen Elemente beherrschen, mit denen die meisten erfahrenen Anleger vertraut sind, als auch die nuancierten Überlegungen, die nur dann zum Erfolg führen, wenn der Anleger sie besser versteht als andere.

Indem der Leser die Erstgenannten zu erkennen und mit ihnen umzugehen lernt, wird der Weg frei, die Letztgenannten zu bedenken. Ich bin froh, dass „Investieren wie die Profis“ verfügbar ist, um das Fortkommen des Lesers zu beschleunigen. Es bietet eine ausgezeichnete Einführung in die Entscheidungen, die zu treffen sind. Sie werden merken, dass gute Entscheidungen eine faszinierende Lebensaufgabe sind.

EINFÜHRUNG

Was unterscheidet dieses Buch von allen anderen Investmentbüchern?

Ihnen ist bestimmt schon aufgefallen, dass es ziemlich viele Bücher über Geldanlage gibt. Viele von ihnen wurden von einigen der besten Investoren der Welt geschrieben. Warum also sollten Sie *unser* Buch lesen?

Die Geldanlage in Aktien ist weiter verbreitet denn je, ob nun direkt oder indirekt über Wertpapierdepots, börsennotierte Fonds (ETFs), Investmentfonds oder Rentensparpläne. Trotzdem haben die allermeisten Privatanleger nicht gelernt, wie man Aktien auswählt, ganz zu schweigen von Grundkenntnissen des Finanzwesens. Und bis jetzt gab es noch keine wirklich zugängliche, leicht verständliche Quelle, die ihnen helfen konnte. „Investieren wie die Profis – Die 5 Schritte der Aktienauswahl" wurde geschrieben, um diese Lücke zu füllen.

Wir halten die Einfachheit und Zugänglichkeit unseres Rahmens für die Aktienauswahl für wahrhaft einzigartig. Wir bringen Ihnen anhand von Beispielen aus dem richtigen Leben und anhand von

Modellen, die wirklich von Profis an der Wall Street verwendet werden, ganz logisch und Schritt für Schritt bei, wie man Aktien auswählt. Unser Ziel ist einfach – Ihnen die Fähigkeiten zu vermitteln, die man braucht, um hochwertige Aktien zu finden, und gleichzeitig sein Portfolio mit bewährten Methoden des Risikomanagements zu schützen.

Unser praxisorientierter Ansatz soll dazu beitragen, den womöglich einschüchternden Anlageprozess zu entmystifizieren. Dank dieser Schulung werden Sie sich von anderen abheben, die weitgehend im Blindflug agieren.

Piloten brauchen eine umfangreiche Ausbildung, bevor sie eine Lizenz bekommen. Ärzte müssen Medizin studieren und dann jahrelang im Praktikum arbeiten. Auch wer professionelle Anlageberatung anbieten will, braucht immerhin eine Zertifizierung. Aber jeder kann ohne jegliche Schulung Aktien kaufen. Wenn man aus dem Bauch heraus und mit einem Gebet auf den Lippen Aktien kauft, setzt man zwar nicht sein Leben aufs Spiel, aber auf jeden Fall seine Finanzen.

In unserem ersten Bestseller, „Investment Banking: Valuation, Leveraged Buyouts, and Mergers & Acquisitions", entwickelten wir eine in hohem Maße praxisorientierte Anleitung für die Bewertung und Unternehmensfinanzierung. Unsere Schritt für Schritt angelegte Methode nach dem Motto „Wie geht das?" kam bei einer breiten Leserschaft gut an, wurde über 200.000-mal verkauft und läuft immer noch gut. Auch wenn dieses erste Buch vor allem für Investmentbanker gedacht war, so zog es doch auch die Aufmerksamkeit professioneller Investoren auf sich.

Wir erhielten auch viele positive Rückmeldungen von Anfängern in Sachen Geldanlage, die die Bewertungsmethoden der Wall Street erlernen wollten. Es verging kaum ein Tag, an dem uns nicht Freunde und Verwandte nach beliebten Aktien fragten – zum Beispiel nach Facebook (FB), Amazon (AMZN), Apple (AAPL), Netflix (NFLX) und Google/Alphabet (GOOG), die gemeinsam als FAANG-Aktien bekannt sind. Bei vielen Fragen ging es darum, dass die AMZN-Aktie für 1.848

Dollar und FB für 205 Dollar gehandelt wurde – und dass FB doch wohl dank des niedrigeren Aktienkurses ein Schnäppchen sei.

Das ist zwar nur ein Beispiel, aber die weite Verbreitung dieses Denkmusters war ein weiterer Anreiz, dieses Buch zu schreiben. Achtung: Wenn Ihnen nicht klar ist, weshalb der Vergleich von AMZN und FB anhand des Aktienkurses anstatt anhand von Gewinn, Geschäftsmodell, Kurstrends und anderer wichtiger Kennzahlen von Grund auf fehlgeleitet ist, dann brauchen Sie das vorliegende Buch unbedingt. Und auch wenn Sie damit (und mit noch ein bisschen mehr) bereits klarkommen, haben wir Ihnen einen Rahmen zu bieten, der Ihnen hilft, die nächste Stufe zu erklimmen!

Mit Unterstützung von Dutzenden erfahrenen Anlegern entwickelten wir für „Investieren wie die Profis – Die 5 Schritte der Aktienauswahl" einen schlüssigen, aus fünf Schritten bestehenden Rahmen für die Aktienauswahl: Findung von Anlageideen, Identifizierung der besten Chancen, Durchführung einer gründlichen finanziellen und wirtschaftlichen Prüfung (die sogenannte „Due Diligence"), Ermittlung der Bewertung und Fällen der endgültigen Entscheidung, ob oder ob nicht investiert wird. Dabei flechten wir auch Schlüsselmethoden der Portfoliozusammenstellung und des Risikomanagements ein. Um Ihnen bei Ihrer Weiterentwicklung zu helfen, bieten wir auf unserer Website www.investinglikethepros.com Echtzeitbewertungen, Finanzmodelle und Vorlagen für das Portfoliomanagement an.

Unser aus fünf Schritten bestehender Rahmen ist so gestaltet, dass er hinreichend reproduzierbar und flexibel genug für verschiedene fundamental ausgerichtete Anlagestile ist. Dazu zählen vor allem Value-Investing, Growth-Investing, GARP (Wachstum zum vernünftigen Preis = Growth at A Reasonable Price)[1], Long-only, Long/Short, ereignisorientiert/Sondersituationen und notleidende Unternehmen. Allen diesen Anlagestrategien ist das Ziel gemeinsam, Aktien mit

---

1 Unternehmen, die ein auf den Markt bezogen überdurchschnittliches Wachstum und attraktive Bewertungen bieten.

nennenswertem Aufwärtspotenzial aufzuspüren, die häufig vom Markt missverstanden, ignoriert oder unterschätzt werden.

Unsere Methode, den Anlageprozess zu vereinfachen, wird auch dadurch begünstigt, dass das Spielfeld heutzutage ebener ist als je zuvor. Lange Zeit stellte die Diskrepanz der Zugänglichkeit von Informationen zwischen institutionellen Investoren und Privatanlegern eine gewaltige Hürde dar. Privatanleger wussten im Allgemeinen nicht, wo oder wie man an die erforderlichen Angaben herankommt.

Heute können dank strengerer Publizitätspflichten und dank des technischen Fortschritts alle Anleger in beispiellosem Maße auf Informationen und Ressourcen zugreifen. Es gibt leistungsfähige kostenlose Werkzeuge, um Aktien zu identifizieren, zu durchleuchten und fundierte Anlageentscheidungen zu treffen. Allerdings muss man lernen, wie man sie richtig verwendet. Und da kommt unser Buch ins Spiel – ein Rahmen, um unter den Tausenden an der Börse notierten Unternehmen Gelegenheiten zu identifizieren.

Um unsere Methoden erfolgreich anzuwenden, muss man sie, während man mit echten Anlageentscheidungen Erfahrungen sammelt, feinabstimmen. Im Laufe der Zeit werden Sie Ihren ganz eigenen Stil und Ihre ganz eigene Methode entwickeln, die unweigerlich von Ihrem Berufs- und Privatleben beeinflusst wird. Zu tollen Aktienideen wird man oft von Beobachtungen im Alltag oder von Passionen angeregt. Letztlich werden sich in Ihrem Portfolio wahrscheinlich Ihre Bildung, Ihre Branchenkenntnisse, Ihre sonstigen Interessen und Ihre Hobbys niederschlagen. Haben Sie Erfahrungen in einer bestimmten Branche? Gibt es ein Thema, einen Sektor oder einen Trend, das oder der Sie fasziniert?

Das ist natürlich erst der Anfang eines kontinuierlichen Prozesses. Der Weg, zum erfolgreichen Anleger zu werden, ist keineswegs leicht. Um den nächsten Schritt zu machen, brauchen Sie Fleiß, Sorgfalt, Urteilsvermögen und analytische Fähigkeiten. Außerdem müssen Sie von Anfang an damit leben können, dass Sie Fehler machen werden. Konzentrieren Sie sich mehr darauf, Ihren Prozess zu verbessern, als auf Ihre Ergebnisse. Sogar Profis ziehen häufig aus ihren *Verlierern* mehr wertvolle Lehren als aus ihren *Gewinnern*.

In einer Welt, in der das passive Investing grassiert, lohnt es sich, sich erneut genauer mit den Vorteilen der aktiven Geldanlage zu befassen. Die passive Geldanlage ist genau das, wonach sie klingt – man fährt, was immer auch geschieht, die gleiche Performance wie der Markt beziehungsweise der betreffende Sektor ein. Vielen reicht dieses Anlageziel und deshalb hat sich die passive Geldanlage dauerhaft etabliert. Ein großer Anteil der Anleger strebt allerdings überdurchschnittliche Renditen an und dafür bedarf es eines aktiven Ansatzes.

Der passive Ansatz behandelt gute und schlechte Aktien gleich, indem er Kapital in einen Indexfonds oder Sektor-ETF investiert. Der gesunde Menschenverstand sagt einem, dass eine bessere Methode Gewinner in den Blick nehmen und Verlierer meiden müsste, um Renditen über dem Marktdurchschnitt zu erzielen. Beispielsweise wäre man, als aufgrund des E-Commerce Ladengeschäfte zu verschwinden begannen, mit einem an den S&P 500 gebundenen ETF in einem Sektor mit Underperformance investiert geblieben. Also warum sollten Sie nicht Ihre naturgegebene Neugier und Intelligenz sowie die Werkzeuge aus unserem Buch verwenden, um mehr zu erreichen?

Bevor wir loslegen, noch ein paar Einschränkungen: Wir haben zwar versucht, aus der hochkomplexen Welt der Geldanlage das Nötigste herauszudestillieren, aber wir können sie nur bis zu einem bestimmten Grad vereinfachen. Sie werden im Laufe des Buches einige grundlegende Begriffe und Konzepte nachschlagen oder auffrischen müssen, zum Beispiel die Grundlagen der Bilanzierung und Finanzmathematik. Richtige Geldanlage ist ein ernsthaftes Unterfangen und erfordert echtes Engagement. Wir glauben allerdings, dass die potenziellen Belohnungen der Mühe wert sind.

DER AUFBAU DIESES BUCHES

Unser Buch besteht aus fünf Kapiteln, die den fünf Schritten unseres Rahmens entsprechen. Dabei verwenden wir stets Beispiele aus der wirklichen Welt, um die betreffenden Konzepte mit Leben zu füllen.

Der fünfstufige Rahmen
I. Ideenfindung
II. Die besten Ideen identifizieren
III. Geschäftliche und finanzielle Due Diligence
IV. Bewertung und Katalysatoren
V. Anlageentscheidung und Portfoliomanagement

Unsere zentrale Fallstudie bezieht sich auf Delphi Automotive, einen Zulieferer der Automobilindustrie, aus dem im Dezember 2017 durch eine steuerfreie Ausgliederung zwei getrennte Unternehmen hervorgegangen sind, die heute separat an der Börse gehandelt werden, als Aptiv (APTV) und als Delphi Technologies (DLPH).[2]

Wir befassen uns das ganze Buch hindurch mit der Chance, die der *Börsengang (IPO = Initial Public Offering) von Delphi Automotive im November 2011* darstellte. Bis zum Zeitpunkt der Konzernspaltung im Jahr 2017 hatte man, wenn man von Anfang an in das Unternehmen investiert hatte, sein Geld fast verfünffacht. Wir verwenden unseren Rahmen, um Sie in der Zeit zurückzuführen und Sie anschaulich durch den Prozess zu geleiten, der einem geholfen hätte, diese Aktie zu entdecken, zu analysieren, zu bewerten und sich über sie zu freuen.

Delphi ist ein Lehrbuchbeispiel für eine Chance durch Sanierung (Restrukturierung) und Turnaround. Bevor das Unternehmen im Jahr 2005 Insolvenz beantragte, hatte es ein fragmentiertes Geschäftsmo-

---

2 Im Dezember 2017 spaltete sich Delphi Automotive durch eine steuerfreie Ausgliederung seiner Antriebsstrang-Sparte in zwei getrennte Unternehmen auf. Dieses Segment wurde in Delphi Technologies umbenannt. Die Sparten Electrical/Electronic Architecture und Electronics & Safety hießen nun Aptiv. Mehr dazu später …

dell, eine nicht wettbewerbsfähige Kostenstruktur und belastende Verbindlichkeiten. Delphi nutzte das Insolvenzverfahren, um seine Produktlinien zu rationalisieren, nicht konkurrenzfähige Abteilungen zu verkaufen und die Fertigung in Niedriglohnländer auszulagern. Die Hauptaktionäre von Delphi – Silver Point Capital und Elliott Management – spielten bei dem Turnaround eine entscheidende Rolle. Sie arbeiteten zusammen mit dem CEO Rod O'Neal und dem Führungsteam des Konzerns an der Transformation des Konzerns. Die rekonfigurierte Strategie des erneuerten Delphi-Konzerns konzentrierte sich auf Technologie und die drei Kernthemen „Sicherheit, Umwelt und Vernetzung".

Nach der Insolvenz wies Delphi ein konzentriertes Produktportfolio, eine weltweit wettbewerbsfähige Kostenstruktur und eine aufpolierte Bilanz auf.

Unter anderem stellten die Hauptaktionäre im Rahmen ihres Wertschöpfungsplans einen Verwaltungsrat von Weltrang zusammen, der Vorstandsvorsitzende börsennotierter Gesellschaften, altgediente Vertreter der Autoindustrie und überaus erfahrene Fachleute für bestimmte Gebiete umfasste (zum Beispiel Technologie, Personalwesen, Kapitalmärkte, Fusionen und Übernahmen). Jack Krol, der ehemalige Vorstands- und Verwaltungsratsvorsitzende von DuPont, wurde zum Verwaltungsratsvorsitzenden ernannt und spielte eine entscheidende Rolle. Dass er zuvor ein führendes Verwaltungsratsmitglied von Tyco International gewesen war, wo er den erfolgreichen Konzernumbau beaufsichtigt hatte, war bei der Entscheidung der Großaktionäre, ihn in den Verwaltungsrat zu holen, ein wichtiger Faktor gewesen. Er und seine Verwaltungsratskollegen arbeiteten konstruktiv mit der Geschäftsleitung zusammen, um eine Strategie zu entwickeln, die die Kapitalallokation, die Vorbereitung des Börsengangs und die Kommunikation mit den Investoren umfasste.

Auch ging Delphi mit wettbewerbsfähigeren Besteuerungsgrundlagen aus der Insolvenz hervor, weil es damals im Vereinigten Königreich steuerpflichtig war. Dazu kamen langfristiger und kurzfristiger Rückenwind, ein ausgebauter „Burggraben“, eine bessere finanzielle Verfassung und eine verlockende Bewertung – summa summarum hatten Anleger auf mehrfache Weise etwas zu gewinnen. Natürlich mussten auch viele Risiken bedacht werden. Man musste bloß wissen, wonach man suchen musste ... und wie man das macht.

Ende 2011 ging Delphi zu einem Aktienkurs von 22 Dollar an die Börse. Die neue Strategie erwies sich in den Jahren danach als nachhaltig und bestand auch noch lange nachdem O'Neal im Jahr 2015 die Zügel an seinen Finanzvorstand Kevin Clark übergab. In dieser Zeit gab es zahlreiche strategische Initiativen, die einen erheblichen Shareholder Value schöpften, und sie gipfelten in der steuerfreien Ausgliederung der Antriebsstrang-Sparte Powertrain Systems im Jahr 2017.

Ende 2017, kurz vor der Aufspaltung von Delphi, wurde die Aktie für mehr als 100 Dollar gehandelt. Anleger, die die Chance bei Delphis Börsengang beim Schopf gepackt hatten, wurden mit einem Ertrag von 375 Prozent belohnt. Das war eine durchschnittliche Jahresrendite von 30 Prozent, während der S&P 500 nur 13 Prozent abgeworfen hatte.

Unser Ansatz der Aktienauswahl in fünf Schritten soll Ihnen helfen, die nächste Delphi Automotive zu entdecken. Auch soll er Ihnen helfen, Ihre Aktienpositionen im zeitlichen Verlauf zu verwalten. So wies beispielsweise der Aktienmarkt im Jahr 2018 erste Anzeichen für eine zyklische Verlangsamung auf. Wie im Kapitel „Post mortem“ besprochen, erlitt die frisch ausgegliederte Antriebsstrang-Sparte Delphi Technologies außerdem einige selbst zugefügte Wunden und war aufgrund ihres geografischen Fußabdrucks mit Gegenwind konfrontiert. Unser System der Frühwarnsignale und der aktiven Überwachung soll Ihnen helfen, solche Fallstricke zu umgehen. Zu wissen, wann man aus einer Position aussteigen oder sie zurechtstutzen sollte, ist genauso wichtig wie die Entscheidung, wann man einsteigen oder aufstocken sollte.

Schritt I: Ideenfindung

Bei Schritt I geht es darum, wie professionelle Investoren auf Anlageideen kommen. Dieser Prozess erfordert viel Geduld und Disziplin. Es kommt nicht selten vor, dass man Dutzende oder gar Hunderte von Unternehmen prüft, bevor man eine Chance von hoher Qualität entdeckt.

Der Schwerpunkt unseres Buches liegt auf dem *Bottom-up*-Investing, einer Methode, die beim Auffinden attraktiver Aktien vom Unternehmen ausgeht. Man beginnt mit einem konkreten Unternehmen und analysiert gründlich seine geschäftlichen Faktoren, seine finanzielle Performance, seine Bewertung und seine Zukunftsaussichten. Den *Top-down*-Ansatz, der anhand volkswirtschaftlicher beziehungsweise makroökonomischer Faktoren (daher auch als „Macro-Investing" bezeichnet) oder anhand langfristiger Themen nach Chancen sucht, besprechen wir ebenfalls. Bei den wichtigsten Top-down-Strategien geht es darum, weltweit oder innerhalb einer Volkswirtschaft Trends beziehungsweise Zyklen der Börse oder der Konjunktur zu erkennen und die Profiteure zu kaufen – sowie im Gegenzug die Opfer zu meiden oder gar zu shorten.

Erfahrene Anleger beziehen meist sowohl Bottom-up- als auch Top-down-Elemente in ihren Ansatz ein. Für den Bottom-up-Anleger ist es gefährlich, bedeutenden makroökonomischen und sonstigen umfassenden Trends nicht genug Aufmerksamkeit zu schenken. Ebenso darf der erfolgreiche Top-down-Anleger die Fundamentalanalyse einzelner Unternehmen nicht ignorieren.

In Schritt I befassen wir uns mit den wichtigsten „Eimern", aus denen professionelle Investoren ihre Ideen schöpfen. Dabei fangen wir mit unterbewerteten Unternehmen an, für die der Weg zu besserer Finanzleistung oder höherer Bewertung offensteht. Dann befassen wir uns mit Unternehmen, die Kapitalmaßnahmen treffen, die ihren Wert erhöhen, zum Beispiel Fusionen und Übernahmen (M&A = Mergers and Acquisitions), Ausgliederungen und Veräußerungen, Umstrukturierungen (Sanierungen) und Turnarounds, Aktienrückkäufe und Dividenden,

Börsengänge (IPOs) und Insiderkäufe. Und zum Schluss erklären wir, wie man erfolgreiche Investoren zwecks Beschaffung neuer Ideen beobachtet.

Schritt II: Die besten Ideen identifizieren

Aus der Grundidee ergeben sich häufig Dutzende potenzieller Investmentgelegenheiten. In Schritt II wird erläutert, wie man eine lange Liste nach den besten Ideen durchforstet. Dafür muss man jede Aktie genauer prüfen, um seine Aufmerksamkeit gezielt auf Ideen zu richten, die zu „Kernpositionen" werden können. Um ein starkes Portfolio auf den Weg zu bringen, braucht man nämlich nur ein paar Aktien von hoher Qualität.

Um die Herde auf diese Weise auszudünnen, muss man jede Idee schnell und systematisch auf hohem Niveau untersuchen. Zu diesem Zweck stellen wir Ihnen einen Rahmen zur Verfügung, der Ihnen dabei hilft. Seine Schwerpunkte sind eine *Anlagethese*, das *Geschäftsmodell*, die *Unternehmensleitung/das Management*, *Risiken und sonstige Überlegungen* sowie *Finanzperformance und Bewertung*. Diese Vorab-Analyse ist notwendig, um das Narrengold vom „wahren Jakob" zu trennen.

Auch bieten wir eine *Vorlage zur Erfassung von Investmentideen* an, mit der Sie Ihr Research zu jeder Aktienidee ordnen und fortführen können. Sie stellt Schritt II unseres Rahmens übersichtlich dar und macht den Vergleich mehrerer Unternehmen leicht.

Je länger die in Schritt I erstellte Liste potenzieller Ideen, umso schwieriger ist die Aufgabe der Filterung. Manchmal springt einem eine Idee, die das Portfolio umkrempelt, regelrecht ins Gesicht. Aber in den meisten Fällen treten die Ideen mit den besten Gewinnchancen nicht so deutlich hervor wie Schwarz auf Weiß. Sobald die offenkundigen Nieten aussortiert sind, kann die gründliche Analyse der verbliebenen Aktien beginnen.

Schritt III: Geschäftliche und finanzielle Due Diligence

In Schritt III ist es Zeit, viel tiefer in die Gelegenheiten einzutauchen, die den Ausleseprozess überlebt haben. Nach der anfänglichen Prüfung sind gründlichere geschäftliche und finanzielle Recherchen erforderlich. Anders ausgedrückt ist dies *die entscheidende Phase der Due Diligence.*

Wir führen vor, wie man beurteilt, ob ein Unternehmen in geschäftlicher Hinsicht eine hohe Qualität besitzt oder eine hohe Qualität erreichen kann. Dafür prüfen wir sowohl seine zentralen Stärken als auch die Risiken, die Ihre Anlagethese kippen könnten. Ein Großteil dieser Arbeit ist qualitativer Natur und erfordert solides Urteilsvermögen sowie solide Erkenntnisse. Dabei ist es besonders nützlich, wenn man Erfahrung mit konkreten Geschäftsmodellen und Sektoren hat und daher mit ihnen vertraut ist. Dabei können Ihnen auch persönliche Interessen und Einblicke zugutekommen.

In finanzieller Hinsicht muss man die wichtigsten Finanzberichte eines Unternehmens gründlich durchkämmen, um seine Vorgeschichte, seine derzeitige Verfassung und seine Aussichten zu ermitteln. Diese Analyse besteht zu einem großen Teil darin, die entscheidenden Posten zu durchleuchten und dafür vertretbare Erklärungen zu finden. Man muss jegliche Schwäche im Hinblick auf das Wachstum, die Margen, den freien Cashflow oder die Bilanz klar erkennen. Wir zeigen Ihnen auch, wie man ein Modell für finanzielle Hochrechnungen erstellt, das die Grundlage für Ihre Bewertung in Schritt IV bildet.

Wenn Sie sich mit den Geschäfts- und Finanzzahlen eines Unternehmens nicht wohlfühlen, dann taugt es wahrscheinlich für Sie nicht als Investment. Und das ist auch gut so. Sie wollen ja nicht in ein Unternehmen investieren, das Sie nicht verstehen oder von dem Sie nichts halten. Und Sie wollen sicherlich nicht in ein Unternehmen mit schwachem Finanzprofil investieren, das sich wohl kaum drastisch bessern wird.

Schritt IV: Bewertung und Katalysatoren

In Schritt IV richten wir unsere Aufmerksamkeit auf die Bewertung, die man mit Fug und Recht als Kernbestandteil des Anlageprozesses bezeichnen kann. Dabei muss man ermitteln, wie viel das Unternehmen wert ist, ob es billig oder teuer ist und ob „Katalysatoren" für eine Neubewertung vorhanden sind. Sogar eine Aktie, die die geschäftliche und finanzielle Überprüfung mit fliegenden Fahnen besteht, kann beim Bewertungstest durchfallen. Das heißt, sie kann zum aktuellen Kurs zu teuer sein, als dass sie eine attraktive Rendite produzieren könnte. Das ist die Falle namens „Unternehmen gut, Aktie schlecht".

Im betreffenden Kapitel bringen wir Ihnen bei, wie man die wichtigsten Bewertungsmethoden anwendet, die den Kern jeder Aktienanalyse bilden. Dazu zählen auf den inneren Wert bezogene Bewertungsmethoden wie zum Beispiel die *Analyse vergleichbarer Unternehmen* und das DCF-Verfahren (DCF = Discounted Cashflow beziehungsweise „abgezinster Zahlungsstrom"). Außerdem besprechen wir Bewertungsansätze für Fusionen und Übernahmen (M&A), unter anderem *bisherige Transaktionen*, die *Analyse fremdfinanzierter Übernahmen* und *Wertzuwachs/Verwässerung*. Danach stellen wir zur Abrundung Ihrer Fähigkeiten nuanciertere Methoden wie die *Sum-of-the-Parts*-Bewertung und den *Nettoinventarwert* (Substanzwert) vor.

Mithilfe einer Kombination dieser Werkzeuge wird das *Kursziel* (beziehungsweise der *Zielkurs*) einer Aktie ermittelt, das für die endgültige Anlageentscheidung unerlässlich ist. Des Weiteren gehen wir häufig vorkommende Katalysatoren durch, die den verborgenen Wert einer Aktie freisetzen und eine Neubewertung auslösen können. Solche Katalysatoren können interner Natur sein, beispielsweise im Rahmen der Weiterentwicklung einer Managementstrategie, oder externer Natur, beispielsweise aufgrund von aktivistischen Aktionären oder regulatorischer Veränderungen. Wichtige Katalysatoren sind übertroffene Gewinnerwartungen, Fusionen und Übernahmen, Kapitalerträge, Refinanzierungen, Führungswechsel und die Markteinführung neuer Produkte.

Schritt V: Anlageentscheidung und Portfoliomanagement

Inzwischen haben Sie eine verlockende Idee identifiziert, die Due Diligence durchgeführt und haben eine Meinung dazu, was das Unternehmen wert ist. All das ist in Ihr Kursziel eingeflossen, das von überragender Bedeutung ist. Nun ist es an der Zeit, die endgültige Anlageentscheidung zu treffen. Sollen Sie die Aktie *kaufen*, *shorten*, *beobachten* oder *sein lassen*?

Ist die Kauf- oder Leerverkaufsentscheidung getroffen, ist die Arbeit aber noch nicht beendet. Danach muss die Position ständig überwacht werden. Neue Entwicklungen können die ursprüngliche Anlagethese zum Besseren oder Schlechteren ändern. Zu einer effektiven Beobachtung gehören stetiges Nachdenken sowie stetiges Analysieren und Zusammenfassen von Ereignissen, die sich auf das zugrunde liegende Unternehmen auswirken können.

Um ein solides Portfolio aufzubauen, braucht man Fähigkeiten, die über die Aktienauswahl hinausgehen. Um ein erfolgreiches Portfolio zusammenzustellen, muss man eine Auswahl von Aktien aussuchen, die auf die persönlichen Anlageziele, die Strategie und die eigene Risikotoleranz zugeschnitten ist. Dafür muss man den Positionen die richtigen Größen und Prioritäten zuweisen. Eine große Position sollte ihrem Rang im Verhältnis zu anderen im Portfolio enthaltenen Aktien bezüglich Qualität, Gewinnpotenzial (einschließlich möglicher Katalysatoren) und Überzeugung entsprechen.

Disziplinierte Anleger verwenden Methoden des Risikomanagements, um ihre Portfolios zu optimieren und sich vor Verlusten zu schützen. Wichtige Instrumente sind die Begrenzung des verlustgefährdeten Kapitals und Richtlinien für Verlustbegrenzung und Gewinnmitnahme. Das verlustgefährdete Kapital hängt unter anderem von der Positionsgröße, von der Konzentration auf Sektoren und von geografischen Schwerpunkten ab. Auch bringen wir Ihnen grundlegende Methoden bei, um Positionen zu hedgen und Portfolios einem Stresstest zu unterziehen.

1

IDEENFINDUNG

Wie findet man Anlageideen?

Zehntausende Unternehmen werden an den vielen Börsen dieser Welt gehandelt. Wo also fängt man an? Die Suche nach Anlageideen kann viele Formen annehmen. Auf der untersten Stufe fängt sie damit an, dass man liest … viel liest. Halten Sie sich über die üblichen Branchenorgane wie *Barron's, Bloomberg, Grant's, The Financial Times* und *The Wall Street Journal* auf dem Laufenden und erweitern Sie darauf aufbauend Ihre Lektüre. Erfolgreiche Anleger widmen dem Geschehen in der Welt Aufmerksamkeit.

Ihre Suche erstreckt sich auch auf Ihr Alltagsleben und auf die Produkte und Dienstleistungen in Ihrem Umfeld. Es gibt zahllose Geschichten über Menschen, die durch Anregungen aus ihrem Alltagsleben großartige Aktienideen gefunden haben. Was kaufen die Menschen? Wo kaufen sie ein? Welche Websites besuchen sie?

Viele Anleger verfolgen einen Bottom-up-Ansatz und konzentrieren sich auf die Fundamentaldaten einzelner Unternehmen. Für diese

Methode gibt es mehrere gängige und häufig genutzte Quellen von Anlageideen. Dazu zählen unterbewertete Unternehmen, „Gewinnsammler", operative Verbesserungen und Turnarounds, M&A, Ausgliederungen, Restrukturierungen und Kapitalrendite. Um solche Chancen zu beurteilen, braucht man ein grundlegendes Verständnis der geschäftlichen Faktoren, der Finanzanalyse und der Unternehmensbewertung. Sie haben weder Betriebs- noch Volkswirtschaft studiert? Keine Sorge – der Bottom-up-Ansatz ist der wichtigste Schwerpunkt unseres Buches und in den nachfolgenden Kapiteln werden wir ihn Ihnen näherbringen.

Andere verwenden einen Top-down-Ansatz und suchen anhand von makroökonomischen oder langfristigen Themen nach Chancen. Sie erwarten, dass solche Themen für beschleunigtes Gewinnwachstum sorgen und im Idealfall für die Neubewertung eines bestimmten Sektors. Die wichtigsten Macro-Top-down-Strategien fokussieren sich auf globale Markttrends und Konjunkturzyklen sowie auf Zinsen, Währungen und Rohstoffe. Zu den langfristigen Themen gehören sich verändernde Konsumgewohnheiten, Grade der Produktpenetration, demografische Entwicklungen, aufstrebende Technologien, strukturelle Wettbewerbsverschiebungen und regulatorische Entwicklungen.

Die meisten erfahrenen Anleger beziehen Bottom-up- und Top-down-Elemente in ihren Ansatz ein. Selbst die glühendsten fundamental orientierten Investoren achten genauestens auf das makroökonomische Umfeld. Man muss unbedingt verstehen, wie sich bestimmte Szenarien auf einzelne Aktien auswirken können. Daher der Spruch: „Ohne Makroanalyse bringt einen die Makroökonomie um."

Der Prozess der Ideenfindung erfordert viel Geduld und Disziplin. Man muss unter Umständen Hunderte von Unternehmen prüfen, bevor eine Gelegenheit von hoher Qualität herausragt. Deshalb kommt es sehr darauf an, wo man sucht und was man sucht.

Es gibt zwar gewisse vorherrschende Methoden, aber jeder Anleger entwickelt seinen eigenen Stil mit seinen eigenen Nuancen und Varianten. Der erfahrungsbasierte Charakter der Geldanlage hat zur Folge, dass professionelle Investoren ihre Methode der Ideenfindung im Laufe der Zeit feinabstimmen. Selbst die ausgefuchstesten Profis müssen sich weiterentwickeln und sich an die dynamischen Marktbedingungen anpassen. Daher fügen sie nach und nach alle möglichen Schikanen hinzu.

FILTER

Filter-Tools – oder „Screens" beziehungsweise „Screener" – sind nützlich, um effizient Investmentideen zu entwickeln. Mit Filtern kann man selbst gewählte Kriterien verwenden, um große Unternehmensdatenbanken durchzusieben und so aussichtsreiche Aktien zu identifizieren. Profis lassen auf ihrer ständigen Suche nach Ideen regelmäßig Filter laufen.

Beispielsweise könnte ein Bottom-up-Screen auf Aktien abzielen, die unterhalb eines bestimmten Bewertungsniveaus gehandelt werden oder schneller als mit einer bestimmten Wachstumsrate wachsen. Oder er richtet sich auf kürzlich erfolgte M&A-Transaktionen, bevorstehende IPOs oder auf Unternehmen, die neue Genehmigungen für Aktienrückkäufe erhalten haben (siehe Abbildung 1.1).

Ein Top-down-Anleger mit der Anlagethese, dass der Ölpreis steigt, sucht etwa nach Chancen im Energiesektor in Kombination mit finanziellen Kriterien. Alternativ könnte sich eine Anlagethese auch auf die langfristigen Trends der zunehmenden Breitbandnutzung oder der zunehmenden Verbreitung von mobilen Geräten stützen. In diesem Fall würde der Filter Subsektoren der Sektoren Technologie, Medien und Telekommunikation mit zusätzlichen Kriterien für ausgewählte Finanzkennzahlen durchkämmen.

Zahlreiche Tools für das Aktien-Screening sind online kostenlos oder verhältnismäßig preisgünstig verfügbar (zum Beispiel Yahoo! Finance). Das Mindeste ist, bei Anbietern von Finanznachrichten

ABBILDUNG 1.1 Filterergebnis – Genehmigung von Rückkäufen über fünf Prozent der Marktkapitalisierung bei Marktkapitalisierung über eine Milliarde US-Dollar

(außer bei Angaben je Aktie in Millionen US-Dollar)

Neue Rückkaufgenehmigungen										Stand 31.12.2012
Datum der Mitteilung	**Unternehmen**	**Tickersymbol**	**Branche**	**Umfang des angekündigten Rückkaufs**	**Anteil an der Marktkapitalisierung**	**Aktueller Aktienkurs**	**Marktkapitalisierung**	**Unternehmenswert**	**EV/ EBITDA e**	**KGV e**
19.12.12	General Motors	GM	Automobile	5.500	11%	28,83	47.944	57.252	3,7	8,2
14.12.12	MSCI	MSCI	Unternehmensdienstleistungen	300	8%	30,99	3.826	4.257	10,2	18,2
13.12.12	CoreLogic	CLGX	Technologie	250	9%	26,92	2.776	3.396	7,3	16,0
10.12.12	Graphic Packaging	GPK	Verpackung	300	12%	6,46	2.572	4.511	7,1	14,4
07.12.12	Lennox International	LII	Industrie	300	11%	52,52	2.705	3.137	9,1	14,7
06.12.12	Sirius XM	SIRI	Satellitenradio	2.000	11%	2,89	19.009	20.888	16,1	19,9
09.11.12	Skyworks Solutions	SWKS	Halbleiter	200	5%	20,30	3.907	3.579	7,0	9,5
07.11.12	Babcock & Wilcox	BWC	Elektrische Anlagen	250	8%	26,20	3.107	2.772	6,1	11,4
05.11.12	Dover Corporation	DOV	Maschinen	1.000	8%	65,71	12.086	13.487	7,8	12,6
23.10.12	Airgas	ARG	Chemische Erzeugnisse	600	8%	91,29	7.202	9.245	10,0	19,8
26.09.12	Alaska Air	ALK	Fluglinie	250	8%	43,09	3.097	2.978	3,4	8,5
13.08.12	Xilinx	XLNX	Halbleiter	750	8%	35,86	9.692	8.901	11,3	16,9

Alerts einzurichten (zum Beispiel Google Alerts, WSJ), die einem frisch gemeldete Unternehmensereignisse anzeigen. Fortgeschrittene Tools, die sich in hohem Maße konfigurieren lassen, bekommt man bei Abonnement-Anbietern wie beispielsweise Bloomberg.

DER BOTTOM-UP-ANSATZ

Bei der *Bottom-up-Geldanlage* nimmt man, um attraktive Aktien zu finden, als Erstes Unternehmen in den Blick. Man geht vom einzelnen Unternehmen aus und führt eine gründliche Analyse seiner geschäftlichen Faktoren, seiner Finanzperformance, seiner Bewertung und seiner Zukunftsaussichten durch. Diese Art von Arbeit bildet die Grundlage der traditionellen Aktienauswahl.

Gängige Bottom-up-Anlagestrategien sind unter anderem Long-only, Long/short und ereignisorientiert/Sondersituationen. Andere richten sich auf bestimmte Sektoren oder geografische Kriterien. Eine Long-only-Strategie kauft und hält ein aus hochwertigen Aktien bestehendes Portfolio, häufig mit einer langfristigen Perspektive. Bei Long/short-Strategien kommt eine Leerverkaufsstrategie hinzu, entweder um sich gegen Risiken bestimmter Aktien oder Sektoren beziehungsweise gegen das Gesamtmarktrisiko abzusichern oder um damit eigenständig Erträge zu erwirtschaften (siehe Kapitel 5). Eine an Ereignissen oder Sondersituationen ausgerichtete Strategie zielt auf Kapitalmaßnahmen wie M&A, Ausgliederungen und Aktienrückkäufe ab.

Wie in Abbildung 1.2 zu sehen, haben sich bestimmte Bereiche als produktiv für die Entwicklung guter Anlageideen erwiesen. Beispielsweise konzentrieren sich Value-Anleger häufig auf unterbewertete Aktien, die vom Markt missverstanden werden. Stockpicker achten auch auf Unternehmen, die aktionärsfreundliche Aktivitäten durchführen, zum Beispiel Rückkäufe, M&A und Verbesserungen des Managements.

ABBILDUNG 1.2 Der Bottom-up-Ansatz

Der Bottom-up-Ansatz
▪ Bewertung
▪ Finanzperformance
▪ Fusionen und Übernahmen
▪ Ausgliederungen und Veräußerungen
▪ Restrukturierungen (Sanierungen) und Turnarounds
▪ Aktienrückkäufe und Dividenden
▪ Börsengänge
▪ Insiderkäufe und Insiderbeteiligungen
▪ Beobachtung erfolgreicher Investoren und Aktivisten

- **Bewertung –** Traditionelle Bewertungsfilter suchen „billige" Aktien gewöhnlich anhand einer Bewertungskennzahl aus. Man muss jedoch zwischen Unternehmen unterscheiden, die billig sind, weil sie verkannt werden, und solchen, die es verdient haben.
- **Finanzperformance –** Finanzkennzahlen und finanzielle Trends sind für die Erkennung potenzieller Gewinner und Verlierer von entscheidender Bedeutung. Sich bessernde Fundamentaldaten können eine verlockende Anlagechance anzeigen, beispielsweise steigende Wachstumsraten, wachsende Ertragsmargen, Schuldenabbau und steigende Renditen. Bei Unternehmen, deren Ertragsmargen geringer als die vergleichbarer Unternehmen sind, sollte man analysieren, ob sie diese Lücke schließen können.
- **Fusionen und Übernahmen –** Fusionen und Übernahmen können einen erheblichen langfristigen Shareholder Value schöpfen. Besonders gilt dies, wenn sich der Erwerber durch die Übernahme stark verändert – eine strategische Übernahme –, wenn er dadurch wächst und sein Portfolio verbessert. Sektoren zu erkennen, in denen es M&A-Kandidaten gibt, kann zu Chancen unter Übernehmern und Übernahmezielen führen.

- **Ausgliederungen und Veräußerungen** – Transaktionen, bei denen ein Unternehmen Geschäftsbereiche an die Börse bringt (wobei die neuen Aktien unter den Bestandsaktionären verteilt werden) oder eine oder mehrere Sparten beziehungsweise Abteilungen verkauft. Ausgliederungen – auch als Spin-offs bezeichnet – und Veräußerungen zielen darauf ab, den vollen Wert von unterschiedlichen Geschäftsbereichen, die sich bisher unter dem Dach eines Konzerns befanden, freizusetzen oder hervorzuheben.
- **Restrukturierungen (Sanierungen) und Turnarounds** – Sanierungen sind Situationen, in denen ein Unternehmen in Form einer Börsennotierung aus einer Insolvenz oder einer Umstrukturierung hervorgeht, was normalerweise mit einer gestärkten Bilanz einhergeht. Turnarounds finden auch außerhalb formaler Insolvenzen und Restrukturierungen statt. Jedes angeschlagene Unternehmen stellt eine Gelegenheit dar, das Potenzial dramatischer Verbesserungen zu nutzen.
- **Aktienrückkäufe und Dividenden** – Dies sind zwei wichtige Methoden, den Aktionären Bargeld zurückzugeben. Was Rückkäufe angeht, sind vor allem Unternehmen interessant, die zum ersten Mal, systematisch oder in erheblichem Ausmaß (zum Beispiel mehr als fünf Prozent der in Streubesitz befindlichen) Aktien zurückkaufen. Bei Dividenden lohnt es, sich mit Erstausschüttungen, erheblichen Renditen oder steigenden Ausschüttungsquoten[1] zu befassen.
- **Börsengänge (IPOs)** – Hier handelt es sich um Erstemissionen von Unternehmen, unter anderem aus Private-Equity-Gesellschaften[2] und Venturecapital-Firmen heraus. Häufig

1 Das ist der Prozentsatz des Reingewinns, der als Dividende ausgeschüttet wird.

2 Alternative Vermögensverwaltungen, die traditionell Unternehmen in Form von fremdfinanzierten Übernahmen (LBO = Leveraged Buyout) erwerben.

werden die betreffenden Unternehmen günstiger als vergleichbare Unternehmen angeboten und aufgrund einer fehlenden öffentlich bekannten Erfolgsbilanz sowie fehlender Vergleichsmöglichkeiten versteht der Markt sie möglicherweise nicht recht.

- **Insiderkäufe und Insiderbeteiligungen** – Wenn führende Manager eines Unternehmens in großen Mengen dessen Aktien kaufen, kann dies darauf hindeuten, dass die Aktie unterbewertet ist oder dass eine signifikante Wertschöpfung bevorsteht. Ebenso verdienen bewährte Vorstandsvorsitzende Aufmerksamkeit, die große finanzielle Anreize haben, die Performance zu steigern.
- **Beobachtung erfolgreicher Investoren und Aktivisten** – Wenn man die Unterlagen durchgeht, die eine ausgewählte Gruppe von Investoren mit guter Erfolgsbilanz bei der Börsenaufsicht einreicht, kann man Kaufgelegenheiten aufdecken. Die SEC[3] verlangt nämlich von Investmentfonds mit einem verwalteten Vermögen (AUM = Assets Under Management) von 100 Millionen Dollar oder mehr, dass sie ihre Aktienpositionen vierteljährlich in einem Formular namens Schedule 13-F offenlegen.[4]

Bewertung

Wenn man ein Bewertungsfilter laufen lässt, muss man mehr tun als nur „billige“ Aktien zu finden. Eine einfache Suche nach Unternehmen mit einem Kurs-Gewinn-Verhältnis (KGV) unter 15 wirft immer eine große Anzahl aus und damit ist man dem Auffinden einer unterbewerteten Aktie wahrscheinlich kaum nähergekommen. Die meisten dieser Unternehmen sind nämlich aus gutem Grund so billig.

---

[3] Securities and Exchange Commission, die US-amerikanische Börsenaufsicht.

[4] In diesem Formular werden die Positionen eines Fonds einschließlich der Anzahl der gehaltenen Aktien aufgelistet. Es muss innerhalb von 45 Tagen nach Quartalsende eingereicht werden.

Es kommt darauf an, Aktien zu finden, die billig sind, weil sie verkannt sind und weil man glaubt, dass ihr Gewinn steigen und/oder der Markt sie im Zuge einer Neubewertung höher einstufen wird, sodass sie ein höheres KGV haben werden. Dabei muss man die sogenannten Value-Fallen vermeiden, also Aktien, die billig wirken, aber aus gutem Grund mit Abschlag gehandelt werden. Sie können sogar aufgrund fundamentaler oder struktureller Faktoren, die ihre künftigen Gewinne gefährden, überteuert sein.

Andererseits findet man vielleicht Aktien, die anhand des KGVs oder im Vergleich zu ähnlichen Aktien nicht billig wirken, deren Weg zur Outperformance jedoch klar vorgezeichnet ist. So kann sich beispielsweise ein schnell wachsendes Unternehmen, das mit einem KGV von 20 gehandelt wird, als interessanter erweisen als ein langsamer wachsendes mit einem KGV von 17,5. Geht man davon aus, dass das Unternehmen mit einem KGV von 20 seinen Gewinn jährlich um 25 Prozent steigert, bedeutet dies, dass das KGV in drei Jahren nur noch 10 betragen wird. Hingegen beträgt das KGV des Unternehmens mit einem derzeitigen KGV von 17,5, wenn sein Gewinn jährlich um 10 Prozent steigt, in drei Jahren 13 und somit ist es dann teurer.

Häufig wird der Bottom-up-Ansatz, um einen effektiven Bewertungs-Screen zu gestalten, mit dem Top-down-Ansatz kombiniert. Beispielsweise kann man nach günstigen Aktien in einem Sektor suchen, der eine bedeutende langfristige Veränderung durchmacht oder einen zyklischen Anstieg erlebt.

Hier einige übliche Bewertungsfilter:

- **Handel zu einem niedrigen absoluten oder relativen Wert** – ein Unternehmen, dessen Bewertung angesichts seiner Fundamentaldaten und seines geschäftlichen Ausblicks verlockend erscheint. Dies kann bezogen auf ähnliche Unternehmen oder auf die historischen Verhältnisse der Fall sein (beispielsweise ein erheblicher Abschlag auf sein

52-Wochen-Hoch oder auf sein Allzeithoch). Normalerweise wird die Bewertung anhand von Verhältnis-Kennzahlen angegeben. Zu den wichtigsten gehören das KGV, das Verhältnis des Kurses zum Free Cash Flow (P/FCF)[5], das Kurs-Buchwert-Verhältnis (KBV) und das Verhältnis des Unternehmenswerts (EV = Enterprise Value) zum EBITDA (EV/EBITDA).[6]

- **Im Verhältnis zum Wachstum attraktive Bewertung** – am Wichtigsten ist hier das ins Verhältnis zum Wachstum gesetzte KGV, das sogenannte Price/Earnings to Growth Ratio (PEG-Ratio oder PEG). Dafür wird das KGV durch das prozentuale Gewinnwachstum geteilt und das Wertangebot angegeben, das eine Aktie im Verhältnis zu seinen Wachstumsaussichten darstellt. Ein niedriges PEG kann darauf hindeuten, dass eine Aktie unterbewertet ist. Wie bereits erwähnt, dürfte eine Aktie mit einem KGV und einer Wachstumsrate des Gewinns pro Aktie (EPS = Earnings Per Share oder EPA = Ertrag pro Aktie) von 25 Prozent und somit einem PEG von 0,8 attraktiver sein als eine Aktie mit einem KGV von 17,5 und 10 Prozent Wachstum, woraus sich ein PEG von 1,75 ergibt.
- **Hohe Rendite bei niedriger Bewertung** – Kennzahlen für die Kapitalrendite, insbesondere die als ROIC (Return On Invested Capital)[7] bezeichnete Variante, sind wichtige

---

[5] Auch der Kehrwert des Kurs-Cashflow-Verhältnisses – die FCF-Rendite – wird von Anlegern häufig verwendet.

[6] Das EBITDA (Earnings Before Interest, Taxes, Depreciation and Amortization) ist ein weithin verwendeter Näherungswert für den operativen Cashflow, denn er gibt die baren operativen Kosten des Unternehmens für die Produktion von Waren und Dienstleistungen wieder.

[7] Sie wird häufig als Nachsteuer-EBIT (Earnings Before Interest and Taxes) oder EBIAT (Earnings Before Interest After Taxes) *geteilt* durch die Netto-Sachanlagen *zuzüglich* Umlaufvermögen berechnet. Man kann das Nachsteuer-EBIT und das EBIAT auch als Geschäftsergebnis nach Steuern oder NOPAT (Net Operating Profit After Taxes) bezeichnen.

Indikatoren der Qualität. Die ideale Gelegenheit verbindet hohe und steigende Renditen mit einer niedrigen aktuellen Bewertung. Hohe Kapitalrenditen können eingesetzt werden, indem man sie in Wachstumsprojekte investiert und/oder den Anlegern Kapital zurückgibt.

Die Finanzperformance

Die Finanzperformance eines Unternehmens sollte sich positiv oder negativ im Aktienkurs niederschlagen. Anziehendes Umsatz- und Gewinnwachstum sollte durch eine starke Aktienkurs-Performance belohnt werden. Wenn sich der Trend verlangsamt, sollte es umgekehrt sein.

Die gleichen Regeln gelten auch für andere entscheidende Finanzkennzahlen, zum Beispiel für die Ertragsmargen, den freien Cashflow und die Kapitalrendite. Manchmal jedoch erkennt der Markt eine Verbesserung der Finanzleistung nicht angemessen an. Und ebenso sollte man einer relativ gesehen schwachen Finanzperformance – zum Beispiel im Verhältnis zur Peergroup niedrigeren Margen oder Renditen – als potenzieller Turnaround-Chance nachgehen.

Die *Kapitalstruktur* geht normalerweise mit der Finanzperformance Hand in Hand. Hier liegt der Schwerpunkt auf der Menge der Schulden eines Unternehmens, auf den Kosten dafür, auf der Frage, wann sie fällig werden und ob es in der Lage ist, die Zinsen zu bezahlen. Ebenso wie die operative Leistung kann auch die Stärkung der Kreditkennzahlen den Aktienkurs vorantreiben.

Die oben erwähnten Kennzahlen müssen sowohl absolut als auch relativ mit denjenigen vergleichbarer Unternehmen verglichen werden. Bei den Filteranbietern gibt es unzählige Variationen für die Erkennung von Trends der Finanzperformance.

Hier einige gängige Kriterien für die Finanzperformance:

- **Wachstum** – wohl der wichtigste Bewertungsfaktor. Beständiges Umsatz- und Gewinnwachstum ist ein klassischer Qualitätsindikator. „Gewinnkumulierer", die jahrein, jahraus liefern, sind das traditionelle Hauptgeschäft des Stockpickers und genießen meist einen Kursaufschlag. Zwar wird Wachstum jeder Art gefeiert, jedoch ist organisches Wachstum dem Wachstum durch Fusionen und Übernahmen vorzuziehen.

- **Margen** – steigende oder sinkende Ertragsmargen sind aufschlussreiche Anzeichen für die Unternehmensleistung. Margenwachstum deutet meist auf Preissetzungsmacht, Kostenkontrolle und Macht gegenüber Zulieferern hin. Nachlassende Margen können ein Warnsignal für große geschäftliche Herausforderungen sein. Anleger konzentrieren sich auf den Bruttoertrag, das EBITDA, den operativen Gewinn (EBIT)[8] und die Nettoertragsmarge.
- **Free Cash Flow (FCF)** – professionelle Investoren achten auf die Fähigkeit eines Unternehmens, einen Cashflow zu generieren, der zur Finanzierung organischer Wachstumsprojekte, von Fusionen und Übernahmen, von Ausschüttungen an die Aktionäre oder der Rückzahlung von Schulden verwendet werden kann. Unternehmen, die einen nennenswerten Anteil ihres Reinertrags in FCF verwandeln, sind hoch angesehen. Entscheidende einschlägige Kennzahlen sind unter anderem die Umwandlungsrate des FCF (FCF im Verhältnis zum Reinertrag oder zum EBITDA) und die FCF-Marge (FCF im Verhältnis zum Umsatz).
- **Rentabilitätskennzahlen** – sie geben die Fähigkeit eines Unternehmens an, seinen Kapitalgebern Gewinne (oder Renditen) zu liefern. Bei diesen Kennzahlen steht im Zähler eine Profitabilitätskennzahl (zum Beispiel EBIAT, NOPAT oder Reinertrag) und im Nenner das Kapital (zum Beispiel

---

[8] Häufig wird das EBIT in Unternehmensabschlüssen als *operativer Gewinn* oder *Gewinn aus laufender Geschäftstätigkeit* angegeben. Es ähnelt dem EBITDA, aber die Abschreibungen für materielle und immaterielle Vermögensgegenstände (Depreciation and Amortization) sind beim EBIT bereits abgezogen.

das Investitionskapital, das Gesamtvermögen oder das Eigenkapital). Rentabilitätskennzahlen geben an, wie effizient die Unternehmensleitung das Kapital verwendet. Im Idealfall sollte das ROIC eines Unternehmens höher sein als sein *Kapitalaufwand* (siehe Kapitel 4), denn das deutet auf die Fähigkeit hin, überschüssige Erträge an die Aktionäre auszuschütten.

- **Kapitalstruktur** – sie trägt auf vielfältige Weise zur Kursperformance einer Aktie bei. Die Kapazität der Bilanz kann genutzt werden, um Wachstumsprojekte zu finanzieren, für M&A oder um Kapital zurückzugeben. Auch bietet sie in schwierigen Zeiten Unterstützung und Liquidität, wie Aktienanleger während der Finanzkrise 2008/2009 (auch als „Große Rezession" bezeichnet) lernen mussten. Zu den wichtigsten Kennzahlen gehören hier das Verhältnis der Schulden zum EBITDA („Verschuldungsgrad") und des EBITDA zu den Zinskosten („Deckungsgrad"). Die Kreditkennzahlen können sich durch steigende Finanzleistung und/oder durch die Begleichung von Schulden bessern.

Fusionen und Übernahmen

M&A (Mergers & Acquisitions = Fusionen und Übernahmen) bezieht sich allgemein auf den Kauf und Verkauf von Unternehmen und Unternehmensteilen. Die Entscheidung, ein komplettes Unternehmen oder einen Teil davon zu kaufen, beruht auf zahlreichen Faktoren. Der wichtigste ist der Wunsch, eine bestehende Plattform durch neue Produkte, neue Kunden, neue Absatzmärkte oder neue geografische Gebiete zu erweitern oder zu verbessern. Durch Fusionen und Übernahmen können aber auch ganz neue Geschäftszweige erschlossen werden. Wachstum durch M&A stellt häufig eine billigere, schnellere und sicherere Möglichkeit dar als ein Geschäft von Grund auf neu aufzubauen.

Es kann verlockend sein, den Schwerpunkt der Suche nach Anlagechancen auf Fusionen und Übernahmen zu legen. Die Suche nach neuen sogenannten „Deals“ von großem Ausmaß ist ein guter Ausgangspunkt. Dadurch findet man häufig „angesagte“ Sektoren, in denen mögliche Übernahmeziele und Erwerber interessante Gelegenheiten bieten können. Was die potenziellen Übernahmeziele angeht, so suchen Investoren vor allem nach natürlichen Übernahmekandidaten, zum Beispiel solchen, die auf 52-Wochen-Tiefs stehen, oder solchen, die im Vergleich zu ähnlichen Unternehmen niedrig bewertet sind. Unter den Erwerbern ragen bewährte Führungsteams mit einer guten M&A-Bilanz heraus, vor allem wenn sie reichlich Bargeld oder einen niedrigen Fremdfinanzierungsgrad haben.

Bevor wir tiefer in die Materie eindringen, eine kurze Warnung: Die M&A-Erfolgsbilanz war im Laufe der Zeit entschieden durchwachsen. Übliche Fallstricke sind zu hohe Preise, fehlgeleitete strategische Wetten, unvereinbare Unternehmenskulturen, Überstrapazieren der Bilanz durch Schulden und schlechte Integration. Jeder dieser Faktoren kann für sich genommen Wert vernichten und gemeinsam sind sie verheerend. Seien Sie also vorsichtig.

Hier einige konkrete auf M&A-Aktivitäten bezogene Strategien:

- **Transformative Deals –** große, strategische und synergetische Transaktionen. *Übliche Filter*: Vor Kurzem angekündigte oder durchgeführte Deals, die mindestens zehn Prozent des Wertes des Käufers vor der Übernahme darstellen.
- **Konsolidierung eines Sektors –** auf diesem Gebiet aktive Sektoren, in denen die Aktienkurse sowohl von potenziellen Übernahmezielen als auch von potenziellen Käufern profitieren können. *Übliche Filter*: Umfang der Deals in einem Sektor, sowohl nach Anzahl als auch nach Größe.
- **Natürliche Übernahmeziele –** Unternehmen, deren Kauf sich aufgrund der strategischen Logik oder aufgrund des KGVs anbietet. *Übliche Filter*: Nur auf einem Gebiet tätige

Unternehmen mit niedrigen Bewertungskennzahlen oder in der Nähe eines 52-Wochen-Tiefs.

- **Bewährte Unternehmenskäufer** – Managementteams mit einer erfolgreichen Bilanz der Durchführung gewinnbringender Transaktionen. *Übliche Filter*: Hinsichtlich Volumen und Geldbetrag der Deals aktive Übernehmer, häufig in Kombination mit wichtigen Bilanzkennzahlen wie etwa einem hohen Bargeldbestand oder einer geringen Fremdfinanzierung.

Transformative Deals

Man kann transformative Deals nach Größe oder nach Strategie definieren, häufig auch nach beidem. Solche Deals verändern Umsatz und Gewinn des Käufers sowie seine strategische Richtung wesentlich. Auch ergeben sich dabei häufig erhebliche Synergien aufgrund von Kosteneinsparungen und Wachstumschancen. In manchen Fällen kann sich daraus eine Neubewertung ergeben, die den Übernehmer mit einem höheren KGV belohnt.

Man sollte Ausschau nach frisch angekündigten oder abgeschlossenen Deals oberhalb einer gewissen Schwelle halten. Dann lese man die Pressemitteilungen und Anlegerpräsentationen aller Übernehmer. Diese enthalten normalerweise eine Beschreibung des Deals, den Umfang der Synergien, den Gewinnzuwachs (beziehungsweise Annahmen zu Kalkulationszwecken) und die strategischen Vorteile der Transaktion.

Unabhängig davon, wie viel davon offengelegt wird, muss man letztlich zu seinen eigenen Annahmen und Urteilen über die finanziellen und strategischen Vorzüge des Deals kommen. Diese schlagen sich in einem Modell der Gewinnsteigerung/Gewinnverwässerung nieder, mit dem man die quantitativen Auswirkungen der Transaktion analysiert (siehe Kapitel 4). Anleger begrüßen Deals, die den Gewinn pro Aktie oder den freien Cashflow pro Aktie wesentlich steigen lassen, im Idealfall auf *Pro-forma*-Basis um zehn Prozent oder mehr.

Im Sommer 2016 kaufte ein Betreiber von Skigebieten namens Vail Resorts (MTN) den Konkurrenten Whistler Blackcomb (WB CN) für 1,2 Milliarden Dollar (EV/EBITDA-Multiple von 13, um Synergien bereinigt von 9). Das war im Verhältnis zum damaligen Unternehmenswert (EV) von MTN in Höhe von 5,8 Milliarden Dollar eine erhebliche Transaktion. Unter Berücksichtigung der Synergien erhöhte der Deal den Gewinn pro Aktie komfortabel.

Whistler gehörte zu den nordamerikanischen Ikonen des Skitourismus und konnte auf eine lange Vorgeschichte mit gesunder Finanzperformance zurückblicken. Der Deal weitete Vails ohnehin schon starkes Wintersportnetzwerk auf den kanadischen Markt aus und dämpfte somit die Saisonabhängigkeit des Gesamtkonzerns, denn Whistler ist ganzjährig tätig.

Der Markt honorierte die Kombination aus unmittelbaren Erlösen und Kostensynergien, den wachsenden Anteil von Saisonpässen und die gemeinsamen Best Practices. Der Kurs von MTN stieg nach der Ankündigung des Deals um acht Prozent. Nach zwei Jahren hatten die Vail-Aktionäre ihr Geld verdoppelt. Dieser transformative Deal lieferte eindeutig transformative Erträge.

Konsolidierung eines Sektors

Ein Sektor, in dem eine Konsolidierung stattfindet, bietet fruchtbaren Boden für Ideen im Zusammenhang mit M&A. Die Aktienkurse sowohl potenzieller Übernahmeziele als auch potenzieller Käufer können im Vorfeld von wertsteigernden Transaktionen steigen. Dadurch entsteht eine potenzielle Win-win-Situation. Im Idealfall beginnt man mit der Geldanlage im Anfangsstadium der Konsolidierungsphase und maximiert so seine Renditen.

Wir empfehlen, frisch bekannt gegebene oder abgeschlossene Deals herauszufiltern und sie dann nach Sektoren zu sortieren. Ein Sektor mit hoher Aktivität legt angemessene Konsolidierungschancen nahe. Auf der nächsten Stufe der Analyse sucht man diejenigen Akteure innerhalb des Sektors heraus, die am wahrscheinlichsten Transaktionen durchführen werden. Dafür muss man sich mit natürlichen Zielen und Käufern gut auskennen.

Ein typisches Narrativ wäre beispielsweise ein bewährter Unternehmenskäufer mit einem ausformulierten M&A-Plan und einem hohen Bargeldbestand. Es kann auch sein, dass einem Unternehmen eine Übernahme misslungen ist und dass es nun auf der Suche nach einem neuen Ziel ist. In diesem Fall kann man auf hohem Niveau eine Vielzahl von potenziellen Übernahmezielen daraufhin analysieren, wie gut sie zum Käufer passen würden und welche Synergien sich ergeben könnten.

Klare Ziele sind attraktiv bewertet und eignen sich strategisch für potenzielle Interessenten. Dabei sind auch soziale Fragen und Fragen der Unternehmensführung von Bedeutung. Gibt es beim Übernahmeziel einen aktivistischen Aktionär? Werden Verwaltungsrat und Führungsmannschaft einen Verkauf des Unternehmens wahrscheinlich unterstützen?

Eine interessante Fallstudie stellt der globale Brauereisektor dar. Anfang der 2000er-Jahre war diese Branche stark zersplittert und die fünf größten Akteure hatten zusammen einen Marktanteil von 25 Prozent. Ein Jahrzehnt später lag er nach mehr als einem Dutzend umfänglichen Deals deutlich über 50 Prozent. In dieser Zeit erzielten die Aktionäre sowohl von Zielen als auch von Käufern überdimensionale Renditen. Erwähnenswert sind unter anderem die Übernahme von Anheuser-Busch durch InBev im Jahr 2008 für 61 Milliarden Dollar und die Übernahme von Foster durch SABMiller im Jahr 2011 für 12 Milliarden Dollar. Im Jahr 2016 gingen die beiden globalen Brau-Giganten zusammen und bildeten einen Konzern mit einer Marktkapitalisierung von 200 Milliarden Dollar.

Natürliche Übernahmeziele

Eine klassische M&A-Anlagestrategie dreht sich darum, natürliche Übernahmekandidaten zu finden. Ganz oben auf der Liste stehen Unternehmen mit großen Mitbewerbern, die expandieren wollen, ebenso Unternehmen mit einzigartigen Vermögenswerten oder Technologien, die sich nahtlos mit einem Branchenkollegen verbinden lassen würden.

Ein klares Ziel könnte etwa ein kleines, auf einen bestimmten Geschäftsbereich konzentriertes Unternehmen sein, das niedrig bewertet ist oder in der Nähe eines 52-Wochen-Tiefs steht. Ein CEO kurz vor dem Ruhestand mit einer großzügigen Abfindung würde die Plausibilität noch erhöhen.[9] Oder das Unternehmen ist so günstig beziehungsweise generiert ausreichend FCF, um das Interesse einer Private-Equity-Firma zu wecken.

Zum Tanzen gehören allerdings zwei. Also muss man auch die potenziellen Käufer verstehen. Sind die logischen Käufer gerade auf Übernahmen aus? Sind ihre Bilanzen für große M&A-Transaktionen stark genug? Hat vielleicht ein Private-Equity-Käufer Interesse?

Sich an bewährten Unternehmenskäufern zu orientieren kann zwar eine effektive Strategie sein, aber im Vorfeld ist es meist sicherer, auf das Ziel zu setzen. Im historischen Durchschnitt beträgt der Übernahmeaufschlag für börsennotierte Gesellschaften 30 bis 40 Prozent. In manchen Fällen ist der Aufschlag viel höher, zum Beispiel bei Übernahmeschlachten oder feindlichen Übernahmen. Den richtigen Übernahmekandidaten zu finden kann innerhalb kurzer Zeit eine sehr hohe Rendite bringen.

In dieser Hinsicht sind ehemalige Investmentbanker klar im Vorteil, denn sie kennen sich mit der Mechanik, Dynamik und den Motivationen von M&A-Transaktionen aus.

Im März 2016 wurde Valspar (VAL) im Rahmen eines bar abgewickelten Deals für 113 Dollar je Aktie von Sherwin-Williams (SHW) übernommen und so entstand der weltgrößte Konzern für Farben und Lacke. Das stellte gegenüber dem damaligen Aktienkurs von VAL einen Aufschlag von 41 Prozent und gegenüber dem Allzeithoch einen

---

[9] Das Alter und das Finanzpaket leitender Manager werden in dem alljährlich bei der SEC eingereichten Vollmachtsformular angegeben.

Aufschlag von 28 Prozent dar. Unter Berücksichtigung der Schuldenaufnahme betrug der Kaufpreis insgesamt 11,3 Milliarden Dollar (EV/EBITDA-Multiple von 15, um Synergien bereinigt 11).

Da Valspar der fünfgrößte Beschichtungshersteller war und in dieser Branche die Größe zählt, gab es zahlreiche logische Kaufinteressenten. Durch sein Engagement im Asien-Pazifik-Raum sowie durch seine Vorgeschichte der Innovation und der technischen Kompetenz wurde seine Attraktivität noch weiter gesteigert. Kurz gesagt lagen alle Anhaltspunkte für Anleger vor, die gern einen natürlichen Übernahmekandidaten stützen wollten.

Der Deal streute die Kundenbasis von Sherwin-Williams und seine geografische Abdeckung breiter und gleichzeitig brachte er zusätzliche Produkte und Kompetenzen mit sich. In finanzieller Hinsicht brachte die Transaktion große Synergien und ließ das EPS um 20 Prozent steigen. Die SHW-Aktionäre wurden vom Datum der Bekanntgabe bis Ende 2019 durch eine hübsche Rendite von 115 Prozent belohnt – mehr als das Doppelte der Rendite des S&P 500 im selben Zeitraum.

Bewährte Unternehmenskäufer

Mit bewährten Käufern sind Unternehmen gemeint, die den Abschluss erfolgreicher kurs- und wertsteigernder Deals vorweisen können. In guten Zeiten steigern Fusionen und Übernahmen eine solide Performance. In schweren Zeiten helfen Fusionen und Übernahmen, Gegenwind bei Umsatz und Gewinn auszugleichen.

Die Aktien bewährter Unternehmenskäufer steigen bei Bekanntgabe eines Deals häufig. Solche Unternehmen haben sehr fähige CEOs und eigene M&A-Profis, die häufig ehemalige Investmentbanker sind. Eine typische Strategie könnte darin bestehen, margenschwache Konkurrenten zu übernehmen, deren Margen ein neues Management steigern kann. Bewährte Unternehmenskäufer haben eine erprobte Integrationsstrategie, die zum Erbgut des Unternehmens gehört. Das versetzt sie in die Lage, Übernahme und Integration erfolgreich umzusetzen und dadurch einen zusätzlichen Wert zu liefern, der über den Kaufpreis hinausgeht.

Die Orbia Advance Corporation SAB (ORBIA), ehemals Mexichem SAB, ein weltweit tätiger Chemiekonzern mit Sitz in Mexiko-Stadt, begann Anfang 2007 mit einer Reihe strategischer Übernahmen. Im Rahmen seiner Initiative, das Downstream-Geschäft auszuweiten und sich geografisch zu diversifizieren, übernahm der Konzern im Laufe der nächsten Jahre Grupo Amanco, AlphaGary, Wavin und Dura-Line. Diese auf M&A ausgerichtete Strategie erwies sich für die Aktionäre als hochprofitabel. Bis zum Herbst 2014 war der Aktienkurs von Mexichem von 7 auf 56 Dollar gestiegen, eine Verachtfachung in acht Jahren.

Und wo ist nun der Haken? Ist das Investieren in erfolgreiche Serienübernehmer zu schön, um wahr zu sein? Nun ja, es gibt dabei mehrere Risiken. Zunächst einmal braucht man für diese Strategie eine große Pipeline an brauchbaren Zielen. Außerdem hängt sie davon ab, ob attraktive Märkte zur Schuldenfinanzierung vorhanden sind. Und darüber hinaus kann sich die Analyse der eigentlichen Finanzperformance von Serienübernehmern aufgrund der zahlreichen Variablen als Herausforderung entpuppen.

Und schließlich kann es ja auch sein, dass die Aktie eines bewährten Übernehmers bereits perfekt bewertet ist. Es kann sein, dass die Erwartungen der Anleger bezüglich weiterer gelungener Deals astronomisch hoch sind und somit die Enttäuschung vorprogrammiert ist.

Ausgliederungen und Veräußerungen

Eine Ausgliederung – ein *Spin-off* – findet statt, wenn eine Muttergesellschaft einen ihrer Geschäftsbereiche an die Börse bringt oder Aktien dieser Sparte an ihre Aktionäre ausgibt. Nach der Ausgliederung ist das ausgegliederte Unternehmen vom Mutterunternehmen unabhängig; es hat sein eigenes Führungsteam, seinen eigenen Verwaltungsrat und seine eigenen Aktionäre. Spin-offs sorgen in der Finanzpresse für Schlagzeilen und lassen sich daher leicht überprüfen.

Sie können für Stockpicker lohnenswert sein. Schließlich steht ja hinter der Trennung der Geschäftsbereiche die Absicht, Shareholder-

Value freizusetzen. Die den einzelnen Geschäftsbereichen innewohnenden Werte sollen dabei größer sein als der Wert des bestehenden konsolidierten Mutterkonzerns. Weshalb sonst sollte man sich auf die Kosten und Mühen eines Spin-offs einlassen? Das Gleiche gilt für den Verkauf beziehungsweise die Veräußerung von Sparten, die nicht zum Kerngeschäft gehören oder die schlecht laufen.

Nach der Trennung können sowohl die Muttergesellschaft als auch die ausgegliederte Gesellschaft bedeutendes Aufwärtspotenzial aufweisen und sie müssen unabhängig voneinander bewertet werden. Der Aktienkurs der Muttergesellschaft kann durch das Abstoßen eines nicht zum Kerngeschäft gehörenden und vernachlässigten Geschäftszweigs steigen. Das ausgegliederte Unternehmen, das häufig von minderer Qualität ist oder dem nicht genug Kapital zugeteilt wurde, kann sogar noch größere Chancen bieten. Normalerweise gerät die Aktie der ausgegliederten Gesellschaft sofort unter Verkaufsdruck, weil sich die Aktionärsbasis umschichtet. Größere Vermögensverwaltungen scheuen meistens vor kleineren, illiquiden Aktien zurück und stoßen sie deshalb ab.

Zusätzlich leidet die Bewertung des gerade erst eigenständig gewordenen Spin-offs unter einem grundsätzlichen Mangel an Informationen und Interesse. Frisch an die Börse gebrachte Unternehmen werden oft mit Abschlag gehandelt, weil sie sich noch nicht bewährt haben, denn sie haben ja keine eigenständige Erfolgsbilanz vorzuweisen. Außerdem werden sie anfangs nur begrenzt von Analysten beobachtet, vor allem wenn ihre Kapitalisierung im Small-Cap-Bereich liegt. Diese Eigenschaften – ungerechtfertigter Verkaufsdruck, Bewertungsabschlag und Informationsasymmetrie – können ein verlockendes Szenario bilden.

Bei *Veräußerungen* liegt die Chance bei der Muttergesellschaft. Schließlich liegt ja die hauptsächliche Motivation, ein nicht zum Kerngeschäft zählendes oder schlecht laufendes Unternehmen zu verkaufen, darin, Wert freizusetzen. Das ist eine klassische „Addition durch Subtraktion“. Das Abstoßen eines minderwertigen Geschäftszweigs sollte dank eines verbesserten Produktmixes zu höheren Bewertungskennzahlen führen. Auch dürfte es dem Aktienkurs zugutekommen, dass die Umsatzerlöse in höherwertige Initiativen gesteckt oder für die Begleichung von Schulden verwendet werden.

Im Juli 2010 meldete Northrop Grumman (NOC), es befasse sich mit dem Verkauf oder der Ausgliederung seiner militärischen Schiffbausparte, die jetzt als Huntington Ingalls (HII) gehandelt wird. Damals war das Branchenumfeld ungünstig, weil mit sinkenden Rüstungsausgaben gerechnet wurde. Außerdem wurde NOC im Vergleich zu Branchenkollegen mit einem großen Abschlag gehandelt.

Glücklicherweise waren sowohl NOC als auch HII bei „kriegsentscheidenden" Plattformen stark positioniert, die der Staat schwerlich kürzen konnte. Als die Ausgliederung angekündigt wurde, kostete die NOC-Aktie 50 Dollar. Bis Ende 2019 war sie auf 344 Dollar gestiegen. Zudem realisierten diejenigen NOC-Aktionäre, die die an sie ausgegebenen HII-Aktien behalten hatten, einen zusätzlichen Wert von mehr als 40 Dollar. Dies ergab einen impliziten Gesamtwert von fast 400 Dollar je Aktie, was eine Gesamtrendite von fast 600 Prozent beziehungsweise eine durchschnittliche Jahresrendite von 20 Prozent ergab.[10]

Restrukturierungen und Turnarounds

Mit Restrukturierungssituationen sind Unternehmen gemeint, die ein Insolvenzverfahren oder einen ähnlichen Umstrukturierungsvorgang hinter sich haben. Die Eigentümer solcher Unternehmen sind üblicherweise ehemalige Anleihe- und Aktieninhaber sowie neue Anleger von Darlehensfonds und Fonds für notleidende Schulden. Viele von ihnen haben die Schuldpapiere des Unternehmens wahrscheinlich in Zeiten einer finanziellen Notlage gekauft und sind zu Eigentümern geworden, als diese Schulden in Eigenkapital umgewandelt wurden. Somit haben sie grundsätzlich eine niedrige Kostenbasis und neigen

---

[10] Die NOC-Aktionäre erhielten auf jeweils sechs NOC-Aktien eine HII-Aktie.

von Natur aus zum Verkauf, weil sie ihre Positionen durch einen Verkauf, einen Börsengang oder ein Relisting flüssig machen wollen.[11]

Solche Unternehmen werden bei einem Relisting aufgrund ihrer früheren Probleme häufig missachtet oder missverstanden. Insofern sind sie wie Ausgliederungen, nur eben mit einer kontroversen Vergangenheit. Und ebenso wie Ausgliederungen sind sie leicht zu finden und stellen faszinierende Anlagechancen dar.

Bei vielen derartigen Unternehmen laufen die Geschäfte im Grunde solide. Die Umstrukturierung wurde möglicherweise durch eine unkluge Schuldenbelastung, durch einen einmaligen Schock beziehungsweise ein einmaliges Ereignis oder durch Missmanagement veranlasst. Die Lösung des Problems hängt normalerweise von seiner Ursache ab. Eine allzu aggressive Kapitalstruktur kann durch eine gereinigte Bilanz behoben werden. Eine nicht wettbewerbsfähige Kostenstruktur kann durch ein umfassendes Kostensenkungsprogramm in Ordnung gebracht werden. Eine schlechte Umsetzung kann durch eine neue Unternehmensleitung gerichtet werden. Bei einem grundsätzlich mangelhaften Geschäftsmodell ist hingegen äußerste Vorsicht angebracht.

Turnaround-Situationen gibt es auch außerhalb formeller Bankrotte und Sanierungen. Allgemein gesprochen bietet jedes angeschlagene Unternehmen die Gelegenheit, sich intensiv mit ihm zu befassen und sein Potenzial für eine dramatische Verbesserung zu erforschen. Viele Turnarounds werden von einem neuen Vorstandsvorsitzenden oder von einem aktivistischen Aktionär angeregt. Ein Außenstehender kann häufig eine frische Perspektive und eine starke Führung beitragen, um einen Wandel zu bewirken.

Der Casinobetreiber Tropicana Entertainment (TPCA) ist ein Paradebeispiel für Restrukturierung und Turnaround. Columbia Sussex kaufte das Unternehmen im Januar 2007 für 2,8 Milliarden Dollar und belud es

---

[11] Ein Relisting bedeutet, dass ein ehemals börsennotiertes Unternehmen, das insolvent war oder dekotiert wurde, ohne formelles IPO wieder an einer Börse auftritt.

dadurch mit Schulden, während sich die Große Rezession anbahnte. Weniger als ein Jahr später entzogen die Regulierungsbehörden des Staates New Jersey Tropicana die Lizenz für Atlantic City, weil sie die geplanten umfangreichen Kostensenkungen und Entlassungen für übertrieben hielten. Im Mai 2008 musste Tropicana aufgrund seiner schlechten Karten in Form der schlechter werdenden Marktbedingungen, der hohen Verschuldung und der operativen Missgriffe Insolvenz beantragen.

Aber trotzdem gingen die Kultmarke Tropicana und seine Casinos nicht zugrunde. Es war in mehrfacher Hinsicht der klassische Fall eines *„guten Unternehmens mit schlechter Bilanz"*. Im Zuge des Insolvenzverfahrens wurde das Unternehmen Schulden in Höhe von rund 2,5 Milliarden Dollar los und es gelang ihm, seine Glücksspiel-Lizenzen wiederzubekommen. Im März 2010 wendete Tropicana den Bankrott durch einen von Carl Icahn gestützten Deal im Volumen von 200 Millionen Dollar ab. Im November 2010 kehrte Tropicana mit einem Aktienkurs von 14 Dollar in den Freiverkehrshandel beziehungsweise OTC-Handel (OTC = Over The Counter) zurück.

Im Laufe der nächsten Jahre tätigte Tropicana große Investitionen in neue und bestehende Anlagegüter, unter anderem in Umbauten und Ausbauten, die Aufwertung von Hotelzimmern und zusätzliche Annehmlichkeiten in den Resorts. Außerdem führte Tropicana im Jahr 2014 eine große M&A-Transaktion durch, indem es für 260 Millionen Dollar das Unternehmen Lumière aus St. Louis im Bundesstaat Missouri kaufte. Bis zum Jahr 2018 stieg das EBITDA des Unternehmens, das nach der Insolvenz 45 Millionen Dollar betragen hatte, auf fast 200 Millionen Dollar.

Die Story fand im April 2018 ihren Abschluss, als Tropicana dem Verkauf seiner Immobilien an Gaming and Leisure Properties (GLPI) und der Fusion seiner Spiel- und Hotelbetriebe zu Eldorado Resorts (ERI) für 1,85 Milliarden Dollar zustimmte. Daraus ergab sich ein Aktienkurs von 73,50 Dollar und somit eine Gesamtrendite von 425 Prozent sowie eine durchschnittliche Jahresrendite von 23 Prozent ab dem Relisting.

Eine andere bemerkenswerte Turnaround-Story drehte sich um Charter Communications (CHTR). Im Dezember 2011 wurde Tom Rutledge als neuer CEO verkündet und er übernahm einen kürzlich bankrottgegangenen Kabelnetzbetreiber, dessen Kapital erschöpft war und der unter Wettbewerbsdruck stand. Rutledge kam vom Branchenkollegen Cablevision (CVC), wo er für Kennzahlen gesorgt hatte, die in dem Sektor führend waren. Er hatte den freien Cashflow von rund minus 375 Millionen Dollar auf plus 685 Millionen Dollar gebracht und Jahresrenditen im hohen zweistelligen Bereich unter 20 abgeliefert. Der Aktienkurs von CHTR reagierte positiv auf die Nachricht seiner Einstellung, er stieg an jenem Tag um fünf Prozent.

Unter Rutledge nahm Charter sofort ein Investitionsprogramm in Angriff, um sein Netz zu modernisieren. Außerdem vereinfachte das Unternehmen seine Preisgestaltung und konzentrierte sich darauf, seinen Kundenservice zu verbessern. Binnen eines Jahres kündigte CHTR eine hochgradig wertsteigernde strategische Übernahme an, auf die zwei Jahre später zeitgleich die Übernahmen von Time Warner Cable und von Bright House Networks folgten. Anleger, die am ersten Tag die Chance erkannten, die in Charter lag, wurden bis 2019 mit einer Rendite von fast 675 Prozent beziehungsweise einer durchschnittlichen Jahresrendite von fast 30 Prozent belohnt.

Ebenso wie Restrukturierungen und Insolvenzen müssen potenzielle Turnarounds äußerst vorsichtig gehandhabt werden. Die Erfolgsstorys von Tropicana und Charter sind die Ausnahme, nicht die Regel. Viele angeschlagene Unternehmen schaffen es nicht mehr, das Ruder herumzureißen. Häufig verschärfen sich ihre Probleme sogar und resultieren in chronischer Underperformance oder gar im Bankrott.

Aktienrückkäufe und Dividenden

Unternehmen, die ihr Kapital effizient einsetzen, übertreffen ihre Konkurrenten meist im Laufe der Zeit und schaffen Katalysatoren, wenn sie die Genehmigung erheblicher Aktienrückkäufe oder hoher Dividenden ankündigen. Schlechtere Unternehmen horten vielleicht ihr Geld oder tätigen undisziplinierte Fusionen und Übernahmen wegen fehlender attraktiver interner Wachstumsprojekte.

Um interessante potenzielle Rückkaufsituationen zu finden, suchen Sie nach Unternehmen, die große Aktienrückkaufprogramme (zum Beispiel mehr als fünf Prozent der Marktkapitalisierung) genehmigen. Dies kann darauf hinweisen, dass die Unternehmensleitung die Aktie für unterbewertet hält. Natürlich bedeutet die bloße Ankündigung eines solchen Programms noch kein grünes Licht für den Einstieg.

Man muss die bisherigen Rückkäufe des Managements betrachten. Hat das Unternehmen in der Vergangenheit eigene Aktien zu attraktiven Preisen zurückgekauft? Hat das zu nennenswerten Wertsteigerungen geführt? Oder war es einfach ein Mechanismus, um die Gewinnerwartungen beziehungsweise die Gewinnprognosen zu erfüllen[12] oder die Verwässerung durch die Entlohnung von Mitarbeitern durch Aktien auszugleichen?

Besonders wachsam muss man sein, wenn zum ersten Mal ein Rückkauf angekündigt wird. Wird das Unternehmen der Genehmigung Taten folgen lassen? Glaubt das Management, dass die Aktie unterbewertet ist, oder ist es ein Anzeichen dafür, dass es keine attraktiven Wachstumsprojekte finden kann? Vor Letzterem hüte man sich, denn es kann auf sinkende Gewinne oder auf einen künftigen Rückgang der Bewertungskennzahlen hindeuten.

Ein weiteres Filterkriterium für Rückkäufe zielt auf die Erkennung von Unternehmen ab, die die Anzahl ihrer Aktien über bestimmte Zeiträume (beispielsweise drei oder fünf Jahre) erheblich vermindert haben. Unternehmen mit einer guten Erfolgsbilanz von Aktienrückkäufen werden dafür meist belohnt.

Der Satellitenradio-Anbieter XM (SIRI) hat durch systematische Rückkäufe einen beträchtlichen Shareholder Value geschaffen. SIRI kaufte von 2013 bis 2018 Aktien im Wert von 10,8 Milliarden Dollar

---

[12] Es liegt im Ermessen des Unternehmens, ob es Prognosen abgibt; die SEC macht dies nicht zur Auflage.

zurück, im Schnitt jährlich für 1,8 Milliarden Dollar. Um dies ins rechte Verhältnis zu setzen: Als das Aktienrückkaufprogramm im Dezember 2012 erstmals angekündigt wurde, belief sich die Marktkapitalisierung von SIRI auf nur 15 Milliarden Dollar. Dank dieser aggressiven Rückgabe von Kapital konnte Sirius XM seinen freien Cashflow pro Aktie mit einem CAGR[13] von 20 Prozent steigern. Dementsprechend stieg der Aktienkurs von SIRI von 2,79 Dollar im Jahr 2021 auf sieben Dollar im Jahr 2018.

Was Dividenden angeht, filtert man häufig Aktien mit Dividendenrenditen oberhalb einer bestimmten Schwelle (beispielsweise 2,5 Prozent) heraus. Die *Dividendenrendite* ist die von einem Unternehmen jährlich ausgeschüttete Dividende je Aktie geteilt durch den Aktienkurs. Ein Unternehmen mit einem Aktienkurs von 50 Dollar und einer Jahresdividende von 1,25 Dollar hat eine Dividendenrendite von 2,5 Prozent. Eine niedrige Dividendenrendite (zum Beispiel unter einem Prozent) ohne vorgezeichneten Weg zu einer erheblichen Steigerung sorgt nicht für Begeisterung. Hingegen werden stetige und wachsende Dividenden außerordentlich geschätzt. Unternehmen, die seit mindestens 25 Jahren ihre Dividenden erhöhen, werden als „Dividendenaristokraten" bezeichnet.

Die Suche nach bewährten Dividendenhelden ist eine gängige Strategie, aber auch am anderen Ende des Spektrums gibt es Chancen, und zwar in Form von Unternehmen, die einen hohen Bargeldbestand oder einen niedrigen Fremdfinanzierungsgrad haben, aber bislang keine Dividenden ausschütten. Solche Unternehmen werden interessant, wenn sie mit der Ausschüttung von Dividenden beginnen oder ihre Ausschüttungsquoten deutlich erhöhen. Aufpassen sollte man hingegen bei Unternehmen, deren jährliche Dividenden regelmäßig ihren Free Cash Flow übersteigen, und erst recht wenn sie die Lücke durch wachsende Schulden schließen.

---

13 Compound Annual Growth Rate (durchschnittliche jährliche Wachstumsrate) = (Endwert/Anfangswert)$^{(1/(\text{Endjahr - Anfangsjahr}))}$ - 1.

Börsengänge/Erstemissionen/IPOs

Ein IPO bedeutet, dass sich ein Unternehmen erstmals den Börsenanlegern präsentiert. Grundsätzlich sind bei IPO-Kandidaten die Stärke ihres Geschäftsmodells und ihre Finanzperformance verhältnismäßig unbekannt. Außerdem geben Aktienanalysten erst nach einer Handelssperrzeit von zehn Tagen[14] Researchmaterial über Börsengänge heraus. Diese Informations- und Zeitlücke bietet potenziellen Anlegern die Gelegenheit, eine echte Differenzierung zu finden.

Darüber hinaus beinhalten IPO-Kurse häufig einen wesentlichen Abschlag des Marktwerts im Vergleich zu Branchenkollegen (normalerweise 15 Prozent oder mehr). Dieser Abschlag bietet Anlegern ein zusätzliches Polster, um „die Geschichte auf die Reihe zu kriegen".

Am größten ist die Informationsdiskrepanz bei solchen IPO-Kandidaten, zu denen es kein naheliegendes börsennotiertes Vergleichsunternehmen gibt. In solchen Fällen kann sich etwas zusätzlicher Aufwand lohnen, denn andere Anleger meiden eine unbekannte Gesellschaft, für die es kein klares Kriterium der Börsenbewertung gibt. Natürlich ist dieses Risiko real, denn der Markt hat sich ja noch nicht dazu geäußert, wie solche Unternehmen bewertet werden sollten.

Kommen wir auf das Unternehmen Delphi aus dem Einleitungskapitel zurück: Der Emissionspreis von 22 Dollar im November 2011 bedeutete ein EV/EBITDA 2013e[15] von 3,5, ein KGV von 5 und eine FCF-Rendite von fast 15 Prozent. Dies stellte gegenüber anderen Automobilzulieferern mit langfristigem Wachstum einen erheblichen Kursabschlag dar, denn diese wurden ungefähr mit einem EV/EBITDA von 6, einem KGV von 11 und einer FCF-Rendite von 7,5 Prozent gehandelt (siehe Abbildung 4.3 in Kapitel 4). Stattdessen bewertete der

---

[14] Die von der SEC verhängte Handelssperrzeit beträgt zehn Tage, aber die meisten Banken halten sich immer noch an die frühere 25-Tage-Regel. Emittenten mit einem Umsatz unter 1,07 Milliarden Dollar, sogenannte EGCs (Emerging Growth Companies), sind davon ausgenommen. Die Sperrfrist gilt nicht für Banken, die an der Emission nicht beteiligt waren.

[15] Das „e" steht für „estimated", zu Deutsch „geschätzt".

Markt Delphi in ähnlicher Weise wie sogenannte produktionsgebundene Zulieferer, deren Schicksal weitgehend von den Autostückzahlen abhängt.

Als sich Delphi als leistungsfähig erwies, begann der Markt, seine starke langfristige Wachstumsdynamik zu erkennen, die mit der Einführung neuer Produkte, einem steigenden Anteil pro Fahrzeug und wachsender Profitabilität zusammenhing. Daher begann das Stigma des Bankrotts zu verblassen und neue Investoren stiegen in die Aktie ein. Vor der Ausgliederung Ende 2017 lag der Aktienkurs von Delphi über 100 Dollar. Die Kennzahlen EV/EBITDA, KGV und FCF-Rendite hatten sich auf 12, 18 respektive vier Prozent verbessert. In den späteren Kapiteln werden wir noch ausführlicher beschreiben, was damals geschah.

Insiderkäufe und Insiderbeteiligungen

Das gehobene Management eines Unternehmens sollte mehr Einblick in seine Geschäftstätigkeit und seine Aussichten haben als alle anderen Menschen. Das ist schließlich seine Aufgabe und es wird buchstäblich dafür bezahlt, sich täglich den ganzen Tag lang darauf zu konzentrieren. Wenn Manager Aktien ihres Unternehmens kaufen oder verkaufen, kann dies daher auf potenzielle Einstiegs- und Ausstiegspunkte für Anleger hindeuten. Peter Lynch hat einmal geschrieben: „Es gibt zahlreiche Gründe, aus denen Insider ihre Aktien verkaufen, aber wenn sie kaufen, hat es nur einen Grund – sie glauben, dass ihr Kurs steigen wird."

Änderungen der Beteiligung von Vorstands- und Verwaltungsratsmitgliedern börsennotierter Unternehmen müssen durch ein Formular namens Form 4 an die SEC gemeldet werden. Ihre Aktien-Benachrichtigungsdienste sollten Sie informieren, sobald so etwas bekannt wird. Über umfangreiche Käufe und Verkäufe berichten bedeutende Organe der Finanz- und Wirtschaftspresse. Insiderkäufe sind traditionell ein bullishes Signal, während große Verkäufe auf bevorstehende Probleme hindeuten können.

Jamie Dimon, der CEO von JPMorgan (JPM), ist besonders geschickt, was den Kauf von Aktien seines Unternehmens angeht. Im Januar 2009 kaufte er 500.000 Aktien von JPM zu einem durchschnittlichen Kurs von 23 Dollar, also für insgesamt 11,5 Millionen Dollar. Dieser Kauf inmitten der globalen Finanzkrise schafft es auf die Titelseiten von Wirtschaftspublikationen und signalisierte Vertrauen in JPM, nachdem die Aktie in den zwei Jahren davor um mehr als 50 Prozent gefallen war. In den zwölf Monaten nach Dimons Kauf stieg die Aktie um 90 Prozent. Wer darauf achtete und es ihm nachtat, verdoppelte sein Geld innerhalb eines Jahres annähernd.

Ähnlich war es im Juli 2012, als Dimon inmitten der Schuldenprobleme in der Eurozone privates Kapital in JPM steckte, indem er bei einem Kurs von 34 Dollar weitere 500.000 Aktien für 17 Millionen Dollar kaufte. Ein Jahr später stand JPM 63 Prozent höher. Und dann, im Februar 2016, als der Markt aufgrund der Bedenken wegen China fiel und der Ölpreis abstürzte, wurde Dimon erneut aktiv. Für 26,5 Millionen Dollar kaufte er weitere 500.000 Aktien zu einem Kurs von 53 Dollar. Dadurch beschwichtigte er ganz nebenbei die Aktionäre von JPM und die Börse im Allgemeinen. Zwölf Monate danach stand die Aktie 64 Prozent höher und Ende 2019 erreichte sie fast 140 Dollar. Hätte man nach Dimons Insiderkäufen investiert, hätte sich das als höchst profitabel erwiesen.

Eine ähnliche Strategie investiert in Unternehmen, deren Vorstandsvorsitzende große Aktienbeteiligungen besitzen und daher von Kursgewinnen erheblich profitieren. Dazu zählen auch CEOs, die Aktienbezugsrechte zu Ausübungskursen besitzen, die deutlich über dem derzeitigen Kurs liegen.

Die Auffassung, dass die CEO-Vergütung und die Entlohnung der Aktionäre im Einklang sein sollen, leuchtet ein. Nachdem es der Ökonom Michael Jensen Mitte der 1970er-Jahre populär gemacht hatte, dass ein größerer Teil der Entlohnung von Führungskräften in Form von Aktien erfolgen sollte, ist dies inzwischen gang und gäbe. Dies trat an die Stelle des alten Modells, bei dem CEOs hohe

Gehälter und Bonuszahlungen erhielten, ohne dass sie besonders viel zu verlieren hatten.

Die Beobachtung erfolgreicher Investoren und aktivistischer Aktionäre

Die Formulare 13F einer ausgewählten Gruppe von Investoren können Erkenntnisse für die Ideenbeschaffung liefern. Zu den Portfolios, die genau beobachtet werden, gehören diejenigen von Warren Buffett (Berkshire Hathaway), David Abrams (Abrams Capital), Stan Druckenmiller (Duquesne), Andreas Halvorsen (Viking Global), Seth Klarman (The Baupost Group), Nelson Peltz (Trian Fund Management) und Paul Singer (Elliott Management), um nur ein paar zu nennen. Diese Anleger haben herausragende langfristige Erfolgsbilanzen vorzuweisen und sie sind dafür bekannt, dass sie ihre Aktienposition einer gründlichen Due Diligence unterziehen.

Bedenken Sie jedoch, dass die Formulare 13F erst 45 Tage nach Quartalsende eingereicht werden. Bei manchen Positionen kann daher der optimale Einstiegspunkt bei Veröffentlichung schon verstrichen sein. Es kann sogar sein, dass sie bis dahin schon wieder veräußert worden sind. Deshalb sollte man sich auf kürzlich erfolgte Investitionen konzentrieren, deren Preis noch nicht zugelegt hat.

Wenn eine Person oder eine Gruppe einen Besitzanteil an einer Gesellschaft von mehr als fünf Prozent ansammelt, muss sie innerhalb von zehn Tagen ein Schedule 13D oder innerhalb von 45 Tagen ein 13G einreichen. Ein 13D meldet eine aktive Position, dass also die Inhaber vorhaben, sich auf strategische Diskussionen mit der Unternehmensleitung einzulassen. Ein 13G meldet eine passive Beteiligung. Beide zeigen an, dass jemand sehr von dem Kurspotenzial einer Aktie überzeugt ist.

Aktivistische Investoren treiben Veränderungen voran und zielen auf entsprechende Situationen ab. In manchen Fällen beschleunigen sie Veränderungen, die von bestehenden Investoren schon längst erkannt wurden. Letztere begrüßen es daher normalerweise, wenn ein glaubwürdiger Aktivist auftritt. Häufig locken Aktivisten auch neue Anleger an, sodass der Aktienkurs einen sofortigen Schub erfährt. Das langfristige Kurspotenzial hängt davon ab, ob es dem Aktivisten gelingt, Veränderungen zu bewirken, und auch von den Ergebnissen der betreffenden strategischen Schachzüge.

Im April 2013 wurde Microsoft (MSFT) unter 30 Dollar gehandelt, als der aktivistische Investor ValueAct Capital bestätigte, dass er eine Beteiligung im Wert von zwei Milliarden Dollar gekauft hatte. Das waren zwar weniger als ein Prozent der umlaufenden Aktien, aber es war klar, dass ValueAct vorhatte, Veränderungen zu bewirken. An dem Tag, an dem die Beteiligung gemeldet wurde, stieg MSFT um mehr als drei Prozent und dann kletterte die Aktie bis Ende Mai auf 35 Dollar.

Bevor sich ValueAct engagierte, hatte der Aktienkurs von Microsoft seit 1998 mehr oder weniger stagniert. Bedenken hinsichtlich des CEOs Steve Ballmer und der Strategie des Unternehmens sickerten durch, vor allem der verfehlte Vorstoß in das Geschäft mit Geräten und die Tatsache, dass Microsoft im Mobile Computing hinter Apple und Google zurückgefallen war. Im August 2013 kündigte Ballmer seinen Rücktritt an und ValueAct bekam einen Sitz im Verwaltungsrat. Dies war der Anfang dramatischerer Veränderungen, die sich am Horizont abzeichneten …

Im September 2013 genehmigte Microsoft ein neues Aktienrückkaufprogramm im Wert von 40 Milliarden Dollar bei einer Marktkapitalisierung von 450 Milliarden Dollar und erhöhte seine Dividende um mehr als 20 Prozent. Im Februar 2014 wurde Ballmer von Satya Nadella abgelöst, der bereits seit 20 Jahren bei Microsoft war. In den Jahren danach bewirkte Nadella einen umfassenden Wandel der Unternehmenskultur und der Strategie. Unter anderem legte er weniger Wert auf die traditionelle Software für Desktop-Computer, dafür mehr auf Cloud-Computing, Unternehmenssoftware und Mobile Computing.

Nadellas Strategie belebte die finanzielle Performance von Microsoft wieder. Die Kombination aus kräftigem Wachstum des gewerblichen Cloud-Computings, einem verbesserten Produktmix und der Umstellung des Geschäftskundenbereichs auf Abo-Modelle fand bei den Investoren Beifall. Als ValueAct im ersten Quartal 2018 aus seiner Position ausstieg, stand der Aktienkurs von MSFT über 90 Dollar, war also um 200 Prozent gestiegen.

Natürlich muss man sich, wenn man andere Anleger verfolgt, an die üblichen Vorsichtsmaßnahmen halten. Hüten Sie sich vor dem Gruppendenken, aus dem „Hedgefonds-Hotels“ resultieren können, die unter einem schlechten Stern stehen. Manche Anleger scheuen vollständig davor zurück, anderen zu folgen, weil sie versuchen, „überlaufene“ Trades zu meiden. Den Positionen der Beobachteten kann die Nachfrage der Nachahmer zugutekommen.

DER TOP-DOWN-ANSATZ

Der Top-down-Ansatz der Geldanlage zielt auf Aktien ab, von denen zu erwarten ist, dass ihnen makroökonomische oder langfristige Rückenwinde zugutekommen werden. Man glaubt, dass solche Trends für nachhaltiges Gewinnwachstum und steigende Bewertungskennzahlen sorgen werden. Im Idealfall schützen sie auch das Kerngeschäft gegen widrige konjunkturelle Bedingungen und Börsenschocks. Selbst in stürmischen Zeiten hat man ja den Wind lieber im Rücken als im Gesicht.

Die Wirkkraft makroökonomischer Themen wird jeden Tag offenkundig, wenn Verlautbarungen und Maßnahmen von Notenbanken die Märkte bewegen. Besonders achten Anleger auf die U.S. Federal Reserve („Fed“), die Europäische Zentralbank (EZB), die Bank of Japan (BOJ) und die People’s Bank of China (PBOC). Macro-Faktoren stützten auch den langen bullishen Aufschwung nach der Großen Rezession. Die niedrigen Zinsen und die lockere Geldpolitik trugen dazu bei, dass die Aktien auf Rekordniveaus stiegen.

In diesem Zeitalter des schnellen Wandels gibt es reichlich langfristige Themen. Das gilt für Sektoren sowohl der Old Economy als auch der New Economy. Als Top-down-Anleger kann man beispielsweise den

Automobilsektor nach Ideen im Zusammenhang mit Elektroautos und selbstfahrenden Autos absuchen. Auch große Themen des 21. Jahrhunderts, die sich um E-Commerce, die Cloud, die Sharing Economy und die sozialen Medien drehen, erweisen sich als überaus lohnenswert.

Viele Top-down-Ideen stammen aus Research alter Schule. Dafür liest und schaut man traditionelle Nachrichtenquellen, unter anderem Finanz- und Wirtschaftsmedien sowie sektorspezifische Medien. Professionelle Top-down-Investoren verbringen manchmal Monate mit Themenrecherchen, unter anderem mit Firmenbesuchen, Gesprächen und Diskussionen mit Experten.

Um die geeigneten Top-down-Fähigkeiten zu erlernen, muss man in Richtung der Erfahrung und des Qualitativen gehen. Meister des Macro-Investings verfeinern ihre Fähigkeiten durch unmittelbare Erfahrungen und dadurch, dass sie mit früheren Zyklen und Marktbewegungen vertraut sind. Das Gleiche gilt für Anleger, deren Schwerpunkt auf langfristigen Veränderungen liegt. Das heißt aber nicht, dass man die Grundpfeiler der Top-down-Anlagen nicht lehren könnte.

Für den Anfang kann man sich ausgiebig mit den in Abbildung 1.3 dargestellten Kategorien befassen:

ABBILDUNG 1.3 Der Top-down-Ansatz

Der Top-down-Ansatz
▪ Zyklen, Aufschwünge und Abschwünge
▪ Volkswirtschaft und Geopolitik
▪ Langfristige Veränderungen
▪ Branchenumschwünge

- **Zyklen, Aufschwünge und Abschwünge –**
  die Fähigkeit, klare zyklische Gewinner und Verlierer sowie in Ungnade gefallene Sektoren zu erkennen, die möglicherweise knapp vor einer positiven Wende stehen. Hier sind eine historische Perspektive und Vertrautheit besonders hilfreich.

- **Volkswirtschaft und Geopolitik** – die Auswirkungen der Fed-Politik, von Zinsen, Verbraucherdaten, Arbeitslosenzahlen, Zahlen aus dem verarbeitenden Gewerbe, von Devisenkursen, Innenpolitik und globalen geopolitischen Ereignissen auf Aktien verstehen.
- **Langfristige Veränderungen** – Unternehmen oder Sektoren, die möglicherweise Nutznießer oder Opfer von voraussichtlichen Veränderungen in Technologie, Verbrauchervorlieben, Demografie, Branchendynamik oder regulatorischen Vorschriften sind.
- **Branchenumschwünge** – Sektorkennzahlen und ihre Entwicklung durch mehrere Zyklen hindurch. Das bezieht sich auch auf die Preise von Rohstoffen wie Erdöl, Kupfer und Eisenerz, die sich auf manche Branchen stärker auswirken als auf andere.

Zyklen, Aufschwünge und Abschwünge

Um Gelegenheiten aufzudecken, muss man die Konjunkturzyklen klar durchschauen. Die Wiedererkennung vertrauter Muster und Wechselbeziehungen hilft einem, optimale Einstiegs- und Ausstiegspunkte zu identifizieren. Im Mindestfall bedeutet dies, zu erkennen, ob sich der Markt am Anfang, in der Mitte oder am Ende eines Zyklus befindet. Dann investiert man entsprechend.

Zyklische Aktien haben tendenziell Eigenschaften gemeinsam, die man zu seinem Vorteil nutzen kann. In der Anfangsphase sind die Bewertungskennzahlen häufig höher, bewegen sich dann allmählich wieder in Richtung Mittelwert und sinken, wenn in der Spätphase die Gewinne auslaufen. Dies hängt von den Erwartungen an das künftige Gewinnwachstum ab – je höher das erwartete Gewinnwachstum, umso höher die Bewertung.

Manchmal überlagert die Frage, ob man den richtigen Zeitpunkt im Zyklus erkennt, die gesamte Bottom-up-Arbeit. Eine Aktie mit tollen Finanzkennzahlen und einem starken Führungsteam mag aufregend erscheinen, aber wenn man gegen den Zyklus ankämpft, funktioniert es nicht. Sogar Blue Chips bezogen Prügel, als Ende der 1990er-Jahre die Dotcom-Blase platzte und während der Großen Rezession 2008/2009.

Im Idealfall wird man in der Frühphase des Zyklus aktiv. Das gilt auch für zyklische Muster innerhalb von Sektoren, Regionen oder Ländern. So lag beispielsweise die Automobilproduktion in Nordamerika am Ende der Großen Rezession deutlich unter ihren vorherigen Spitzenniveaus. Sie war sogar deutlich unter die Abwrackquote gefallen (siehe Abbildung 1.4), ein klarer Indikator für einen Nachfragestau. Dieser zyklische Rückenwind zugunsten des Automobilsektors war ein wesentlicher Teil der Anlagethese für Delphi im Jahr 2011. Natürlich kann eine solche zyklische Brise auch in die Gegenrichtung drehen – siehe „Post mortem".

ABBILDUNG 1.4 Produzierte und verschrottete Autos in Nordamerika im Vergleich

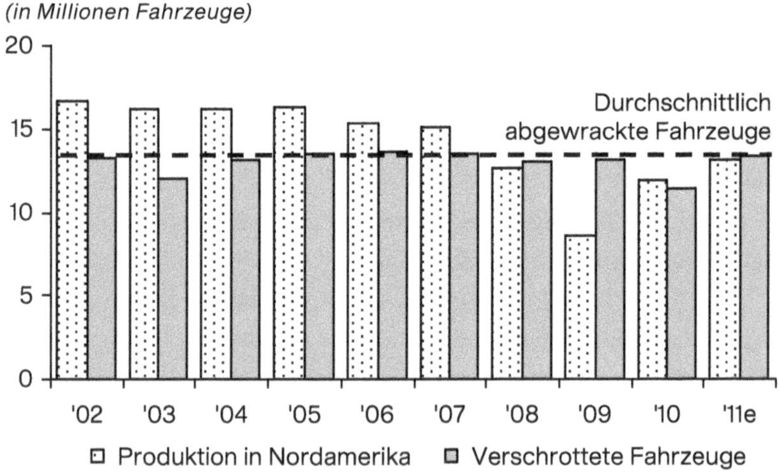

Quelle: IHS Automotive und Barclays Capital

Ebenso wie in Sektoren kann man auch bezogen auf Länder oder Regionen interessante Zykliker finden. Zwar sind die Korrelationen innerhalb der Weltwirtschaft immer größer geworden, aber es gibt zu jedem Zeitpunkt klare Outperformer und Underperformer. Die Schwellenländer haben ihren eigenen Rhythmus, der anders ist als der von traditionellen Industrieländern. Es kann auch dramatische Unterschiede zwischen dem Wachstum beziehungsweise den Aussichten von Industrieländern geben, zum Beispiel zwischen den Vereinigten Staaten, Europa und Japan.

Volkswirtschaft und Geopolitik

Ein weiteres Werkzeug der Ideenfindung ist es, aus dem Kaffeesatz wichtiger ökonomischer und geopolitischer Daten zu lesen. Solche Daten können mit breiten Pinselstrichen unternehmensspezifische Informationen überdecken. Der bullishe Trade des Jahrhunderts bestand darin, die „taubenhafte" Geldpolitik von Notenbanken aus aller Welt nach der Großen Rezession als grünes Licht zu interpretieren. Das Mandat der Fed, für Vollbeschäftigung zu sorgen und die Inflation zu kontrollieren, führte zu niedrigen Zinsen, was ein für Aktien sehr günstiges Umfeld schuf.

Abgesehen von den Zinsen muss man auch Arbeitsmarktdaten, Lohnstatistiken, die Inflation, das BIP-Wachstum, das Verbrauchervertrauen und die Steuerpolitik verstehen. Sie stehen in gewissem Maße untereinander in Wechselbeziehungen. Zum Beispiel können schlechte Lohndaten oder Beschäftigungszahlen auf eine Fortsetzung der taubenhaften Geldpolitik hindeuten. Hingegen können anziehende Inflation oder steigende Löhne signalisieren, dass die Fed bald die Zinsen erhöht. Ebenso sind das BIP-Wachstum, das Verbrauchervertrauen und die Leistung des verarbeitenden Gewerbes einerseits an sich informativ, bieten aber andererseits auch Aufschluss über die Aktivität oder Inaktivität der Fed. Verbindet man all diese makroökonomischen Datenpunkte miteinander, kann man entsprechend investieren.

Geopolitische Ereignisse im In- und Ausland wie beispielsweise wichtige Wahlen, Regierungswechsel und militärische Auseinandersetzungen müssen ebenfalls genau beobachtet werden. Die globale Zusammenschaltung ist eine Realität, denn es gibt grenzüberschreitende

Auswirkungen, zum Beispiel handels- und zollpolitische Maßnahmen, Bevölkerungsströme und Wirtschaftsbündnisse. Der US-amerikanische Aktienmarkt ist nicht gegen Ereignisse in China, Europa und wichtigen Schwellenländern gefeit und umgekehrt gilt das Gleiche.

Im Februar 2016 fielen die Aktien vieler guter Unternehmen beträchtlich, weil es große Sorgen wegen der sich verlangsamenden chinesischen Wirtschaft gab. Im weiteren Verlauf jenes Jahres federten sie dann dramatisch zurück. Häufig schaffen globale Verwerfungen verlockende Einstiegspunkte. Besonders gilt dies für gute Aktien, deren fundamentale These intakt bleibt. Auch das Brexit-Votum im Juni 2016 führte zu vorübergehenden Verwerfungen am Markt. Die Aktien fielen durch die Bank deutlich, federten aber kurz danach wieder zurück.

Langfristige Veränderungen

Langfristige Veränderungen verschaffen denjenigen Aktien nachhaltigen Rückenwind, die auf der richtigen Seite stehen. Anleger halten stets Ausschau nach tektonischen Verschiebungen, was die Technik, die Vorlieben der Verbraucher und die Demografie angeht. Das erstreckt sich über alle Branchen und geografischen Regionen. Und wie erkennt man solche Veränderungen?

Ein wichtiger Teil des Geheimrezepts besteht darin, dass man sich an die Grundlagen hält. Wie bereits gesagt, achten erfolgreiche Anleger darauf, was auf der Welt vor sich geht. Sie verschlingen Nachrichten und beobachten im Alltagsleben aufmerksam. So hat beispielsweise das Onlineshopping exponentiell zugenommen. Heutzutage bucht man Reisen online. Wenn man ein Auto kauft, wird einem eine Flut neuer elektronischer Optionen angeboten. Wer profitiert davon und wer leidet darunter? Einfache Beobachtungen wie diese können einen auf neuen Aktienideen bringen.

Andererseits muss man sich vor der „säkularen Kreissäge“ hüten. Da reicht es schon, sich Amazon und das Phänomen des E-Commerce anzusehen, die den stationären Einzelhandel auf den Kopf gestellt haben. Es ist weitgehend ein Nullsummenspiel, bei dem große Gewinner die Anteile der letztlichen Verlierer übernehmen.

Dabei kommt es auch auf das Timing an. Bei manchen langfristigen Veränderungen kann es Jahre dauern, bis sie sich auswirken. Es kann also sein, dass die These stimmt, dass man aber den falschen Zeitpunkt erwischt hat. Was wie eine Gezeitenwelle erscheint, kann sich als bloßes Geplätscher entpuppen. Zwischenzeitlich kann es sein, dass die von Ihnen ausgewählten Aktien stagnieren oder ins Wanken geraten.

Noch schlimmer ist es, wenn sich die langfristige Spekulation als falsch erweist. Die großartige Idee eines Unternehmens und das dazugehörige Produkt können eine starke Reaktion der Konkurrenz auslösen. Es gibt zahllose Beispiele für Emporkömmlinge, die von schnellen Nachahmern mit guter Kapitalausstattung zermalmt wurden.

Kommen wir also auf die langfristigen Gewinner zurück. Wer frühzeitig in digitale Werbung, Smartphones und soziale Medien investiert hat, der hat mit Unternehmen wie Alphabet, Apple und Facebook überdimensionale Renditen erzielt. Und auch diejenigen, die den erdrutschartigen Wandel des Videokonsums erkannten und sich bei Netflix engagierten, haben den entsprechenden Nutzen geerntet. Im Laufe des nächsten Jahrzehnts werden Anleger versuchen, die beste Möglichkeit herauszufinden, diverse strukturelle Veränderungen auszunutzen, unter anderem die „Sharing Economy", das autonome Fahren und die künstliche Intelligenz.

Branchenumschwünge

Manche Anleger spezialisieren sich auf bestimmte Sektoren. Da fallen einem Konsumgüter, Energie, Gesundheit, Industrie und Technologie ein. Solche Spezialisten schöpfen aus einem beträchtlichen Fachwissen, aus Netzwerken und Datenbanken, um Trends zu erkennen und Aussichten einzuschätzen. Wie jede Spezialisierung bietet auch diese Art von Erkenntnissen Vorteile gegenüber den Generalisten.

In jedem Sektor bewegen gewisse Daten die entsprechenden Aktien im Vergleich zum Gesamtmarkt überproportional. Der Autoabsatz bestimmt die Performance von Automobil-Aktien, die Einzelhandelsumsätze wirken sich auf bestimmte Verbrauchermarken aus und begonnene Neubauten treiben die Bauwirtschaft an. Auch haben Sektoren häufig ihre eigenen Zyklen, die in unterschiedlichem Maße mit der allgemeinen Konjunktur korreliert sind.

Im Idealfall wünscht man sich Unternehmen in Sektoren, die sowohl von der makroökonomischen/zyklischen als auch von der langfristigen Seite her Rückenwind haben. Nehmen wir einmal das Kabelfernsehen in den Vereinigten Staaten in den Jahren 2010 bis 2017. Diese Branche floriert normalerweise bei guter Konjunktur, weil sie an die diskretionären Ausgaben und an den Wohnungsbau gebunden ist. Andererseits ist sie aufgrund des auf Abonnements basierenden Geschäftsmodells und aufgrund von Produkten für kritische Bedürfnisse verhältnismäßig rezessionsresistent.

Anfang 2010 standen die Kabelanbieter an einem Wendepunkt, weil langfristige Trends mit einer allgemeinen volkswirtschaftlichen Erholung zusammenfielen (siehe Abbildung 1.5). Davor hatten Unternehmen wie Charter Communications (CHTR) und Comcast Corporation (CMCSA) mit traditionellen Telekommunikationsunternehmen wie AT&T (T) eine erbitterte Schlacht um Abonnenten ausgefochten. Jedoch begannen sich die Kabelanbieter als klare Gewinner abzuzeichnen, weil ihre Netze zuverlässiger waren und schnellere Downloadgeschwindigkeiten zu günstigeren Preisen boten. Wer früh in die Kabelwirtschaft investierte, surfte mehrere Jahre auf günstigen Trends, während die Telekom-Investoren unterdurchschnittlich performten.

Allgemeiner gesagt hilft einem eine Branchenanalyse, die Chancen auf Portfoliobasis zu verteilen. Man kann Sektoren mit zyklischem, makroökonomischem, langfristigem oder strukturellem Rückenwind identifizieren und solche mit Gegenwind meiden. Es kann beispielsweise sein, dass man in bestimmten Segmenten der neuen Medien oder Technologien dynamisches Wachstum sieht und sie entsprechend übergewichtet sowie gleichzeitig diejenigen Sektoren meidet oder sogar shortet, die nachgeben.

ABBILDUNG 1.5 Anteil von Kabel- und Telekommunikationsgesellschaften an den hinzukommenden Breitbandkunden

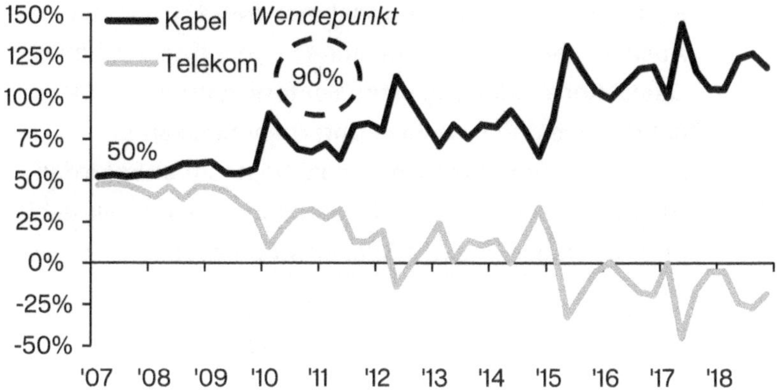

Quelle: Offizielle Unternehmensmeldungen

Kernpunkte

- Die Ideenfindung kann viele Formen annehmen, von der Lektüre führender Medien über Beobachtungen im Alltag bis hin zu ausgefeilteren Filterwerkzeugen.
- Der Bottom-up-Ansatz blickt auf die Fundamentaldaten einzelner Unternehmen, während der Top-down-Ansatz anhand makroökonomischer oder langfristiger Themen nach Chancen sucht.
- Der Top-down-Ansatz konzentriert sich auf ökonomische und geopolitische Triebkräfte sowie auf Zyklen und langfristige Veränderungen.
- Aktienideen findet man unter anderem unter unterbewerteten Unternehmen, M&A-Situationen, Ausgliederungen, Erstemissionen, Restrukturierungen und Turnarounds sowie Rückkäufen und Dividenden.

- Die meisten „billigen“ Aktien sind aus gutem Grund so billig – entscheidend ist es, Aktien zu finden, die günstig sind, weil der Markt sie verkennt.
- Ein auf Fusionen und Übernahmen (M&A) gerichteter Ansatz kann viele Formen annehmen – transformative Deals, Konsolidierung eines Sektors, natürliche Übernahmeziele und bewährte Unternehmenskäufer.
- Im Idealfall findet man innerhalb bestimmter Sektoren Aktien, die sowohl makroökonomisch/zyklisch als auch in langfristiger Hinsicht Rückenwind haben.

2

DIE BESTEN IDEEN IDENTIFIZIEREN

Nun haben Sie eine Liste mit Ideen – und was kommt jetzt?

Der in Schritt 1 dargestellte anfängliche Prozess der Ideenfindung soll eine kurze Liste von Aktien hervorbringen, die einer näheren Betrachtung wert sind. Allerdings kann diese „kurze" Liste mehrere Dutzend potenzielle Ideen umfassen. Wie analysiert man alle diese Chancen nun in geordneter Weise?

Profis nutzen einen organisierten Prozess, der ihnen hilft, die potenziellen Anlagen von Anfang an auszusieben und zu beurteilen, ob sie einer näheren Betrachtung wert sind. In diesem Kapitel bieten wir Ihnen einen Rahmen und eine dazugehörige Vorlage, die Ihnen bei diesem Prozess helfen. Bei diesem Rahmen geht es um die *Anlagethese*, das *Geschäftsmodell*, die *Unternehmensleitung, Risiken und Abwägungen* sowie *Finanzdaten und Bewertung.*

Wenn Profis Ideen filtern, wenden sie gern bestimmte Kriterien oder eindeutige Regeln an, die sie üblicherweise anhand früherer Gewinner und Verlierer entwickelt haben. Sie können beispielsweise auf finanziellen Parametern wie Größe, Wachstum, Profitabilität, Verschuldung oder Bewertung basieren – also etwa Unternehmen mit einer Marktkapitalisierung über einer Milliarde Dollar, einem jährlichen Gewinnwachstum von mehr als zehn Prozent oder einem Verschuldungsgrad unter 3:1. Andere beziehen sich auf bestimmte Sektoren – zum Beispiel Konsumgüter, Industriegüter oder Telekommunikation – oder auf bestimmte Situationen wie M&A, Ausgliederungen oder Turnarounds. Sie werden im Laufe der Zeit Ihre eigenen Regeln für ein Engagement entwickeln. Bedenken Sie dabei, dass man, um erfolgreich anzulegen, stetig lernen und sich anpassen muss. Auch eindeutige Regeln können jederzeit abgewandelt werden.

Es kann sein, dass Ihnen beim Durchgehen der Liste bestimmte Ideen als potenzielle Kerninvestments ins Auge springen. Meistens jedoch heben sich die Ideen mit dem größten Potenzial nicht so deutlich ab wie Schwarz auf Weiß. Oft muss man sich mit einer Aktie intensiv beschäftigen und Skeptikern trotzen, bevor alle Vorzüge einer Aktie zutage treten.

Kommen wir auf das IPO-Beispiel aus Schritt I zurück. Delphi ragte als Aktie heraus, die einer genaueren Prüfung wert war. Der Makel der Insolvenz war noch frisch und die Umgestaltung des Unternehmens hatte sich noch nicht bewährt. Daher machten viele Anleger einen Bogen um das Unternehmen. Der beträchtliche Bewertungsabschlag gegenüber Vergleichsunternehmen machte es noch faszinierender. In Schritt II wenden wir unseren Rahmen an, um diese Gelegenheit genauer zu untersuchen.

DER RAHMEN ZUR ÜBERPRÜFUNG VON IDEEN

Der in Abbildung 2.1 dargestellte Rahmen soll Ihnen helfen, die besten Ideen auf geordnete und präzise Weise zu identifizieren. Außerdem gewährleistet er Konsistenz über verschiedene Arten von Anlagen hinweg. Während Sie mit dem Rahmen besser vertraut werden und Ihre eigenen Anlagekriterien entwickeln, werden Sie schnell lernen, eindeutige Ausfälle schnell zu eliminieren und potenzielle Gewinner schnell aufzuspüren.

ABBILDUNG 2.1 Der Rahmen für die Überprüfung von Ideen

Rahmen für die Überprüfung von Ideen
I. Die Anlagethese
II. Der Überblick über das Unternehmen
III. Die Unternehmensleitung
IV. Risiken und Abwägungen
V. Finanzdaten und Bewertung

In den Abbildungen 2.2A und 2.2B zeigen wir Ihnen ein Muster für eine „Investmentkritik“, das Ihnen helfen soll, Ihre Recherchen zu potenziellen Chancen zu organisieren. Für unsere Fallstudie verwenden wir Delphi zum Zeitpunkt seines Börsengangs im November 2011. Im Grunde beurteilen wir im Folgenden, ob die Aktie zum damaligen Zeitpunkt das Zeug zu einer attraktiven Anlage hatte.

Solche Investmentkritiken oder Investmentberichte sind für Profis ein entscheidendes Werkzeug. Sie erleichtern die methodische Überprüfung und ermöglichen einen effizienten Informationsaustausch zwischen Kollegen oder Anlagegremien. Jeder Abschnitt dieser Vorlage entspricht dem obigen Rahmen für die Überprüfung von Ideen. Dieses konkrete Muster ist mit zwei Seiten recht kompakt, ein solcher Bericht kann aber auch viel länger sein.

ABBILDUNG 2.2A Muster für einen Investmentbericht

Delphi Automotive **November 2011**

I. Anlagethese

- **Geschäftliche Grundlagen** – führender Automobilzulieferer, der von der zyklischen Erholung des globalen Automobilabsatzes und von dem umfassenden Trend zu „Sicher, umweltfreundlich und vernetzt" profitiert, der von Vorschriften und Verbrauchervorlieben angetrieben wird sowie von dem überdimensionalen Wachstum in China; ging aus der Insolvenz mit einem neu ausgerichteten und konzentrierten Produktportfolio hervor, mit überaus kostengünstigen Fertigungsstandorten und einer sauberen Bilanz.
- **Unternehmensleitung** – starkes Team unter der Führung von CEO Rod O'Neal, der lebenslang bei GM/Delphi gearbeitet hat und Delphi durch die Insolvenz geführt hat, durch die das Unternehmen unprofitable Geschäftszweige abstieß, die nicht wettbewerbsfähige Kostenstruktur abschaffte und belastende Verbindlichkeiten beseitigte; unterstützt von einem aktiven Verwaltungsrat, der sich sehr gezielt auf die Schaffung von Shareholder Value konzentriert.
- **Wachstum** – für die kommenden Jahre wird ein durchschnittlich zweistelliges EPS-CAGR erwartet, getragen von einem Umsatzwachstum, das über das Wachstum von Pkw und Kleintransportern hinausgeht, weil die Fahrzeuge mehr Produkte enthalten, weil die Produktpenetration auf neuen Fahrzeugplattformen steigt, und getragen von Aktienrückkäufen.
- **Margen** – Schätzungen zufolge werden die EBITDA-Margen in den nächsten fünf Jahren dank des Produktmixes, des Umsatz-Leverages und 90 Prozent Arbeitskräften in Niedriglohnländern vom niedrigen einstelligen Bereich in den mittleren Zehner-Bereich steigen (ebenso wie bei den besten Konkurrenten).
- **Kapitalrenditen** – hat vor dem Börsengang die Beteiligung von General Motors für 4,3 Milliarden Dollar zurückgekauft, rechnet dank einer Fremdfinanzierungsquote von nur 30 Prozent, da keine Laufzeiten über fünf Jahren vorliegen und dank des Cashbestands von 1,45 Milliarden Dollar, damit, dass sich die Mischung aus Rückkäufen und Dividenden fortsetzt.
- **M&A** – mögliche strategische M&A in Schlüsselbereichen wie etwa technische Produkte dürften die Marktanteile stärken und Größenvorteile aufbauen; Chance, dass eine weitere Ausdünnung des Produktportfolios das Basisgeschäft aufwertet.
- **Bewertung** – wird wie ein „produktionsgebundener" Zulieferer mit einem EV/EBITDA 2013e von 3,5, einem KGV von 5 und einer FCF-Rendite von circa 15 Prozent gehandelt, sollte aber eigentlich aufgrund des Produktmixes, der Margen und des Wachstumsprofils eher wie ein auf langfristiges Wachstum ausgerichtetes Unternehmen gehandelt werden.
- **Katalysatoren** – anziehende Gewinne, strategische Übernahmen, Veräußerung von Bereichen, die nicht zum Kerngeschäft gehören, mögliche Neuauflage von Rückkauf- oder Dividendenprogrammen und später möglicherweise Verkäufe durch derzeitige Kernaktionäre.

II. Überblick über das Unternehmen

- **Unternehmensbeschreibung** – Hersteller von Fahrzeugkomponenten, bietet auf weltweiten Automobil- und Nutzfahrzeugmärkten Lösungen in den Bereichen Elektrik/Elektronik, Antriebsstrang, aktive Sicherheit und Wärme-/Kälte-Lösungen an; 110 Produktionsstandorte in 30 Ländern, 102.000 Beschäftigte.
- **Produkte und Dienstleistungen** – alle 25 größten Automobilhersteller (auch als Erstausrüster oder OEMs bezeichnet) der Welt; 21 Prozent des Umsatzes mit GM, 9 Prozent mit Ford, 8 Prozent mit VW, 6 Prozent mit Daimler, 5 Prozent mit Peugeot, 4 Prozent mit Renault, 3 Prozent mit der Fiat Group; Delphi-Produkte sind in den meisten meistverkauften Fahrzeugmodellen zu finden.
- **Kunden und Absatzmärkte** – alle 25 größten Automobilhersteller (auch als Erstausrüster oder OEMs bezeichnet) der Welt; 21 Prozent des Umsatzes mit GM, 9 Prozent mit Ford, 8 Prozent mit VW, 6 Prozent mit Daimler, 5 Prozent mit Peugeot, 4 Prozent mit Renault, 3 Prozent mit der Fiat Group; Delphi-Produkte sind in den meisten meistverkauften Fahrzeugmodellen zu finden.
- **Wettbewerb** – belegt in 70 Prozent seiner Geschäftsbereiche Platz 1 oder 2; wichtigste Konkurrenten: BorgWarner, Bosch, Continental, Denso, Harman, Sumitomo und Yazaki.
- **Geografische Verteilung** – 33 Prozent Nordamerika, 43 Prozent Europa, 16 Prozent Asien, 8 Prozent Südamerika (Stand 2010); es wird erwartet, dass Asien in den nächsten fünf Jahren für mehr als 50 Prozent des Umsatzwachstums verantwortlich sein wird.

III. Unternehmensleitung

- **CEO Rod O'Neal** – Aktienbeteiligung 30 Millionen Dollar; CEO seit 1/2007, davor seit 1/2005 COO; seit 40 Jahren bei GM/Delphi.
  - **Erfolgsbilanz** – leitete im Auftrag des Verwaltungsrats und der Hauptaktionäre die Umstrukturierung von Delphi, reduzierte die Anzahl der Produktlinien von 119 auf 33 und die Geschäftszweige von 7 auf 4; senkte die Stundenlöhne, erhöhte den Anteil der Zeitarbeit und steigerte den operativen Gewinn von -1,3 Milliarden Dollar auf +1,7 Milliarden Dollar.
  - **Vergütungsstruktur** – geknüpft an Schwellenwerte des Marktwerts sowie an entscheidende Finanzkennzahlen: EBITDA (Gewichtung 70 Prozent), FCF (20 Prozent) und Auftragseingang (10 Prozent).
  - **Ruf** – Dazu ein Branchenexperte: „Seine Stärke ist der Umgang mit Kunden, und er verbringt die meiste Zeit mit Geschäftsabschlüssen. Führt an vorderster Front und hat sich mit Spitzentalenten aus dem Sektor umgeben."
- **CFO Kevin Clark** – Aktienbeteiligung 15 Millionen Dollar, CFO seit 7/2011; Mitgründer einer Private-Equity-Firma, davor CFO von Fisher Scientific (2001 bis 2006), wo er dazu beigetragen hat, ein durchschnittliches jährliches Wachstum (CAGR) des Jahreserlöses um 20 Prozent und des Gewinns pro Aktie (EPS) um 27 Prozent zu erzielen.

IV. Risiken und Abwägungen

- **Der Automobilzyklus** – der Geschäftsverlauf ist an das Produktionsniveau gebunden; in der letzten Rezession fiel die Automobilproduktion vom Gipfel bis zur Talsohle in Nordamerika um 43 Prozent und weltweit um 15 Prozent.
- **Europageschäft** – für die EU wird aufgrund der makroökonomischen Bedingungen und der hohen Vorräte ein kurzfristiger Produktionsrückgang vorhergesagt; dies gleicht sich dadurch aus, dass 25 Prozent des Europageschäfts auf Luxushersteller entfallen, die vorwiegend exportieren
- **China und Emerging Markets** – möglicherweise schwankende konjunkturelle Bedingungen und an lokalen Märkten Wettbewerbsdynamik.
- **Währungsabhängigkeit** – 65 Prozent der Erlöse werden außerhalb der Vereinigten Staaten erzielt, sodass die gemeldeten Gewinne schwanken können, weil sie von den Kursen des Mexikanischen Peso, des Euro, des Yuan und des Britischen Pfunds abhängen.
- **Rohmaterialien** – in die Produktion fließen vor allem Kupfer und Harze ein, und es kommt auf die Fähigkeit an, plötzliche Preissteigerungen dieser Rohstoffe weitergeben zu können.

ABBILDUNG 2.2B Muster für einen Investment-Steckbrief (Fortsetzung)

Delphi Automotive (DLPH)

(außer bei Angaben je Akte in Millionen Dollar, Aktienanzahl in Millionen Stück) Ende des Geschäftsjahres 31. Dez

V. Finanzdaten und Bewertung

Branche	Automobile
Bonitätsrating	Ba2/BB

Marktdaten

Aktienkurs	52-Wochen-Rendite	% des 52-Wochen-Hochs	Verwässerte Aktien	Marktkapitalisierung	Unternehmenswert	Durchschn. Tagesvolumen
22	n.v.	100%	328	7.221	8.501	n.v.

Zusammenfassung Finanzdaten

	Historisch			Prognostiziert		
	2009	2010	2011e	2012e	2013e	2014e
Umsatz	11.755	13.817	16.039	16.594	18.023	19.507
Wachstum	*-30,1%*	*17,5%*	*16,1%*	*3,5%*	*8,6%*	*8,2%*
Bruttogewinn	228	2.049	2.526	2.671	2.991	3.335
Marge	*1,9%*	*14,8%*	*15,7%*	*16,1%*	*16,6%*	*17,1%*
EBITDA	84	1.633	2.044	2.157	2.433	2.731
Marge	*0,7%*	*11,8%*	*12,7%*	*13,0%*	*13,5%*	*14,0%*
Wachstum	*n.v.*	*n.v.*	*25,2%*	*5,5%*	*12,8%*	*12,2%*
Abschreibungen	679	421	478	490	532	575
Nettogewinn	-866	631	1.072	1.180	1.371	1.577
Marge	*-7,4%*	*4,6%*	*6,7%*	*7,1%*	*7,6%*	*8,1%*
Verwässerte Aktien	686	686	328	324	314	304
EPS	-1,26	92%	3,27	3,65	4,36	5,19
Wachstum	*n.v.*	*n.v.*	*255,0%*	*11,7%*	*19,7%*	*19,0%*
Barmittel a. Geschäftstätigk.	-98	1.142	1.356	1.639	1.836	2.083
Abzüglich Capex	-409	-500	-629	-747	-811	-878
Freier Cashflow	-507	642	727	892	1.025	1.205
Wachstum	*n.v.*	*n.v.*	*13,2%*	*22,8%*	*14,9%*	*17,5%*
FCF/Aktie	-0,74	94%	2,21	2,76	3,26	3,97
Wachstum	*n.v.*	*n.v.*	*136,7%*	*24,5%*	*18,4%*	*21,5%*

Kreditstatistik

	2009	2010	2011e	2012e	2013e	2014e
Zinsaufwand	8	30	123	123	121	120
Schulden insgesamt	396	289	2.103	2.028	1.992	1.956
Barmittel a. Geschäftstätigk.	3.107	3.219	1.455	2.012	2.651	3.370
EBITDA/Zinsaufwand	10,5	54,4	16,6	17,5	20,0	22,7
(EBITDA-Cpx.)/Zinsaufwand	*n.v.*	37,8	11,5	11,5	13,4	15,4
Schulden/EBITDA	4,7	0,2	1,0	0,9	0,8	0,7
Nettoschulden/EBITDA	*n.v.*	-1,8	0,3	0,0	-0,3	-0,5

Bewertung & Renditen

	2009	2010	2011e	2012e	2013e	2014e
EV/Umsatz	0,7	0,6	0,5	0,5	0,5	0,4
EV/EBITDA	*n.v.*	5,2	4,2	3,9	3,5	3,1
KGV	*n.v.*	23,9	6,7	6,0	5,0	4,2
K/FCF	*n.v.*	23,5	9,9	8,0	6,7	5,5
FCF-Rendite	*n.v.*	*4,3%*	*10,1%*	*12,5%*	*14,8%*	*18,0%*
ROIC	*n.v.*	*12,6%*	*20,5%*	*22,3%*	*25,4%*	*28,8%*
Dividendenrendite	-	-	-	-	-	-
Rückkäufe	0	0	4.738	250	350	450

Vergleichsunternehmen

Unternehmen	Tickersymbol	EV/EBITDA 2012e	EV/EBITDA 2013e	KGV 2012e	KGV 2013e	FCF-Rendite 2012e	FCF-Rendite 2013e	Schulden / EBITDA	EBITDA Margin	ROIC	EPS CAGR*
Autoliv	ALV	4,2	4,0	7,9	7,6	9,6%	9,8%	0,6	14%	16%	2%
BorgWarner	BWA	7,8	6,8	13,1	11,0	5,9%	7,2%	1,8	15%	13%	17%
Harman	HAR	6,0	5,3	13,5	11,9	8,2%	8,2%	1,3	10%	7%	17%
Magna	MGA	3,5	3,1	7,7	6,5	8.,6%	10,.5%	0,1	7%	9%	15%
Tenneco	TEN	4,.3	3,8	8,4	7,0	9,7%	11,3%	2,2	8%	14%	NM
Delphi	**DLPH**	**3,9**	**3,5**	**6,0**	**5,0**	**12,5%**	**14,8%**	**1,0**	**13%**	**21%**	**17%**
Durchschnitt		**5,1**	**4,6**	**10,1**	**8,8**	**8,4%**	**9,4%**	**1,2**	**11%**	**12%**	**16%**

*** Durchschnittliche jährliche Wachstumsrate**

Auf den nun folgenden Seiten werden wir jeden Abschnitt der Vorlage durchgehen. Sie wurde mit Excel erstellt und lässt sich an den jeweiligen Sektor oder die jeweilige Situation anpassen. Und sie steht auf unserer Website www.investinglikethepros.com zur Verfügung. Vielleicht sind Ihnen viele Begriffe in dieser Mustervorlage noch fremd, doch haben Sie bitte Geduld – wir werden sie im Laufe des Buches noch genauer erläutern.

I. Die Anlagethese

Eine Anlagethese ist genau das, was der Begriff zum Ausdruck bringt – sie enthält die wichtigsten Vorzüge, die für den Besitz einer bestimmten Aktie sprechen. Sie ist die eigentliche Grundlage der Anlageentscheidung, die Begründung, weshalb man überzeugt ist, dass sich der Kauf der Aktie lohnt.

Die These sollte prägnant, gegliedert und nachvollziehbar sein. Außerdem muss sie gründlich geprüft werden. Potenzielle Stärken müssen gegen Risiken abgewogen und entscheidende Fragen müssen hinreichend beantwortet werden. In Abbildung 2.3 legen wir die Kernbestandteile einer Anlagethese dar.

ABBILDUNG 2.3 Die Bestandteile einer Anlagethese

Bestandteile einer Anlagethese
▪ Geschäftliche Grundlagen
▪ Unternehmensleitung
▪ Wachstum
▪ Margen
▪ Kapitalrenditen
▪ M&A
▪ Bewertung
▪ Katalysatoren

Im Folgenden formulieren wir die Anlagethese zu Delphi, die Abbildung 2.2.A entspricht.

- **Geschäftliche Grundlagen** – Warum lohnt sich der Kauf des Unternehmens? Was ist sein Geheimrezept? Was macht es erfolgreich? Manchmal kann das recht offensichtlich sein ... aber normalerweise muss man tiefer graben, um herauszufinden, ob ein nachhaltiger Vorteil – auch *Burggraben* genannt – vorhanden ist.
  - Delphi: „Führender Automobilzulieferer, der von der zyklischen Erholung des globalen Automobilabsatzes und von dem umfassenden Trend zu ‚Sicher, umweltfreundlich und vernetzt' profitiert, der von Vorschriften und Verbrauchervorlieben angetrieben wird sowie von dem überdimensionalen Wachstum in China; ging aus der Insolvenz mit einem neu ausgerichteten und konzentrierten Produktportfolio hervor, mit überaus kostengünstigen Fertigungsstandorten und einer sauberen Bilanz."
- **Unternehmensleitung** – Wie sieht die Erfolgsbilanz des Managements bezüglich des Geschäftsbetriebs und des erzeugten Shareholder Value aus? Spielt der Verwaltungsrat eine aktive Rolle bei der Gestaltung der Strategie und der Vision des Unternehmens?
  - Delphi: „Starkes Team unter der Führung von CEO Rod O'Neal, der lebenslang bei GM/Delphi gearbeitet hat und Delphi durch die Insolvenz geführt hat, durch die das Unternehmen unprofitable Geschäftszweige abstieß, die nicht wettbewerbsfähige Kostenstruktur abschaffte und belastende Verbindlichkeiten beseitigte; unterstützt von einem aktiven Verwaltungsrat, der sich sehr gezielt auf die Schaffung von Shareholder Value konzentriert."
- **Wachstum** – Wie schnell wächst das Unternehmen? Wächst es nachhaltig? Ist das Wachstum in erster Linie organisch, beruht es auf Übernahmen oder beides? Welche langfristigen Trends liegen vor? Wie sehen die Wachstumsraten im Vergleich zu anderen Unternehmen

des Sektors aus? Gibt es finanzielle, nicht operative Gewinnfaktoren wie Rückkäufe, Refinanzierungen oder Nettobetriebsverluste (NOL = Net Operating Loss)?[1]

  - Delphi: „Für die kommenden Jahre wird ein durchschnittlich zweistelliges EPS-CAGR erwartet, getragen von einem Umsatzwachstum, das über das Wachstum von Pkw und Kleintransportern hinausgeht, weil die Fahrzeuge mehr Produkte enthalten, weil die Produktpenetration auf neuen Fahrzeugplattformen steigt, und getragen von Aktienrückkäufen."

- **Margen –** Wie sehen die Margen im historischen Vergleich aus? Wie verlaufen sie? Sind sie höher oder niedriger als bei Branchenkollegen? Wenn sie niedriger sind, gibt es einen klaren Weg der Besserung, zum Beispiel über Kostensenkungen, Umsatz-Leverage[2], Preissetzungsmacht oder den Produktmix? Wenn sie höher sind, hat das Unternehmen Kosten- oder Größenvorteile? Oder sind sie nur kurzfristig höher, etwa aufgrund erfolgreicher Rohmaterial-Hedges oder Störungen bei Wettbewerbern?
  - Delphi: „Schätzungen zufolge werden die EBITDA-Margen in den nächsten fünf Jahren dank des Produktmixes, des Umsatz-Leverages und 90 Prozent Arbeitskräften in Niedriglohnländern vom niedrigen einstelligen Bereich in den mittleren Zehner-Bereich steigen (ebenso wie bei den besten Konkurrenten)."
- **Kapitalrendite –** Hat das Unternehmen ein Aktienrückkauf- oder ein Dividendenprogramm? Reicht die

---

[1] Der *Nettobetriebsverlust-Vortrag* ist ein Verlust, der in der vorherigen Periode eingetreten ist und eingesetzt werden kann, um die künftigen steuerpflichtigen Einkünfte zu senken.

[2] Das Ausmaß, in dem sich jeder Dollar Umsatzänderung in einer Änderung des operativen Gewinns niederschlägt.

FCF-Generierung oder die Kapazität der Bilanz aus, um größere Rückkäufe oder höhere Dividenden zu stützen?

  - Delphi: „Hat vor dem Börsengang die Beteiligung von General Motors für 4,3 Milliarden Dollar zurückgekauft, rechnet dank einer Fremdfinanzierungsquote von nur 30 Prozent, da keine Laufzeiten über fünf Jahren vorliegen und dank des Cashbestands von 1,45 Milliarden Dollar, damit, dass sich die Mischung aus Rückkäufen und Dividenden fortsetzt."

- **M&A** – Wie sieht die M&A-Bilanz des Unternehmens aus? In welcher Verfassung ist das M&A- und das Finanzierungsumfeld derzeit? Gibt es brauchbare und verkaufswillige Übernahmeziele? Sind die Preise der Vermögenswerte angemessen? Ist das Unternehmen selbst ein potenzielles Ziel? Besitzt es nicht zum Kerngeschäft gehörende Vermögenswerte, die ausgegliedert oder verkauft werden können?
  - Delphi: „Mögliche strategische M&A in Schlüsselbereichen wie etwa technische Komponenten dürften die Marktanteile stärken und Größenvorteile aufbauen; Chance, dass eine weitere Ausdünnung des Produktportfolios das Basisgeschäft aufwertet."
- **Bewertung** – Wird das Unternehmen im Vergleich zu Konkurrenten und dem Markt mit Aufschlag oder Abschlag gehandelt? Warum? Wie sieht die derzeitige Bewertung im historischen Vergleich aus? Ist die Aktie im Verhältnis zur Qualität des Geschäfts, zu den Wachstumsaussichten, zum Margenpotenzial und zu den Erlösen billig?
  - Delphi: „wird wie ein ‚produktionsgebundener' Zulieferer mit einem EV/EBITDA 2013e von 3,5, einem KGV von 5 und einer FCF-Rendite von circa

15 Prozent gehandelt, sollte aber eigentlich aufgrund des Produktmixes, der Margen und des Wachstumsprofils eher wie ein auf langfristiges Wachstum ausgerichtetes Unternehmen gehandelt werden."

- **Katalysatoren** – Gibt es kurz-, mittel- oder langfristige Katalysatoren, die den Aktienpreis in die Höhe treiben könnten? Ist es wahrscheinlich, dass das Unternehmen die Gewinnschätzungen übertrifft und/oder seine Prognosen anhebt? Ist zu erwarten, dass neue Produktstarts wesentliche Auswirkungen haben? Zeichnet sich ein neues Rückkaufprogramm oder eine Dividende ab? Hat das Unternehmen vor, Fusionen/Übernahmen durchzuführen oder Teile außerhalb des Kerngeschäfts abzustoßen? Ist es wahrscheinlich, dass ein aktivistischer Investor einsteigt und auf Veränderungen im großen Stil dringt?
  - Delphi: „Anziehende Gewinne, strategische Übernahmen, Veräußerung von Bereichen, die nicht zum Kerngeschäft gehören, mögliche Neuauflage von Rückkauf- oder Dividendenprogrammen und später möglicherweise Verkäufe durch derzeitige Kernaktionäre."

II. Überblick über das Unternehmen

Zu verstehen, „was das Unternehmen eigentlich macht", ist für die Anlagethese von entscheidender Bedeutung. Ja, es stimmt, so einfach ist das. Und doch verstehen nur wenige Menschen wirklich das Geschäft, das hinter den Aktien steht, die sie kaufen.

Wenn Ihnen das nächste Mal jemand auf einer Cocktailparty eine Aktie anpreist, fragen Sie auf jeden Fall: „Was macht das Unternehmen?" Oder: „Wie verdient es sein Geld?" Versuchen Sie es einmal mit einer der FAANG-Aktien. Womit verdienen sie ihre Gewinne wirklich? Seien Sie nicht überrascht, wenn Sie damit peinliches Schweigen oder auch Stammeln und Stottern ernten.

Und wo beginnt nun der Prozess, ein Unternehmen zu verstehen? Wir empfehlen, zunächst die Website des Unternehmens, die SEC-Formulare (10-K[3] und 10-Q[4] oder gegebenenfalls S-1[5]) und Investorpräsentationen der letzten Zeit durchzugehen.[6] Auch Analystenberichte helfen einem, schnell auf dem Laufenden zu sein. Zum Glück haben Sie wahrscheinlich über Ihr Brokerage-Depot Zugang zu Researchmaterial.[7]

Neben einer Unternehmensbeschreibung enthält unsere Vorlage für einen Unternehmenssteckbrief auch die Schwerpunkte „Produkte und Dienstleistungen", „Kunden und Absatzmärkte", „Wettbewerb" und „Geografische Verteilung" (siehe Abbildung 2.4).

ABBILDUNG 2.4 Überblick über das Unternehmen

Überblick über das Unternehmen
▪ Unternehmensbeschreibung
▪ Produkte und Dienstleistungen
▪ Kunden und Absatzmärkte
▪ Wettbewerb
▪ Geografische Verteilung

---

[3] Formular 10-K ist ein Jahresbericht, den ein börsennotiertes Unternehmen bei der SEC eingereicht hat und der eine umfassende Übersicht über das Unternehmen und seine Leistung im Vorjahr bietet. Das Formular wird normalerweise innerhalb von 60 Tagen nach dem Ende des Geschäftsjahres eingereicht. SEC-Unterlagen sind auf den Websites der Unternehmen oder unter www.sec.gov zugänglich.

[4] Formular 10-Q ist ein Quartalsbericht, den ein börsennotiertes Unternehmen normalerweise innerhalb von 45 Tagen nach dem betreffenden Geschäftsquartal bei der SEC eingereicht hat.

[5] Formular S-1 ist das Registrierungsformular für Unternehmen, die an die Börse gehen und ihre Aktie an einer US-amerikanischen Börse notieren lassen wollen.

[6] Siehe unter dem Link „Investor Relations" oder „Investors" auf der Website des Unternehmens.

[7] Die meisten Brokerfirmen bieten Privatanlegern den Zugriff auf hauseigenes Researchmaterial oder auf Researchmaterial von verbundenen Unternehmen an.

Unternehmensbeschreibung

Das Kerngeschäft eines Unternehmens zu verstehen öffnet die Tür zu allem, was dann folgt. In der Unternehmensbeschreibung steht, Delphi sei ein

> *„Hersteller von Fahrzeugkomponenten, bietet auf weltweiten Automobil- und Nutzfahrzeugmärkten Lösungen in den Bereichen Elektrik/Elektronik, Antriebsstrang, aktive Sicherheit und thermische Lösungen an; 110 Produktionsstandorte in 30 Ländern, 102.000 Beschäftigte."*

Jedes börsennotierte Unternehmen wird in einen Sektor eingeordnet, der sich auf die Branche oder auf die Märkte bezieht, in denen oder an denen es tätig ist. Beispiele dafür sind unter anderem Konsumgüter, Gesundheit, Industriegüter und Technologie. Diese Klassifizierungen lassen sich noch weiter in Subsektoren und geografische Regionen aufteilen. Klassifizierungen nach Sektor und Geografie sind wichtig, um entscheidende Erkenntnisse über Wachstumsfaktoren, Wettbewerbsdynamiken und Risiken zu gewinnen. Der Markt verarbeitet diese Klassifizierungen, indem er daraus eine Bewertung ableitet.

So ist Delphi beispielsweise ein Industriegüter-Unternehmen im Automobilsektor, im Zulieferer-Subsektor, und es ist weltweit tätig, wobei es ein großes Chinageschäft hat. Bei Delphi ist die Kategorisierung einfach, bei anderen Unternehmen kann sie schwieriger festzulegen sein. Da fällt einem Amazon ein – ist es ein Technologieunternehmen oder fällt es in den Bereich Einzelhandel, Logistik oder einen erst noch zu benennenden?

Außer dem Sektor, dem Subsektor und der Geografie liefert die Unternehmensbeschreibung auch entscheidende Informationen über Delphi. Zunächst einmal liefert das Unternehmen Komponenten an Automobil-Erstausrüster.[8] Das bedeutet, dass sein Umsatz von der

---

[8] Im Automobilbereich sind mit „Erstausrüstern" oder OEMs (Original Equipment Manufacturers) die Hersteller von Autos und Nutzfahrzeugen gemeint, zum Beispiel GM, Ford oder Volkswagen.

weltweiten Automobilnachfrage abhängt, mit allen daran gebundenen Chancen und Herausforderungen. Außerdem hat das Unternehmen eine breite Kundenbasis und operiert in vielen Ländern, was auf Größenvorteile und eine globale Reichweite hindeutet.

Produkte und Dienstleistungen

Produkte und Dienstleistungen stehen im Mittelpunkt des Geschäftsmodells eines Unternehmens. Die wichtigsten Produktkategorien sind einfach, zum Beispiel Autoteile, Lebensmittel und Getränke, mobile Geräte, Arzneimittel und Stahl. Sie reichen von Rohstoffen bis hin zu Spezialerzeugnissen. Wichtige Dienstleistungen sind Banking, Beratung, Vertrieb, Unterbringung und Telekommunikation. Im Abschnitt „Produkte und Dienstleistungen" werden die wichtigsten Angebote von Delphi aufgezählt:

> *„elektrische Architektur (40 Prozent des Umsatzes, Verbindungen, Kabelbäume, Schaltzentralen), Antriebssysteme (30 Prozent, Kraftstoffversorgung und Einspritzung, Verbrennung, elektronische Steuerung), Elektronik und Sicherheit (19 Prozent, Fahrwerksabstimmung, Empfang, Infotainment) und ‚Thermo' (11 Prozent, Kühlungs- und Heizungssysteme)."*

Die Kernprodukte und Kerndienstleistungen von Delphi wurden von starken langfristigen Wachstumsdynamiken getragen. Strengere regulatorische Auflagen führten im Automobilbereich zu mehr Sicherheit und Sparsamkeit. Gleichzeitig verlangten die Verbraucher in den Fahrzeugen mehr Vernetzung und Infotainment. Laut Schritt I verheißen langfristige Triebkräfte Wachstum über dem Marktdurchschnitt und helfen, das Unternehmen vor Schwankungen und Zyklen des Marktes abzuschirmen.

Um die Kernprodukte eines Unternehmens kennenzulernen, empfehlen wir, seine Website zu besuchen und sich dort Fotos anzusehen und Beschreibungen durchzulesen. Eine genauere, über Schritt II hinausgehende Recherche sollte auch beinhalten, dass man die Produkte und Dienstleistungen selbst ausprobiert, sofern das möglich ist. Sind sie einzigartig? Sind sie für die Kunden unentbehrlich? Gibt es billigere Ersatzprodukte? Wie fügen sie sich in das Ökosystem des entsprechenden Sektors? Diese Punkte stützen die langfristige Nachhaltigkeit eines Geschäfts.

Kunden und Absatzmärkte

Kunden sind die Käufer der Produkte und Dienstleistungen eines Unternehmens. Wichtig sind dabei die Anzahl und die Vielfalt der Kunden eines Unternehmens. Manche Unternehmen bedienen eine breite Kundenbasis, während andere einen spezialisierten Markt oder einen Nischenmarkt anpeilen.

Eine geringe Konzentration der Kunden bedeutet normalerweise ein geringeres Risiko. Gleichzeitig sorgt ein großer, langjähriger Kundenstamm für Visibilität und Beruhigung hinsichtlich der künftigen Kapitalflüsse.

Absatzmärkte sind die Märkte, an die ein Unternehmen seine Produkte und Dienstleistungen verkauft. Man muss den Absatzmarkt von den Kunden unterscheiden. Es kann sein, dass ein Unternehmen an die Bauwirtschaft verkauft, aber nicht an Bauunternehmen, sondern an Einzelhändler oder Zulieferer.

Im Abschnitt „Kunden und Absatzmärkte" steht bei Delphi, dass es seine Produkte an folgende Kunden verkauft:

> *„alle 25 größten Automobilhersteller (auch als Erstausrüster oder OEMs bezeichnet) der Welt; 21 Prozent des Umsatzes mit GM, 9 Prozent mit Ford, 8 Prozent mit VW, 6 Prozent mit Daimler, 5 Prozent mit Peugeot, 4 Prozent mit Renault, 3 Prozent mit der Fiat Group; Delphi-Produkte sind in den meisten meistverkauften Fahrzeugmodellen zu finden."*

Nachdem Delphi zehn Jahre zuvor noch zu 75 Prozent von GM abhängig gewesen war, hatte es seine Kundenbasis inzwischen breit diversifiziert. Zum Zeitpunkt des Börsengangs war GM der einzige Kunde, der mehr als zehn Prozent des Umsatzes ausmachte. Delphis Produkte wurden in 17 der 20 in den Vereinigten Staaten meistverkauften Automodelle eingesetzt, in 65 Prozent der führenden Modelle Chinas und in allen Spitzenmodellen Europas. Diese Diversifizierung war zwar für den Fall günstig, dass ein Kunde, ein Modell oder eine Region einen Rückschlag erlitt, aber das Engagement in Schwellenländern brachte auch größere Schwankungen mit sich.

Wettbewerb

Die Anzahl der Akteure in einer bestimmten Branche und die Art ihrer Interaktionen sind für den Erfolg jedes Unternehmens entscheidend. Die Zahl der Konkurrenten kann von null (Monopol) über einige wenige (Oligopol) bis hin zu Dutzenden oder Hunderten Unternehmen reichen, die ähnliche Produkte und Dienstleistungen anbieten.

Normalerweise ist es umso besser, je weniger Mitbewerber es gibt. Aber das ist nicht automatisch so. Ein oder zwei miserable Akteure können das Wettbewerbsumfeld ruinieren. Und sogar Branchen mit zahlreichen Akteuren können je nach ihrem Verhalten attraktiv sein.

Im Wettbewerbsabschnitt von Delphi steht, das Unternehmen

> *„belegt in 70 Prozent seiner Geschäftsbereiche Platz 1 oder 2; wichtigste Konkurrenten: BorgWarner, Bosch, Continental, Denso, Harman, Sumitomo und Yazaki."*

Die „neue Delphi" stellte ihr Portfolio strategisch um und richtete es auf langfristige Wachstumskategorien aus, in denen sie führende Positionen innehatte und als Gewinner aufgestellt war. Das war ein radikaler Abschied von der „alten Delphi", die allen alles liefern wollte. Das Resultat war, dass die Anzahl der Produktlinien von 119 auf 33 sank.

Das bedeutete, dass Delphi begonnen hatte, sich von der breiter angelegten Peergroup abzuheben. Es bewegte sich in Richtung eines gehobeneren Spezialzulieferers mit rund einem halben Dutzend weltweiter Konkurrenten. Zwar war auch diese Subkategorie hart umkämpft, aber Delphi hatte gegenüber seinen Mitbewerbern mehrere Vorteile.

Aus Wettbewerbssicht boten Delphis strategischer Fußabdruck und seine niedrige Kostenbasis Vorteile in den Bereichen Service, Qualität und Preis. Außerdem verfügte das Unternehmen über eine breite Basis an Produkten, die für bestehende und für neue Modellplattformen geeignet waren, und dies erhöhte die Kundentreue. Überdies lieferte die überarbeitete, auf technischer Entwicklung basierende Unternehmenskultur Produkte der nächsten Generation.

Ein zentrales Unterscheidungsmerkmal war auch die weitgehende Einigkeit zwischen der Führungsmannschaft des Unternehmens unter Rod O'Neal und dem aktiven Verwaltungsrat. Gemeinsam förderten sie eine strenge Konzentration auf Wertschöpfung, auf die das gesamte Unternehmen ausgerichtet war. Dies äußerte sich in stetigen Kostenoptimierungen, in der effizienten Kapitalverwendung und der hohen gemeinsamen operativen und finanziellen Kompetenz.

Geografische Verteilung

Unternehmen, die in verschiedenen Regionen Niederlassungen besitzen und in verschiedenen Regionen verkaufen, können sich hinsichtlich der wichtigsten geschäftlichen Faktoren und hinsichtlich ihrer Eigenschaften stark unterscheiden. Meist gibt es bezüglich der Wachstumsraten, der Wettbewerbsdynamik, des Marktzugangs/der Marktzugänge, der Kostenstruktur und der Chancen beziehungsweise Risiken grundlegende Unterschiede.

Die Performance eines Unternehmens mit Schwerpunkt in den Vereinigten Staaten dürfte beispielsweise anders aussehen als die eines Unternehmens mit einer breiten globalen Geschäftstätigkeit. Für die Finanz-Performance spielen auch Währungen eine Rolle. Daher können Unternehmen, die einander aus geschäftlicher Sicht ähneln, aufgrund ihrer Geografie erhebliche Unterschiede in Finanz-Performance und Bewertung aufweisen.

Im Abschnitt zur geografischen Verteilung von Delphi steht:

> *„33 Prozent Nordamerika, 43 Prozent Europa, 16 Prozent Asien, 8 Prozent Südamerika (Stand 2010); es wird erwartet, dass Asien in den nächsten fünf Jahren für mehr als 50 Prozent des Umsatzwachstums verantwortlich sein wird."*

Delphis breiter geografischer Mix brachte sowohl Chancen als auch Risiken mit sich. Seine starke Stellung in Nordamerika bot eine stabile Basis im zuverlässigsten Markt der Welt. Asien und insbesondere China verhießen überdimensionale Gewinne im größten und am schnellsten wachsenden Markt der Welt. Dabei leistete Europa zwar den größten Beitrag zu Delphis Umsatz, aber es war ein reifer Markt und es drohte eine möglicherweise rückläufige Automobilproduktion. Mit den Aussichten und Implikationen jedes dieser einzigartigen Märkte befassen wir uns in Schritt III.

III. Die Unternehmensleitung

Gute CEOs haben das Prinzip des Shareholder Value verinnerlicht und konzentrieren sich darauf. Sie wissen, wie man eine solide Strategie formuliert und umsetzt, die unmittelbar den Cashflow, die Rendite und die Aktienkennzahlen verbessert. Die besten CEOs können meistens gut mit Investoren kommunizieren sowie ihre Strategie und die Anlagechance, die ihre Aktie darstellt, effektiv formulieren. Natürlich sind Worte bloß Worte. Die Vision muss auch durch Leistung unterfüttert werden. Das Gleiche gilt für andere entscheidende Akteure, die in die Strategie des Unternehmens eingebunden sind, zum Beispiel den CFO, den COO und die Mitglieder des Verwaltungsrats.

Anleger debattieren oft darüber, ob sie auf das Pferd oder auf den Jockey wetten sollen. Viele sind fest vom Pferd überzeugt – soll heißen, dass selbst der beste CEO ein von Grund auf mangelhaftes Unternehmen nicht auf Vordermann bringen kann. Oder dass sich ein großartiges Unternehmen selbst führen kann. Aber warum debattieren? Warum nicht beides haben – ein überzeugendes Unternehmen mit einem großartigen CEO und einem tollen Team?

Kaum jemand würde der Behauptung widersprechen, dass das Management unabhängig vom Unternehmen ein entscheidender Erfolgsfaktor ist. Gute Unternehmen brauchen zumindest talentierte Führungskräfte, um in der Spur zu bleiben. Realistischer ist indes, dass sie jeden Tag vor der Herausforderung stehen, die Performance zu steigern und der Konkurrenz weiterhin einen Schritt voraus zu sein. Am anderen Ende des Spektrums benötigen angeschlagene Unternehmen eine geschickte Unternehmensleitung, um durch schwierige Zeiten zu navigieren und das Schiff wieder auf Kurs zu bringen.

Die Beurteilung der Unternehmensleitung ist ein Grundbestandteil der Due-Diligence-Prüfung. Für viele Anleger ist ein guter CEO ein zentraler Faktor. Manche CEOs haben unter Investoren eine geradezu kultische Anhängerschaft. Abbildung 2.5 stellt einen grundlegenden Rahmen für die Beurteilung der Qualität eines Vorstandsvorsitzenden oder eines Führungsteams dar.

ABBILDUNG 2.5 Beurteilung der Unternehmensleitung

Beurteilung der Unternehmensleitung
▪ Erfolgsbilanz
▪ Vergütungsstruktur
▪ Ruf

Erfolgsbilanz

Der vielleicht beste Indikator für die Qualität eines CEOs ist seine Erfolgsbilanz, vor allem hinsichtlich der Renditen für die Aktionäre. Dazu überprüft man die Kursentwicklung unter der Führung des CEOs und vergleicht sie mit der ähnlicher Unternehmen sowie mit der eines

Index, zum Beispiel des S&P 500. Auch sollte man sowohl das absolute als auch das relative Umsatz- und Gewinnwachstum untersuchen.

Natürlich kann die bisherige Erfolgsbilanz irreführend sein und es gilt die Aussage: „Die frühere Performance ist kein eindeutiger Hinweis auf künftigen Erfolg.“ Es kann schwierig sein, einen im Sektor herrschenden Trend von der Leistung eines CEOs oder von schierem Glück zu unterscheiden. Aber eine beständige Erfolgsbilanz, die besser als die von Kollegen in zahlreichen Unternehmen ist und über verschiedene Zyklen reicht, ist überzeugend.

Ein solcher CEO ist der legendäre Wertschöpfer John Malone. Als Chef von Tele-Communications (TCI) steigerte er den Aktienkurs von 1973 bis zur Übernahme durch AT&T im Jahr 1999 splitbereinigt von unter 0,25 Dollar auf mehr als 65 Dollar – eine durchschnittliche Jahresrendite von 30 Prozent, während der S&P 500 im selben Zeitraum nur 14 Prozent schaffte. Seither hat Malone für Dutzende andere börsennotierte Unternehmen gearbeitet, die Renditen über dem Marktdurchschnitt generiert haben.

Rod O’Neal wurde im Januar 2005 Präsident und COO von Delphi und wurde im Januar 2007 zum CEO befördert. Nachdem er die Zügel eines bankrotten Unternehmens mit einer strukturell nicht wettbewerbsfähigen Kostenstruktur übernommen hatte, leitete er ein Team, das einen gewagten Aktionsplan umsetzte. Delphi reduzierte die Anzahl der Produktlinien drastisch, machte belastenden Tarifverträgen ein Ende, verlagerte 91 Prozent der geleisteten Arbeitszeit in Niedriglohnländer und veräußerte zahlreiche verlustbringende Abteilungen.

O’Neals rechte Hand, der CFO Kevin Clark, konnte eine Erfolgsbilanz vorweisen, die bis zu seiner Zeit bei Fisher Scientific zurückreichte. Als besonders fähig hatte er sich bei der Kostenkontrolle, der Kapitalverwendung und bei Fusionen und Übernahmen erwiesen. Außerdem kam der Verwaltungsratsvorsitzende Jack Krol mit einer sehr guten 30-jährigen Erfolgsbilanz bei DuPont – einem der größten und komplexesten Industriekonzerne der Welt – zu Delphi.

Abbildung 2.6 zeigt, wie sich die Maßnahmen des Teams auswirkten:

ABBILDUNG 2.6 Die Transformation von Delphi

Die Transformation von Delphi	2005	2010	Differenz
Kennzahlen des Unternehmens			
Produktlinien	119	33	-72%
Sparten	7	4	-43%
Mitarbeiterzahl	200.000	102.000	-49%
Mitglieder der Gewerkschaft UAW	23.000	-	-100%
Arbeit in Niedriglohnländern	30%	91%	61%
Mitarbeiter mit flexibler Arbeitszeit	8%	30%	22%
Pensionen und sonstige Verpflichtungen gegenüber Mitarbeitern nach Ende der Beschäftigung	$ 9,2 Mrd.	$ 0,7 Mrd.	-92%
Vertriebs- und Verwaltungskosten	$ 1,6 Mrd.	$ 0,9 Mrd.	-44%
Investitionsausgaben (Capex)	$ 1,2 Mrd.	$ 0,5 Mrd.	-58%
Produktpalette			
Geografische Verteilung			
Nordamerika	68%	33%	-35%
Europa	25%	43%	18%
Asien-Pazifik	2%	16%	14%
Südamerika	5%	8%	3%
Kunden			
General Motors	48%	21%	-27%
Ford	5%	9%	4%
Volkswagen	3%	8%	5%

Vergütungsstruktur

Auch die Aktienbeteiligungen und die Vergütungsstruktur von führenden Managern sind aufschlussreich. Kapitalgebundene Anreize, die an hohe Performanceziele oder Aktienkurse geknüpft sind, deuten auf eine starke Überzeugung hin.

Sowohl CEO Rod O'Neal als auch CFO Kevin Clark hatten starke Anreize, den Shareholder Value von Delphi zu steigern. Im Rahmen des Anreizplans, den der Verwaltungsrat in Zusammenarbeit mit Silver Point und Elliott zusammengestellt hatte (der als „Value Creation Plan" bezeichnet wurde), bekamen O'Neal und Clark Aktien im Wert von 1,35 Millionen Dollar respektive 675.000 Dollar zugeteilt. Dies ergab zum Zeitpunkt des Börsengangs zum Kurs von 22 Dollar 30 beziehungsweise 15 Millionen Dollar, sodass die Interessen der beiden im Einklang mit denen der Aktionäre standen. Zudem waren die späteren Jahresgehälter an Schwellenwerte von unterschiedlich gewichteten Finanzkennzahlen gebunden: EBITDA (70 Prozent), FCF (20 Prozent) und Auftragseingang (10 Prozent).

Der Ruf

Der Ruf eines CEOs mag zwar etwas Subjektives sein, aber es kann recht aufschlussreich sein, ein wenig nachzuforschen. Wenn sich Profis ernstlich mit einer Aktie befassen, beraten sie sich mit Führungskräften aus der Branche, mit Konkurrenten und mit zum Verkauf ratenden Researchanalysten. Natürlich müssen Anekdoten mit der tatsächlichen Unterstützung und der tatsächlichen Erfolgsbilanz abgeglichen werden.

Abgesehen von operativer Exzellenz und von der Schaffung von Shareholder Value muss man sich mit dem moralischen Kompass und mit der Vertrauenswürdigkeit des Managements wohlfühlen. Passend zu dem Sprichwort „Der Fisch stinkt vom Kopf" lassen sich die meisten Betrügereien und Unregelmäßigkeiten in der Bilanzierung zum gehobenen Management zurückverfolgen. Wenn man schon frühzeitig Vertrauen in die moralische Haltung des Führungsteams entwickelt, trägt dies dazu bei, ein bedeutendes Risiko zu beseitigen.

Im Laufe seiner gut 40 Jahre bei Delphi und der GM-Vorgängersparte erarbeitete sich O'Neal sowohl innerhalb als auch außerhalb des Unternehmens einen guten Ruf in Sachen Führungsstärke und Integrität. Während des Insolvenzverfahrens überwachte O'Neal einen wirksamen Maßnahmenplan, bei dessen Gestaltung und Umsetzung der Verwaltungsrat und die Mehrheitsaktionäre mithalfen. Für die erfolgreiche Durchführung war es auch notwendig, die Belegschaft dazu anzuspornen, trotz der Schmerzen und Wirren der Insolvenz ordentlich anzupacken.

IV. Risiken und Abwägungen

Die Risikoeinschätzung identifiziert und quantifiziert Faktoren, die die Anlagethese gefährden könnten. Dafür muss man lange und intensiv darüber nachdenken, was schieflaufen kann. Die Fallstricke können von allgemeinen makroökonomischen Gefahren bis hin zu hochgradig detaillierten auf das Unternehmen oder den Sektor bezogenen Themen reichen. Manche Risiken sind bedeutender, manche können entschärft werden und manche liegen außerhalb der Kontrolle des Unternehmens.

Natürlich bringt jede Anlageentscheidung Risiken mit sich. Es kommt darauf an, sie präzise zu erkennen und im Vorfeld zu verarbeiten. Ein beträchtliches Risiko kann auch eine beträchtliche Chance darstellen. Angeschlagene Unternehmen können erhebliches Aufwärtspotenzial bieten, etwa durch eine positive zyklische Wende, eine Restrukturierung, einen Schuldenabbau, eine neue Strategie oder eine Stärkung des Führungsteams. Ebenso kann es sein, dass eine risikoarme Situation nur begrenzte Aussichten auf attraktive Renditen bietet.

Ungeachtet dessen muss das Chance-Risiko-Verhältnis gewahrt bleiben – höhere Risiken müssen durch höhere Renditen ausgeglichen werden. Indem man die mit einer bestimmten Aktie verbundenen Risiken quantifiziert, kann man sie mit ihrem Aufwärtspotenzial vergleichen und somit eine begründete Entscheidung treffen. Das ist bei der Bestimmung eines Kursziels für eine bestimmte Aktie (siehe Schritt IV) der entscheidende Teil.

In dieser Hinsicht bieten börsennotierte Unternehmen den Anlegern eine gewisse Hilfe. Die wichtigsten Risiken, mit denen das Unternehmen konfrontiert ist, muss es in einem Abschnitt des Formulars 10-K namens „Risk Factors“ auflisten und erläutern. Diese Risikofaktoren stellen zwar eine nützliche Orientierung dar, aber man muss unbedingt auch selbst ans Werk gehen und sich über die größten Risiken eine eigene Meinung bilden.

Manche Unternehmen, zum Beispiel Hersteller von Verbrauchsgütern, stehen auf relativ stabilen Beinen und ihre Risiken liegen entweder in der allgemeinen konjunkturellen Situation oder bei Zulieferproblemen. Andere, beispielsweise Autohersteller oder Stahlkonzerne, verhalten sich eher zyklisch und ihre Risiken hängen mit Absatzmärkten, Rohstoffen und Währungen zusammen. Bei wieder anderen können grundlegende Risiken der Obsoleszenz oder der Substitution bestehen, zum Beispiel im stationären Einzelhandel.

Einen zusammenfassenden Überblick über die wichtigsten Risiken von Delphi zeigen wir in Abbildung 2.2A, eine umfassende Einschätzung bieten wir in Schritt III. Da das Unternehmen im Jahr 2009 gerade eine Insolvenz hinter sich hatte und es mit dem Automobilsektor in der Großen Rezession dramatisch bergab gegangen war, lag das hauptsächliche Risiko in dem zyklischen Charakter der weltweiten Autoproduktion. Die Anlegerstimmung war damals eine echte Herausforderung.

Auch das starke Engagement des Konzerns in Europa musste aufgrund der schlechten kurzfristigen Aussichten beachtet werden. Dabei verschleierte die aufregende Wachstumsstory in China die möglichen Schwankungen und die geopolitische Unsicherheit. Mit dem Engagement in Europa und China war ein Währungsrisiko verbunden, da 65 Prozent des Umsatzes in anderen Währungen als dem US-Dollar (USD) anfielen. Schwankungen der Devisenkurse konnten dazu führen, dass in USD niedrigere Ergebnisse gemeldet wurden, oder zu nachteiligen Auswirkungen auf die Wettbewerbsfähigkeit der Preise.

Und schließlich stellten Preisspitzen bei Rohmaterialien eine mögliche Gefährdung der Margen dar, insbesondere die großen

Schwankungen des Kupferpreises und der Preise von Harzprodukten. Zwar hatte Delphi bisher steigende Kosten an die Kunden weitergeben können, aber es gab keine Garantie, dass das auch in Zukunft funktionieren würde. Gleichzeitig bildete das zunehmende Engagement des Unternehmens in Schwellenländern eine natürliche Absicherung gegen steigende Rohstoffpreise, weil die Rohstoffpreise und die Wirtschaftsleistung von Schwellenländern häufig stark korreliert sind.

V. Finanzdaten und Bewertung

Inzwischen haben Sie ein grundlegendes Verständnis des Unternehmens und Sie haben eine These formuliert. Nun ist es an der Zeit, die Finanzdaten und die Bewertung des Unternehmens zu untersuchen. Bei den Finanzdaten sollte man besonders auf entscheidende Trends und Verbesserungschancen achten. Was die Bewertung angeht, achte man höchst aufmerksam auf ungerechtfertigte Abschläge (oder Aufschläge) gegenüber Branchenkollegen.

In Abbildung 2.7 geben wir die wichtigsten Schwerpunktbereiche für die erste Überprüfung an. Die Stichpunkte entsprechen der zweiten Seite unserer Vorlage für einen Investment-Steckbrief (siehe Abbildung 2.2B).

ABBILDUNG 2.7 Finanzdaten und Bewertung

Finanzdaten und Bewertung
▪ Marktdaten
▪ Finanzübersicht
▪ Kreditkennzahlen
▪ Bewertung und Renditen
▪ Vergleichsunternehmen

Marktdaten

Im Abschnitt „Marktdaten“ unserer Vorlage sind grundlegende Angaben zur Aktie aufgeführt, unter anderem der Kurs, die 52-Wochen-

Rendite[9], der Prozentsatz seit dem 52-Wochen-Hoch, die Anzahl der Aktien und das durchschnittliche tägliche Handelsvolumen (ADV = Average Daily Volume). Außerdem geben wir die Marktkapitalisierung, die Nettoverschuldung und den Unternehmenswert an.

Die Marktkapitalisierung ist der Wert, den der Aktienmarkt dem Aktienkapital eines Unternehmens beilegt. Sie errechnet sich ganz einfach aus dem aktuellen Aktienkurs multipliziert mit den *verwässerten Aktien* (siehe Abbildung 2.8).[10]

ABBILDUNG 2.8 Berechnung der Marktkapitalisierung

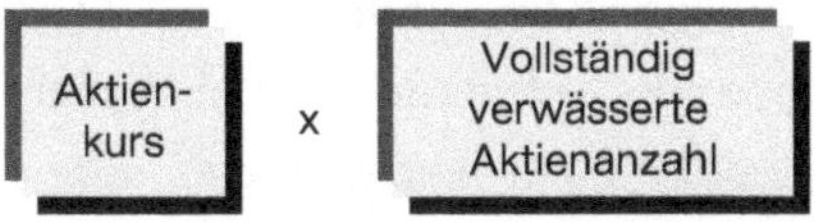

Der Unternehmenswert ist die Summe aller Kapitalanteile an einer Gesellschaft, insbesondere die Vermögensansprüche der Inhaber von Fremd- und Eigenkapital. Anders gesagt die Summe aus Aktien, Anleihen und ihren Äquivalenten einschließlich Vorzugsaktien und Minderheitsbeteiligungen.[11] Davon werden dann Bargeld und Bargeldäquivalente als Ausgleich für die Schulden abgezogen (siehe Abbildung 2.9).

ABBILDUNG 2.9 Berechnung des Unternehmenswerts

---

9 Häufig wird auch die Rendite seit Jahresbeginn (YTD = Year-to-Date) herangezogen.

10 Die vollständig verwässerte Aktienanzahl errechnet sich aus der Summe der Aktien einer Gesellschaft zuzüglich Aktienoptionen, Optionsscheinen und Wandelpapieren, die „im Geld" sind.

11 Das sind die Anteile an einer Tochtergesellschaft, die sich nicht im Besitz der Muttergesellschaft befinden.

Die Marktkapitalisierung und der Unternehmenswert geben zwar nicht den Ausschlag, aber sie können recht informativ sein. Die Größe eines Unternehmens liefert Hinweise auf den Produktionsmaßstab, die Wettbewerbsposition, die Kaufkraft und die Wachstumsaussichten. Das Handelsvolumen sagt etwas über die Liquidität einer Aktie aus. Damit kann man die Markttiefe der Aktie besser einschätzen, zum Beispiel, wie viele Tage benötigt werden, um aus der Position auszusteigen.

Zusammengenommen beeinflussen Marktkapitalisierung und Liquidität die Art und Breite der Aktionärsbasis eines Unternehmens und möglicherweise auch seine Bewertung. Zum Beispiel kommen Unternehmen oberhalb einer gewissen Größe und Liquidität für die Aufnahme in bedeutende Aktienindizes oder ETFs infrage, sodass sie eine breitere Gruppe von Anlegern anziehen. Außerdem helfen einem die 52-Wochen-Rendite einer Aktie, ihre Rendite seit Jahresanfang und ihr prozentualer Abstand zum 52-Wochen-Hoch, herauszufinden, ob der Markt die Gelegenheit schon entdeckt hat.

Laut Abbildung 2.2B kostete die Aktie von Delphi am 16. November 2011 22 Dollar. Das Unternehmen hatte 328 Millionen Aktien und so ergab sich eine Marktkapitalisierung von 7,2 Milliarden Dollar. Zuzüglich einer Nettoverschuldung von rund 820 Millionen Dollar und Minderheitsbeteiligungen von 462 Millionen Dollar ergab sich ein Unternehmenswert von 8,5 Milliarden Dollar.

Finanzübersicht

In der Finanzübersicht werden wichtige historische und prognostizierte Finanzdaten angegeben. In Abbildung 2.2B geben wir den Umsatz, den Rohertrag, das EBITDA, den Reingewinn und den freien Cashflow an. Außerdem geben wir Kennzahlen pro Aktie an, EPS und FCF/S. Eine schnelle Analyse der Wachstumsraten, der Profitabilität und der FCF-Generierung kann viel über die Verfassung eines Unternehmens und über seine Aussichten aussagen.

Was die Wachstumsraten angeht, prüfen Anleger den früheren und den prognostizierten Umsatz und Gewinn, wobei sie auf anziehende oder nachlassende Trends achten. Die Konsensschätzungen der Analysten[12] für die kommenden zwei bis drei Jahre bieten eine erste Perspektive. Vermutlich werden diese Zahlen in gewissem Maße von der Unternehmensleitung mitbestimmt. Die Profitabilität ist die Fähigkeit eines Unternehmens, Umsatz in Gewinn zu verwandeln, und wird in Form von Margen angegeben. Bei den Ertragsmargen steht ein Maß für den Gewinn im Zähler – zum Beispiel der Rohertrag, das EBITDA oder der Reingewinn – und der Umsatz im Nenner. Höhere Wachstumsraten und Ertragsmargen schlagen sich normalerweise in höheren Bewertungen nieder.

Der freie Cashflow (FCF = Free Cash Flow) ist ein entscheidender Indikator für die finanzielle Verfassung eines Unternehmens. Er gibt das tatsächlich vom Unternehmen generierte Bargeld an und berücksichtigt dabei die Investitionsausgaben (Capex = Capital Expenditures)[13] und das Nettoumlaufvermögen (NWC = Net Working Capital).[14] Es gibt mehrere Arten, den FCF zu berechnen, wobei die einfachste Formel darin besteht, die Investitionsausgaben vom operativen Cashflow[15] abzuziehen (siehe Abbildung 2.10). Ein anderer Weg ist der Reingewinn *plus* Abschreibungen auf Sachanlagen und immaterielle Vermögensgegenstände (D&A = Depreciation & Amortization)[16] *minus* Capex *minus* NWC-Zuwachs. Eine dritte Möglichkeit geht vom EBITDA aus und zieht davon Steuern, Zinskosten, Capex und den Zuwachs des Nettoumlaufvermögens ab.

---

12 Mittelwert oder Median der Researchanalysten, die eine bestimmte Aktie betreuen.

13 Investitionsaufwendungen sind die Geldmittel, die ein Unternehmen verwendet, um Sachanlagen zu kaufen, zu verbessern, zu erweitern oder zu ersetzen (siehe Kap. 3).

14 Das Nettoumlaufvermögen ist der Geldbetrag, den ein Unternehmen für die kurzfristige Finanzierung seiner Geschäftstätigkeit benötigt (Genaueres dazu in Kap. 3).

15 Das ist das Bargeld, das ein Unternehmen in einem bestimmten Zeitraum generiert, vor Berücksichtigung des Investitionsaufwands, dargestellt in der Kapitalflussrechnung beziehungsweise dem Cash Flow Statement.

16 Die Abschreibung materieller Vermögensgegenstände ist ein nicht zahlungswirksamer Aufwandsposten, der die Buchwertminderung der Sachanlagen einer Gesellschaft über deren geschätzte Nutzungsdauern verteilt und dementsprechend den gemeldeten Gewinn mindert. Die Abschreibung immaterieller Vermögensgegenstände ist ebenfalls ein nicht zahlungswirksamer Aufwandsposten, der die Wertminderung der immateriellen Vermögensgegenstände einer Gesellschaft über deren definitive Nutzungsdauer verteilt und so ebenfalls den gemeldeten Gewinn mindert.

ABBILDUNG 2.10 Methoden zur Berechnung des freien Cashflows

(in Millionen US-Dollar)

Berechnung des FCF					
Option 1		**Option 2**		**Option 3**	
Cashflow a. Geschäftstätigkeit	1.000	Reingewinn	650	EBITDA	1.565
Minus: Capex	-500	Plus: Abschreibungen	450	Minus: Steuern	-315
		Minus: Capex	-500	Minus: Zinsaufwand	-150
		Minus: Aufnahme in NUV	-100	Minus: Capex	-500
				Minus: Aufnahme in NUV	-100
Freier Cashflow	**500**	**Freier Cashflow**	**500**	**Freier Cashflow**	**500**

Eine gesunde FCF-Generierung bietet Flexibilität für verschiedene Möglichkeiten der Kapitalverwendung. Dieser Cashflow ist „frei", um in organische Wachstumsprojekte investiert zu werden, für die Finanzierung von Fusionen und Übernahmen verwendet zu werden, für die Rückgabe von Kapital an die Aktionäre, für die Tilgung von Schulden oder um einfach als „trockenes Pulver" vorgehalten zu werden. Deshalb wird er von den Anlegern genau beobachtet.

Wenn Sie die Finanzdaten eines Unternehmens durchgehen, beginnen Sie, auf Ihren Beobachtungen basierende Schlüsselfragen zu notieren. Mit diesen Fragen werden wir uns in Schritt III genauer befassen, wenn wir eine detaillierte Due Diligence durchführen und ein vollständiges Finanzmodell erarbeiten.

Die Schlüsselfragen, die sich aus Abbildung 2.2B in diesem Stadium zu Delphi ergeben, könnten beispielsweise lauten:

- Wodurch wurde das Umsatzwachstum um 18 Prozent von 2009 auf 2010 bewirkt, nachdem der Umsatz im Vorjahr dramatisch gesunken war?
- Warum stiegen die Bruttomargen von 2009 auf 2010 so erheblich?
- Warum sank die verwässerte Anzahl der Aktien von 2009 bis 2011 so dramatisch?
- Warum wird erwartet, dass die Margen des Bruttogewinns und des EBITDA künftig weiter wachsen werden?
- Ist es realistisch, dass der Gewinn pro Aktie (EPS) bis 2014 um mehr als 50 Prozent wachsen wird?
- Warum soll der Reingewinn künftig deutlich über dem FCF liegen?

Kreditkennzahlen

Der Abschnitt zu den Kreditkennzahlen liefert eine Momentaufnahme der Bilanz des Unternehmens und seiner Bonität. Zwar ist auch der Gesamtbetrag der Schulden wichtig, aber der Verschuldungsgrad und der Deckungsgrad sind aufschlussreicher. Doch selbst die Analyse dieser Kennzahlen muss durch eher qualitative Faktoren ergänzt werden, zum Beispiel den Sektor, den Zyklus und die Erfolgsbilanz.

Welche Verschuldungs- und Deckungsgrade akzeptabel sind, ist je nach Sektor und Geschäftsmodell unterschiedlich. Ein Unternehmen mit einem klar erkennbaren und zuverlässigen Cashflow ist besser in der Lage, eine hohe Verschuldung zu tragen. Man denke dabei an Kabelgesellschaften oder an Softwareunternehmen mit Abomodell. Das Gleiche gilt für eine große, liquide Kapitalbasis.[17] Hingegen sollten zyklische Unternehmen oder Unternehmen mit hoher Kundenkonzentration eine konservativere Bilanz haben.

Für manche Anleger gibt die Kreditqualität den Ausschlag. Unternehmen, deren Verschuldungsgrad ein gewisses Niveau überschreitet oder deren Deckungsgrad ein gewisses Niveau unterschreitet, bestehen dann die erste Prüfung nicht, auch wenn sie ansonsten günstige geschäftliche Eigenschaften aufweisen. Auch Trends sind sehr wichtig. Sinkende Verschuldung und steigende Deckung sind Anzeichen dafür, dass sich die finanzielle Verfassung bessert.

Der Verschuldungsgrad eines Unternehmens wird üblicherweise im Verhältnis zum EBITDA angegeben, zum Beispiel als Schulden durch EBITDA. Außerdem schauen Anleger auf das Verhältnis der Nettoverschuldung zum EBITDA, also auf den um den in der Bilanz ausgewiesenen Barbestand bereinigten Verschuldungsgrad (siehe Abbildung 2.11). Der Verschuldungsgrad eines Unternehmens verrät viel über die Finanzpolitik, das Risikoprofil und die Wachstumskapazität.

Als Faustregel kann man sagen: Je höher der Verschuldungsgrad eines Unternehmens, desto höher das Risiko einer finanziellen Notlage. Das liegt an der Belastung, die mit dem höheren Zinsaufwand und den höheren Tilgungen verbunden ist. Allerdings sind, wie schon

---

[17] Kreditgeber bevorzugen Unternehmen mit beträchtlichen Anlagen, die ohne Weiteres liquidiert werden können, um in Notzeiten Schulden zu tilgen.

gesagt, manche Unternehmen besser in der Lage, eine höhere Verschuldung zu tragen.

Das für das Jahr 2011 geschätzte Verhältnis von Delphis Gesamtverschuldung zum EBITDA von 1 und das Verhältnis seiner Nettoverschuldung zum EBITDA von 0,3 waren auf jeden Fall stark.

ABBILDUNG 2.11 Verschuldungskennzahlen

Gesamtverschuldung zu EBITDA

$$\frac{\text{Schulden}}{\text{EBITDA}}$$

Nettoverschuldung zu EBITDA

$$\frac{\text{Nettoverschuldung (Schulden − Barbestand)}}{\text{EBITDA}}$$

Der Deckungsgrad ist ein breit gefasster Begriff, der sich auf die Fähigkeit eines Unternehmens bezieht, seine Zinsverbindlichkeiten zu decken. Deckungsgrade enthalten im Zähler eine Kennzahl für den Cashflow und im Nenner eine für die Zinsaufwendungen, ein Beispiel wäre das EBITDA im Verhältnis zum Zinsaufwand. Bei EBITDA *abzüglich* Capex durch den Zinsaufwand werden die Kapitalaufwendungen (die Investitionsausgaben) des Unternehmens herausgerechnet, was möglicherweise noch mehr über die Kreditqualität aussagt (siehe Abbildung 2.12).

ABBILDUNG 2.12 Abdeckungsquoten

Verhältnis EBITDA zum Zinsaufwand

$$\frac{\text{EBITDA}}{\text{Zinsaufwand}}$$

Verhältnis (EBITDA *minus* Capex) zum Zinsaufwand

$$\frac{\text{(EBITDA − Capex)}}{\text{Zinsaufwand}}$$

Es leuchtet ein, dass ein Unternehmen, je höher der Deckungsgrad ist, umso besser in der Lage ist, seine Schuldverbindlichkeiten zu erfüllen. Ebenso wie der Verschuldungsgrad war bei Delphi auch das für 2011 geschätzte Verhältnis des EBITDA zum Zinsaufwand mit 16,6 sehr gesund.

Unabhängige Ratingagenturen wie Moody's Investors Service (Moody's), Standard & Poor's (S&P) und Fitch Ratings (Fitch) bieten formale Einschätzungen der Bonitätsprofile von Unternehmen. Je höher die Einstufung, umso besser die geschätzte Bonität.[18]

Bewertung und Renditen

Der Abschnitt „Bewertung und Renditen" enthält diverse Kennzahlen, unter anderem EV/EBITDA, KGV, FCF-Rendite und ROIC. Auch ermitteln wir Kapitalrenditen, unter anderem die Dividendenrendite, und die Rückkäufe. Je nach Unternehmen und Sektor sind bestimmte Bewertungskennzahlen wichtiger als andere.

Die Fähigkeit, den Wert zu beurteilen, ist für die Aktienauswahl von größter Bedeutung. Bei den anfänglichen Recherchen kann man zu dem Schluss kommen, dass die Aktie eines Unternehmens zum aktuellen Kurs angemessen – „fair" – bewertet ist. Das ist oft so. Interessanter wird es jedoch, wenn man eine große Diskrepanz zwischen dem Aktienkurs eines Unternehmens und seinem vermeintlichen tatsächlichen Wert feststellt.

Zunächst nimmt man eine „Quick and dirty"-Bewertung vor, um ein Gefühl dafür zu bekommen, ob es sich lohnt, die Gelegenheit weiterzuverfolgen. Wenn die Situation verlockend erscheint, wird eine gründliche Analyse der Bewertung notwendig (siehe Schritt IV).

Bewertung

Den Kern der Bewertung bilden Verhältniszahlen. Die Bewertungskennzahl eines Unternehmens soll seine Qualität, seine Leistung und seine Aussichten widerspiegeln. Höhere Wachstumsraten, bessere Margen und geringere Verschuldung als Vergleichsunternehmen

---

[18] Moody's verwendet eine alphanumerische Skala, während S&P und Fitch ein alphabetisches System kombiniert mit Plus- und Minuszeichen (+und -) verwenden, um die Bonität zu benoten.

sollten eigentlich eine höhere Bewertungskennzahl ergeben. Eine Abweichung davon kann eine Chance darstellen.

Das EV/EBITDA (Verhältnis von Unternehmenswert zu EBITDA) wird üblicherweise in allen Sektoren für die Bewertung verwendet (siehe Abbildung 2.13). Diese breite Anwendung beruht auf der Tatsache, dass diese Kennzahl unabhängig von der Kapitalstruktur und von den Steuern ist. Somit dürften zwei ähnliche Unternehmen mit verschiedenen Verschuldungsgraden trotzdem recht ähnliche EV/EBITDA aufweisen.[19] Außerdem ist das EV/EBITDA bei Unternehmen relevanter, die keinen oder nur einen geringen Gewinn erzielen. Dazu zählen hoch verschuldete, äußerst zyklische und im Frühstadium befindliche Unternehmen.

Auch glättet das EV/EBITDA Verzerrungen, die sich aufgrund unterschiedlich hoher Abschreibungen ergeben. Vielleicht hat das eine Unternehmen in den letzten Jahren massiv in neue Anlagen investiert, sodass es hohe Abschreibungen hat, während ein anderes seine Investitionsausgaben bereits abgeschrieben hat.

Das für das Jahr 2013 geschätzte EV/EBITDA von Delphi betrug 3,5 und lag somit um 1,1 unter dem Durchschnitt der Peergroup. Lag diese Diskrepanz an Delphis Bankrott und daran, dass es so lange nicht mehr an der Börse gewesen war? Oder nahm der Markt grundlegendere Probleme wahr?

ABBILDUNG 2.13 EV/EBITDA

$$\frac{\text{Unternehmenswert}}{\text{EBITDA}}$$

[19] Allerdings bilden Unternehmen mit sehr hohen Schulden aufgrund von Befürchtungen einer finanziellen Notlage gewöhnlich eine Ausnahme.

Das Kurs-Gewinn-Verhältnis (KGV) ist die in der Wirtschaft am breitesten anerkannte Bewertungskennzahl (siehe Abbildung 2.14). Man kann das KGV als Maß dafür betrachten, wie viel die Anleger bereit sind, für einen Dollar Gewinn des Unternehmens zu bezahlen. Bei Unternehmen mit höheren KGVs als bei ihren Branchenkollegen sind auch die Wachstumserwartungen höher.

Besonders relevant ist das KGV bei reifen Unternehmen, die bewiesen haben, dass sie den Gewinn pro Aktie beständig steigern können. Weniger bringt es bei Unternehmen, die wenig oder gar keinen Gewinn erzielen, weil dann der Nenner vernachlässigbar klein oder gar negativ wird.

Auch ist das KGV für Vergleiche von Unternehmen mit unterschiedlicher Kapitalstruktur weniger relevant. Zinsaufwendungen – und somit Schulden – belasten den Gewinn je Aktie, sodass zwei Unternehmen mit vergleichbaren Umsätzen und EBITDA-Margen aufgrund ihrer unterschiedlichen Verschuldung erheblich unterschiedliche KGVs haben können.

Ebenso wie Delphis für 2013 geschätztes EV/EBITDA lag auch sein geschätztes KGV von 5 deutlich unter dem vergleichbarer Unternehmen mit ähnlichem Wachstum, ähnlichen Margen und ähnlichen Verschuldungsgraden. Die breitere Gruppe hatte ein durchschnittliches KGV von fast 9. Hatte es Delphi verdient, mit einem so großen Abschlag gehandelt zu werden?

ABBILDUNG 2.14 KGV

$$\frac{\text{Aktienkurs}}{\text{verwässertes EPS}}$$

Das Verhältnis des Kurses zum freien Cashflow (P/FCF) je Aktie errechnet sich aus dem Aktienkurs geteilt durch den Free Cash Flow je Aktie. Es ähnelt also dem KGV, nur dass statt des Gewinns der freie Cashflow eingesetzt wird.

Sein Kehrwert, also das **Verhältnis des freien Cashflows pro Aktie zum Aktienkurs (FCF-Rendite)**, gibt den Cashflow, den ein Unternehmen generiert, als Prozentsatz seiner Marktkapitalisierung an. Die FCF-Rendite gibt die Barrendite des Eigenkapitals an und sagt aus, wie viel Bargeld theoretisch als Ertrag für die Aktionäre zur Verfügung steht (siehe Abbildung 2.15).

Viele Profis halten den FCF für die beste Bewertungsgrundlage. Kennzahlen wie EBITDA und EPS lassen sich manipulieren, führen sie ins Feld, aber „Cash is king". Sein EBITDA kann ein Unternehmen nicht ausgeben, sein Bargeld aber schon.

Delphis für das Jahr 2013 geschätzte FCF-Rendite von rund 15 Prozent wirkte im Vergleich zu den 9,4 Prozent der Peergroup höchst verlockend, erst recht, da sie auch noch wuchs.

ABBILDUNG 2.15 P/FCF und FCF-Rendite

Verhältnis Kurs zu FCF

$$\frac{\text{Aktienkurs}}{\text{FCF pro Aktie}}$$

FCF-Rendite

$$\frac{\text{FCF pro Aktie}}{\text{Aktienkurs}}$$

Darüber hinaus gibt es Kennzahlen für bestimmte Sektoren, zum Beispiel für die Finanzbranche, die Rohstoffindustrie, die Immobilienbranche und für Kabel-/Telekommunikationsunternehmen. Wie in Abbildung 2.16 gezeigt, enthalten diese Kennzahlen im Zähler ein Maß für den Marktwert und im Nenner eine operative Kennzahl.

Renditekennzahlen

Die Rendite des investierten Kapitals (ROIC = Return On Invested Capital) misst die Fähigkeit eines Unternehmens, seinen Geldgebern Gewinne beziehungsweise Renditen zu liefern. Wie in Abbildung 2.17 zu sehen, wird das ROIC meist als Nachsteuer-EBIT geteilt durch eine Kennzahl für das eingesetzte Kapital berechnet.

ABBILDUNG 2.16 Ausgewählte sektorspezifische Bewertungskennzahlen

Bewertungskennzahl	Branche
Unternehmenswert	
EBITDA + Mieten (EBITDAR)	▪ Casinos ▪ Restaurants ▪ Einzelhandel
EBITDA + Abbau & Exploration (EBITDAX)	▪ Natürliche Ressourcen ▪ Erdöl und Erdgas
Reserven	▪ Natürliche Ressourcen ▪ Erdöl und Erdgas
Abonnenten	▪ Kabelfernsehen ▪ Telekommunikation
Eigenkapitalwert (Kurs)/aktienbezogene Kennzahl	
Buchwert	▪ Finanzwesen ▪ Wohnungsbau
Zur Ausschüttung verfügbare Barmittel	▪ Immobilien
Frei verfügbarer Cashflow	▪ Natürliche Ressourcen
Mittel aus laufender Geschäftstätigkeit	▪ Immobilien
Nettoinventarwert	▪ Finanzwesen ▪ Immobilien

Dabei nimmt man als investiertes Kapital meist das Betriebsvermögen *plus* das Anlagevermögen *plus* weiteres betriebsnotwendiges Vermögen oder aber die Nettoverschuldung *plus* Eigenkapital.

Die Anleger belohnen meist Unternehmen, deren Renditekennzahlen konsistent höher als ihre Kapitalkosten sind.[20] Diese Überrenditen fallen den Aktionären zu.

ABBILDUNG 2.17 ROIC

$$\frac{\text{EBIT x (1 – Steuersatz)}}{\text{Betriebsvermögen + Netto-Anlagevermögen + sonstiges betriebsnotwendiges Vermögen}} \quad \text{oder} \quad \frac{\text{EBIT x (1 – Steuersatz)}}{\text{Nettoverschuldung + Eigenkapital}}$$

[20] Siehe Kap. 4 für die detaillierte Diskussion des weighted average cost of capital (WACC).

Delphis ROIC betrug 20,5 Prozent und das war sowohl absolut gesehen als auch im Verhältnis zur Peergroup ein guter Wert, der weit über dem geschätzten Kapitalaufwand von zehn Prozent lag. Wie in Schritt I erwähnt, ist die Kombination aus einem hohen ROIC und einer niedrigen Bewertung ein gängiges Filterkriterium.

Die **Dividendenrendite** ist die Dividende, die ein Unternehmen in einem Jahr an die Aktionäre ausschüttet, ausgedrückt als Prozentsatz des aktuellen Aktienkurses (siehe Abbildung 2.18). Ein Unternehmen mit einem Aktienkurs von 20 Dollar, das eine Jahresdividende von 0,50 Cent je Aktie ausschüttet, hat eine Dividendenrendite von 2,5 Prozent.

Viele Anleger schwärmen wegen der unmittelbaren Kapitalrendite für Dividendenzahler, andere hingegen meiden sie wegen ihrer steuerlichen Ineffizienz oder wegen vermeintlich fehlenden Wachstums. Als Delphi an die Börse ging, schüttete es keine Dividende aus. Das ist für frisch an die Börse gekommene Unternehmen typisch, denn sie wollen ihre Wachstumsstory nicht beeinträchtigen.

Jedoch änderten sich Anfang 2013 die Umstände. Der hohe Cashflow, das Vertrauen in das Unternehmen, die Kapitalrendite und der Wunsch, seine Anlegerbasis zu verbreitern, veranlassten Delphi, eine Quartalsdividende auszuschütten. Die Dividendenrendite betrug damals 1,7 Prozent.

ABBILDUNG 2.18 Dividendenrendite

$$\frac{\text{Letzte Quartalsdividende je Aktie x 4}}{\text{Aktueller Aktienkurs}}$$

Vergleichbare Unternehmen

Der Abschnitt über vergleichbare Unternehmen bietet einen knappen Überblick über die am ehesten mit dem Unternehmen vergleichbaren börsennotierten Unternehmen. Zu beachten ist, dass es sich dabei in diesem Stadium um einen vorläufigen Vergleich handelt. Die ausführlichere Due Diligence in Schritt IV beinhaltet eine verfeinerte und unterteilte Vergleichsanalyse.

Wie in Abbildung 2.2 zu sehen, gehören zu den wichtigsten Peergroup-Daten Bewertungskennzahlen, Verschuldungsgrade, EBITDA-Margen, das ROIC und das Gewinnwachstum. Vergleichsunternehmen sind das wohl gängigste Bewertungswerkzeug, denn sie bieten eine Echtzeit-Messlatte.

Die Grundlage für Vergleiche ist die Annahme, ähnliche Unternehmen bildeten eine natürliche Bezugsgröße. Das leuchtet auch ein, weil sie gemeinsame entscheidende geschäftliche und finanzielle Merkmale, Performance-Faktoren und Risiken aufweisen.

Schon ein kurzer Blick auf die Tabelle in Abbildung 2.2B ist aufschlussreich. Obwohl die EBITDA-Margen und das ROIC von Delphi fast doppelt so hoch waren wie die von Magna (MGA), wurde es zu einem niedrigeren KGV gehandelt. Diese Diskrepanz wurde noch dadurch verschärft, dass Delphi die höchste FCF-Rendite des Sektors hatte. Dazu kam, dass sich das Unternehmen gerade anhand dreier langfristiger Wachstumsthemen neu erfand, während der Geschäftsgang von MGA produktionsabhängig war.

Indes wurde BorgWarner (BWA), der beste Branchenkollege, dessen Geschäft vor allem auf Antriebssystemen beruhte, zu mehr als dem doppelten KGV und weniger als der halben FCF-Rendite von Delphi gehandelt. Und dies trotz der Tatsache, dass Delphi ein größeres Margenpotenzial und ein besseres Ertragsprofil hatte. BorgWarner wurde also mehr gewürdigt als Delphi für seine langfristige Wachstumsstory.

Also schien Delphi unserer ersten Prüfung zufolge gegenüber der Peergroup fehlbewertet zu sein – ein führender Premium-Anbieter, dessen langfristiges Potenzial noch nicht gewürdigt wurde. In Schritt IV beschäftigen wir uns noch ausführlicher mit den Diskrepanzen zwischen Delphi und seinen Branchenkollegen. Dort werden wir Ihnen zeigen, wie man vergleichbare Unternehmen als Maßstab heranzieht und eine tiefergehende Bewertung vornimmt.

Vorläufige Einschätzung

Insgesamt hat unsere oberflächliche Untersuchung von Delphi bereits wichtige Erkenntnisse gebracht. Während und nach der Insolvenz arbeiteten die Hauptaktionäre und der Verwaltungsrat effektiv mit dem Management zusammen, um zahlreiche Initiativen zur Kostensenkung und zur Einstimmung auf wichtige langfristige Themen umzusetzen. Daraus ging ein saniertes Unternehmen mit einer deutlich verbesserten Produktpalette hervor. Außerdem haben wir potenzielle Katalysatoren einer Höherbewertung erkannt, unter anderem operative Verbesserungen, Fusionen und Übernahmen sowie die Kapitalrenditen. Dann wiesen wir auf die wichtigsten mit dem Automobilzyklus verbundenen Risiken hin – das geografische Engagement und das Währungsrisiko.

In finanzieller Hinsicht sahen wir bei Delphi Umsatz- und Gewinndynamik. Die Bewertung war verlockend und die Aktie erschien anhand aller relevanten Kennzahlen – EV/EBITDA, KGV und FCF-Rendite – im Vergleich zu anderen langfristig wachsenden Automobilzulieferern günstig.

Wie real war diese Chance, zu einem zyklischen Preis langfristiges Wachstum zu bekommen? Die Bewertungsdiskrepanzen zwischen Delphi und der Peergroup deuteten darauf hin, dass entweder die Neuerfindung des Unternehmens zum Scheitern verurteilt ODER das Unternehmen massiv unterbewertet war.

Die bisherigen Recherchen legten nahe, dass Letzteres der Fall war. Anscheinend ließ sich der Markt immer noch von der alten Delphi und von dem Stigma des Bankrotts ablenken. Viele große Investmentfonds hatten sich an den Verlusten der alten Delphi böse die Finger verbrannt und hatten wenig Lust, das Investment unter einem neuen Blickwinkel zu betrachten. Scharfsinnige Anleger hingegen konzentrierten sich auf die Chancen, die der massiv umgestaltete Delphi-Konzern bot. Aber im Zuge der Schritte III und IV musste noch mehr Arbeit geleistet werden ...

Kernpunkte

- Erfahrene Anleger beurteilen potenzielle Investments im Vorfeld anhand eines systematischen Prozesses.
- Wenn man seine eigenen Anlagekriterien entwickelt, ist man in der Lage, klare Ausreißer schnell zu eliminieren und sich potenzielle Gewinner zu sichern.
- Eine Anlagethese besteht aus den zentralen Vorzügen, die für den Kauf einer bestimmten Aktie sprechen.
- Die erste Prüfung muss dazu führen, dass man sich damit wohlfühlt, Geld in das Unternehmen zu stecken.
- Der vielleicht beste Indikator für die Erfolgsbilanz eines CEOs sind die bisherigen Renditen für die Aktionäre.
- Ein höheres Risiko muss kein Ausschlusskriterium für eine Aktie sein, es braucht lediglich durch höhere Renditen kompensiert zu werden.
- Im Idealfall ermöglichen es die Vorarbeiten, etwaige Diskrepanzen zwischen der Bewertung eines Unternehmens und der Bewertung vergleichbarer Unternehmen zu erkennen.

3

GESCHÄFTLICHE UND FINANZIELLE DUE DILIGENCE

Zeit, tiefer in die besten Anlageideen einzutauchen

Jetzt ist es an der Zeit, das Geschäft und die Finanzen gründlich zu prüfen – eine sogenannte Due-Diligence-Prüfung durchzuführen. Viele der unten angegebenen Punkte der Due Diligence wurden in Schritt II bereits grob ermittelt. Damit haben Sie das Gefühl bekommen, dass weitere Arbeit gerechtfertigt ist. Jetzt sind Sie bereit, viel tiefer einzudringen.

Bei einer betriebswirtschaftlichen Due-Diligence-Prüfung versucht man herauszufinden, wie gut das Geschäftsmodell eines Unternehmens ist. Ist es nachhaltig und hat einen starken Burggraben? Alternativ kann man auch fragen, ob es zu kämpfen hat, jedoch ein Silberstreif am Horizont zu erkennen ist. Ein großer Teil dieser Analyse ist qualitativer Natur, sie erfordert ein gutes Urteilsvermögen und verlässliche

Erkenntnisse. Besonders nützlich ist es dabei, wenn man mit bestimmten Geschäftsmodellen und Sektoren Erfahrung hat und sich damit auskennt. Wir werden Ihnen helfen, die Fähigkeiten zu entwickeln, die Sie benötigen, um ein Unternehmen schnell zu analysieren.

Bei einer finanziellen Due-Diligence-Prüfung muss man die wichtigsten Finanzberichte des Unternehmens überprüfen, um zu ermitteln, wo es steht und wohin es geht. Ein großer Teil dieser Analyse besteht aus Beobachtungen zu entscheidenden finanziellen Posten und der Suche nach plausiblen Antworten. Warum steigt oder sinkt der Umsatz? Warum wachsen oder schrumpfen die Margen? Es ist von entscheidender Bedeutung, Antworten auf die Warum-Fragen zu bekommen.

Insgesamt sollte die Due-Diligence-Prüfung darüber hinausgehen, einfach Unternehmen mit guten Fundamentaldaten zu identifizieren. Man muss sich die nötige Flexibilität und Kreativität aneignen, um nicht ganz so offensichtliche Chancen zutage zu fördern, zum Beispiel Unternehmen mit unterdurchschnittlicher Performance, die das Potenzial einer erheblichen Verbesserung haben. Für Letzteres braucht man einen hohen Überzeugungsgrad, zu dem man durch tiefgreifende und gründliche Recherchen gelangt ist.

Aber lassen Sie sich von dem Prozess der Due-Diligence-Prüfung nicht abschrecken – wir haben einen präzisen Rahmen geschaffen, der Sie bei dieser Arbeit leiten wird. Er kommt in Form zweier Checklisten mit jeweils fünf Fragen daher, eine für die geschäftliche Due Diligence und eine für die finanzielle. Sie werden Ihnen helfen, Ihren Due-Diligence-Prozess zu ordnen und zu nachzuverfolgen. Wenn Sie ihn durchgeführt haben, sind Sie in einer guten Position, fortzufahren oder die Gelegenheit zu verwerfen.

GESCHÄFTLICHE DUE DILIGENCE

Bei der geschäftlichen Due Diligence geht es vor allem darum, herauszufinden, ob ein Unternehmen von hoher Qualität ist oder eine hohe

Qualität erreichen kann. Über das Kerngeschäft hinaus muss man dafür auch auf die Wettbewerbsposition und die Stellung innerhalb der Wertschöpfungskette achten. Wie belastbar ist das Geschäftsmodell und kann man hinsichtlich der wichtigsten Risiken beruhigt sein? Hier ist es von entscheidender Bedeutung, ob das Geschäftsmodell ein bedeutendes Problem löst und sich langfristig halten kann. Diese tiefer gehende Analyse baut auf das in Schritt II gelegte Fundament auf.

Unser in Abbildung 3.1 dargestellter Rahmen soll Ihnen bei der Einschätzung helfen, ob es lohnt, in ein Unternehmen Geld zu investieren. Es kommt darauf an, dass Sie in der Lage sind, befriedigende Antworten auf die fünf entscheidenden Fragen zu finden. Wenn Sie sich mit den Antworten auf diese Fragen nicht wohlfühlen, dann ist die Aktie wahrscheinlich nichts für Ihr Portfolio. Aber aus jeder analysierten Aktie lernen Sie etwas und so verbessern Sie Ihren Investmentsinn.

ABBILDUNG 3.1 Checkliste für die geschäftliche Due-Diligence-Prüfung

Checkliste für die geschäftliche Due-Diligence-Prüfung
I. Was macht das Unternehmen?
II. Wie verdient es sein Geld?
III. Wie sehen sein Burggraben und seine Wettbewerbsposition aus?
IV. Wie stark sind die Beziehungen zu Kunden und Zulieferern?
V. Worin bestehen die wichtigsten geschäftlichen Risiken?

I. Was macht das Unternehmen?

Um die Worte mehrerer Spitzeninvestoren sinngemäß wiederzugeben: Wenn man nicht in einfachen Worten beschreiben kann, was ein Unternehmen macht, dann ist seine Aktie wahrscheinlich nichts für einen. Von Peter Lynch stammt der berühmte Satz: „Je einfacher, desto besser gefällt es mir."

Hochkomplexe Unternehmen können zwar Gelegenheiten darstellen, häufig stellen sie aber auch erhöhte Risiken dar. Normalerweise gibt es bei ihnen mehr potenzielle Unbekannte und Ungewissheiten, die zu berücksichtigen sind, und mehr Dinge, die schiefgehen können. Der gesunde Menschenverstand sagt einem, dass man in ein Unternehmen, das man nicht versteht, auch nicht investieren sollte. Andererseits wird die Komfortzone bezüglich der Komplexität wachsen, wenn man seine Kenntnisse und Fähigkeiten erweitert. Diejenigen, die etwas durchschauen, das andere verwirrt, dürfen mit großen Belohnungen rechnen.

Studieren Sie so viel Material wie möglich über bestimmte Unternehmen und Sektoren, um die zugrunde liegende „Story" kennenzulernen. Die wichtigsten Quellen für Schritt III sind der Jahresbericht, die SEC-Formulare, Investorpräsentationen und Researchberichte. Die Recherchen höherer Stufe, die Sie in Schritt III machen, beinhalten auch, dass Sie frühere Ergebnismeldungen, Anrufprotokolle und Branchenblätter durchforsten. Auch sollten Sie das Grußwort an die Aktionäre im Jahresbericht lesen, das aufschlussreich sein kann, was die Kultur und Identität des Unternehmens betrifft. Im Idealfall probieren Sie auch das Produkt aus und fragen andere Leute nach ihrer Meinung. Profis sprechen mit Branchenexperten und Managern, um Erkenntnisse zu gewinnen.

Man sollte nicht nur das grundlegende Geschäftsmodell kennen, sondern auch Erkenntnisse gewinnen, warum es sich lohnt, in das Unternehmen zu investieren. Wächst es auf lange Sicht, weil die Nachfrage nach seinen Produkten und Dienstleistungen steigt? Gewinnt es Marktanteile hinzu? Betreibt es nennenswerte Wachstums- oder Profitabilitätsinitiativen?

Um auf Delphi zurückzukommen: Die Vorarbeiten in Schritt II haben zwar wichtige Informationen über die Geschäftstätigkeit offenbart, aber bei Weitem noch nicht genug, um die Chancen vollständig einschätzen zu können. Wir wissen inzwischen, dass das Unternehmen kritische Komponenten für Automobil-Erstausrüster wie General Motors, Ford und Volkswagen fertigt. Und wir wissen, dass seine Produkte die Kunden in die Lage versetzen, die immer strengeren Auflagen bezüglich Sicherheit, Sparsamkeit und Emissionen zu erfüllen sowie den sich entwickelnden Vorlieben der Verbraucher nachzukommen. In Schritt III werden wir nun das zentrale Produktangebot sowie die Dauerhaftigkeit der langfristigen Faktoren genauer erkunden.

Wie im Investmentsteckbrief in Abbildung 2.2 dargestellt, war Delphi in vier Sparten strukturiert, die jeweils Produkte für bestimmte fahrzeugbezogene Lösungen lieferten:

- **Elektrische/elektronische Architektur** (40 Prozent des Umsatzes) – liefert die vollständige Gestaltung der elektrischen Architektur eines Fahrzeugs, einschließlich Anschlüsse, Kabelkanäle, Kabelstränge, Kabelbäume und hybride Verteilersysteme.
- **Antriebssysteme** (30 Prozent des Umsatzes) – integriert Motormanagement-Systeme wie Treibstoff-Handhabung, Einspritzung, Verbrennung und elektronische Steuerung.
- **Elektronik und Sicherheit** (19 Prozent des Umsatzes) – liefert kritische Komponenten, Systeme und Software für die Sicherheit der Fahrgäste und die sonstige Sicherheit, Infotainment und Fahrzeugbetrieb, unter anderem Karosseriesteuerung, Empfangs- und Navigationssysteme und Anzeigen.
- **Thermosysteme** (11 Prozent des Umsatzes) – liefert Systeme für Heizung, Belüftung und Klimatisierung (HVAC), zum Beispiel Kompressoren, Kondensatoren, Radiatoren und Wärmetauscher.

In jeder dieser Sparten war sich Delphi auf überlegene Qualität und Lieferung, wettbewerbsfähige Preise und die reibungslose Einführung neuer Produkte eingeschworen. Außerdem positionierte es sein Portfolio an vorderster Front langfristiger Megatrends im Bereich „Sicher, umweltfreundlich und vernetzt“. Neue Produktoptionen im Zusammenhang mit diesen Themen sollten im Laufe der Zeit zu standardisierten Funktionen werden, sodass die Penetration stieg.

- **Sicher** – Technologien, die die Gefahr eines Unfalls von vornherein senken sollen, aber auch im Falle eines Unfalls die Insassen schützen sollen
  - Beispiele: Spurhalteassistenten, Spurwechselassistenten und Kollisionsvermeidung
- **Umweltfreundlich** – Technologien, die den Schadstoffausstoß reduzieren, Kraftstoff einsparen und die Auswirkungen von Fahrzeugen auf die Umwelt minimieren
  - Beispiele: Produkte für Hybrid- und Elektrofahrzeuge sowie Produkte, die die Sparsamkeit erhöhen und die Emissionen senken, zum Beispiel Einspritzanlagen
- **Vernetzt** – technische Ausstattung, die darauf ausgerichtet ist, die Personalisierung, die Unterhaltung und die Bequemlichkeit beim Fahren zu steigern
  - Beispiele: integrierte Stimm- und Datentechnologie, eingebettetes GPS und Infotainment

Dabei ist zu beachten, dass viele potenzielle Anleger Delphis Fähigkeit, sich in ein technisch führendes Unternehmen zu verwandeln, aufgrund seiner Vorgeschichte skeptisch betrachteten. Aber das Management und der Verwaltungsrat konzentrierten sich sehr darauf, sich an die Verbrauchernachfrage und an den regulatorischen Rückenwind anzupassen. Dadurch war Delphi dafür positioniert, auf Jahre hinaus ein über dem Marktdurchschnitt liegendes Wachstum zu realisieren.

II. Wie verdient es sein Geld?

Nun wissen Sie also, was das Unternehmen macht. Aber wie verdient es sein Geld? Der Gewinn hängt vom Umsatz und von den Kosten ab. Ein Unternehmen hat vier Möglichkeiten, seinen Gewinn zu steigern: die Stückzahl erhöhen, den Preis erhöhen, die variablen Stückkosten senken und die laufenden Fixkosten senken.[1] Die beiden Ersteren beziehen sich auf den Umsatz, die beiden Letzteren auf die Kosten.

Bei den meisten Unternehmen wirken sich vor allem zwei oder drei zentrale geschäftliche Faktoren auf die Unternehmensleistung aus. Diese werden in den Geschäftsberichten und Investorpräsentationen hervorgehoben und in Analysten- sowie Investorenkreisen genau verfolgt. Um die Unternehmensleistung und den Ausblick einschätzen zu können, muss man die wichtigsten Dynamiken dieser Faktoren verstehen.

Die auf den Umsatz bezogenen Wachstumsfaktoren Stückzahl und Preis unterscheiden sich je nach Sektor. Bei einem Kabelsender nimmt man die Anzahl der Abonnenten mal den durchschnittlichen monatlichen Erlös pro Kunde (ARPU = Average Revenue Per User). Die Abonnentenzahl beruht auf der Penetration von Produkten wie Videos oder Hochgeschwindigkeits-Internet, der ARPU auf dem Preis und der Bündelung der Produkte. Bei Bauträgern im Eigenheimbereich basiert die Formel für das Umsatzwachstum auf der Anzahl der verkauften Häuser mal den durchschnittlichen Verkaufspreis (ASP = Average Sales Price). Die Stückzahlen und die Preise der Häuser hängen von der Verfassung des Immobilienmarkts ab und diese wiederum von der Beschäftigung, den Löhnen, dem Verbrauchervertrauen, demografischen Trends, Kreditvergabestandards und Zinsen. Im Idealfall richtet man sich nach langfristigen oder zyklischen Trends, die das Wachstum fördern.

Die Kosten hängen davon ab, was die Produktion jeder Einheit kostet, sowie von den Gemeinkosten des Unternehmens. Was die variablen Stückkosten angeht, versuchen die Unternehmen, ihre Materialbeschaffung und den Materialmix, die Arbeitseffizienz, die Fertigungsprozesse und

---

[1] *Variable* Kosten ändern sich je nach der Anzahl der produzierten Waren und dazu zählen Posten wie Rohmaterialien, unmittelbarer Arbeitseinsatz, Transport und Versorgung. *Fixkosten* bleiben hingegen ungeachtet der Stückzahlen mehr oder weniger konstant und dazu gehören Posten wie Mieten, Pachten und Leasing, Werbung und Marketing, Versicherungen, Gemeinkosten und die Personalkosten in der Verwaltung.

die Technik zu verbessern. Was die laufenden Fixkosten angeht, so versuchen Unternehmen, beispielsweise die Löhne und Gehälter, die Verwaltungskosten und die Mieten unter Kontrolle zu halten.

Autozulieferer verdienen mehr Geld, wenn die Hersteller mehr Fahrzeuge produzieren, auch durch Auftragsüberhänge. Abgesehen von den Stückzahlen wurde das Umsatzwachstum von Delphi durch die umfangreichere Ausstattung von Fahrzeugen und durch den Produktmix gesteigert. Deshalb untersuchten wir entscheidende Trends in den Bereichen Technologie, Umwelt- und Sicherheitsstandards sowie Innovationen.

Automobilzulieferer sind im Allgemeinen vertraglichen alljährlichen Preisherabsetzungen seitens der Erstausrüster unterworfen. Manche Mitbewerber von Delphi unterlagen Preissenkungen von drei bis vier Prozent. Bei Delphi gingen wir aufgrund der jüngeren Vergangenheit und da es Produkte für kritische Bedarfe herstellte, von einer bescheideneren Belastung des Jahresumsatzes von zwei Prozent aus.

Das monatliche Absatzvolumen wird in der Automobilbranche üblicherweise in Form der saisonbereinigten Jahresrate (SAAR = Seasonally Adjusted Annual Rate) angegeben. Aufgrund der geografischen Streuung von Delphi waren regionale SAAR-Analysen für Europa, Nordamerika, den Asien-Pazifik-Raum und Südamerika notwendig. Wie in Abbildung 3.2 zu sehen, war die globale Erholung

ABBILDUNG 3.2 Globale Stückzahlen Pkw und Kleintransporter

(in Millionen)

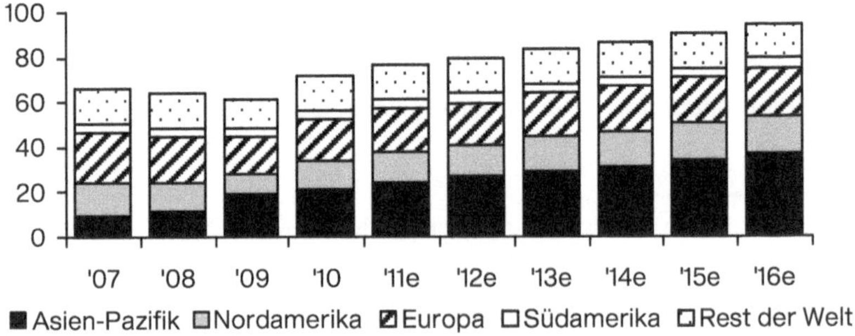

Quelle: IHS Automotive und Barclays Capital

ABBILDUNG 3.3 Durchschnittlicher Kraftstoffverbrauch/ Reichweite nach Wirtschaftsräumen

(in Meilen pro Gallone)

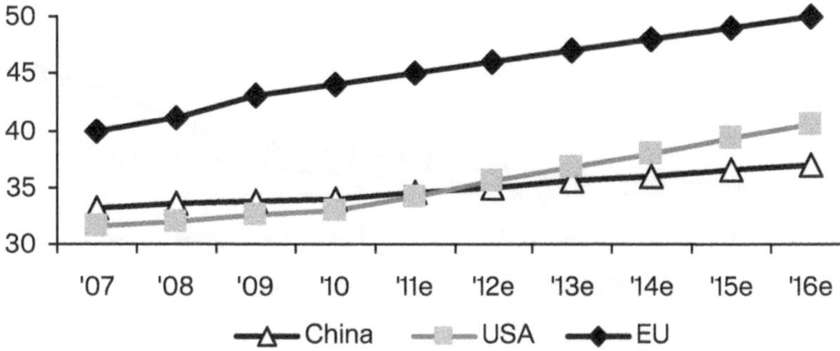

Quelle: International Council of Clean Transportation (ICCT)

des Automobilabsatzes 2011 in vollem Gange. In den Schwellenländern und vor allem in China (Teil von Asien-Pazifik) wurde für die nächsten fünf Jahre ein Wachstum von fast 50 Prozent erwartet. Für Delphi war dies angesichts seiner starken Präsenz in China sehr von Vorteil.

Diese Trends wurden zusätzlich noch durch einen wachsenden Auftragsbestand und durch Zuschläge für neue Plattformen gestützt. Das Unternehmen nahm strategische Investitionen in Technologien der nächsten Generation vor, um langfristiges Wachstum zu bewirken, was an den gesunden geplanten Investitionsausgaben zu erkennen war (siehe Abbildung 3.11). Da der Trend bei den Erstausrüstern in Richtung einer Konsolidierung der Zulieferer und in Richtung globaler Autoplattformen ging, waren bei bevorzugten Partnern wie Delphi wachsende Marktanteile zu erwarten.

Was den Anteil von Delphi-Produkten pro Fahrzeug angeht, führten die strengeren Anforderungen an Sparsamkeit (siehe Abbildung 3.3) und Sicherheit zu einem Anstieg. Verstärkt wurde dies noch durch die Nachfrage nach mehr Konnektivität, Elektronik, Infotainment und aktiven Sicherheitssystemen, beispielhaft zu sehen an dem Trend in Richtung Telematik (siehe Abbildung 3.4).

ABBILDUNG 3.4 Anteil eingebetteter Telematik

(in Prozent des Produktionsvolumens)

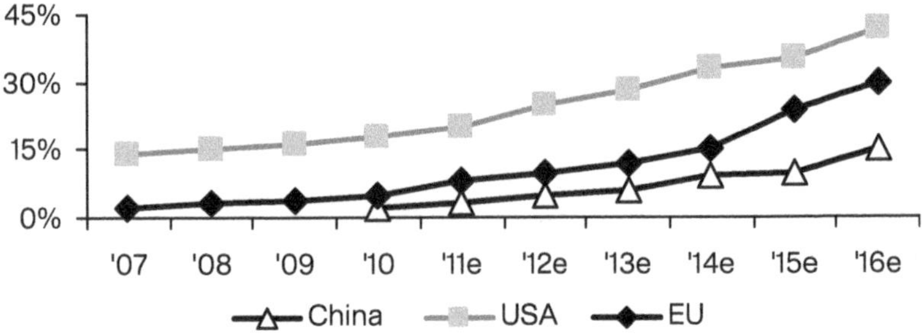

Quelle: IHS Automotive

Was die Profitabilität angeht, so waren Delphis Margenaussichten ebenso verlockend wie seine Wachstumsstory. Das Unternehmen verfuhr bei der Bewerbung um Aufträge immer disziplinierter, sodass die Qualität des Auftragsbestands und des Produktmixes stieg. Unsere Analyse deutete darauf hin, dass das Unternehmen in der Lage sein würde, in den nächsten Jahren seine Marge um mehrere Hundert Basispunkte (bp)[2] zu steigern, und zwar aufgrund folgender Faktoren:

- *Veränderung des Produktmixes* – Konzentration auf Produkte mit höherer Marge aufgrund von Elektrifizierung, Vernetzung und Sicherheit
- *Niedriglohnländer* – laufende Verlagerung von Produktionsstandorten in billige Regionen, zum Zeitpunkt des Börsengangs mehr als 90 Prozent
- *Flexible Belegschaft* – Anpassung an die Marktbedingungen möglich, 70 Prozent mit variabler Kostenstruktur, keine Gewerkschaften
- *„Schlanke" Einsparungen* – eine von der Geschäftsführung und vom Verwaltungsrat vorangetriebene tief verwurzelte

[2] Ein Basispunkt ist ein Hundertstel eines Prozentpunkts.

Kultur der Verbesserung, aus der sich eine der schlanksten Kostenstrukturen des Sektors ergab

- *Preisgestaltung* – schwerpunktmäßig Hochpreissegment, getragen von disziplinierten Angeboten, Produktqualität und starren Preisen
- *Operative Hebelwirkung* – die Fähigkeit, die Fixkostenbasis über steigende Stückzahlen zu hebeln
- *Wachstumsmärkte* – Penetration mit margenstarken Produkten, Hebel gegenüber OEMs

III. Wie sehen sein Burggraben und seine Wettbewerbsposition aus?

Hochwertige Unternehmen haben meistens nachhaltige Wettbewerbsvorteile gegenüber ihren Konkurrenten und hohe Eintrittsbarrieren. Man bezeichnet das gemeinhin als „Burggraben". Differenzierte Produkte, geistiges Eigentum, Größenvorteile, Markenname, stabile Kundenbeziehungen, niedrige Kosten und hohe anfängliche Investitionen fördern die Widerstandsfähigkeit eines Geschäftsmodells.

Branchen mit weniger Konkurrenten und hohen Eintrittsbarrieren haben bessere Aussichten auf überdurchschnittliche Leistungen. Unternehmen mit heftiger Konkurrenz riskieren geringeres Wachstum, geringere Profitabilität und sinkende Erträge. Besonders gilt dies, wenn sich Marktteilnehmer irrational verhalten, um Marktanteile zu gewinnen. Man beachte auch, dass Branchen, die gerade hohe Kapitalrenditen erzielen, neue Akteure anlocken können. Deshalb dürfen sogar Unternehmen mit Spitzenperformance niemals selbstzufrieden werden.

Zu Delphis Glück war sein Burggraben gut ausgeprägt. Hier die wichtigsten Barrieren:

- *Strukturell niedrige Kosten* – wohl die schlankste Kostenstruktur der Branche mit einem durchschnittlichen Stundenlohn von sieben US-Dollar dank des Schwerpunkts

Niedriglohnländer, lokaler Beschaffung und keiner Gewerkschaften
- *Marktführerschaft und globaler Maßstab* – bei den meisten Kernprodukten Marktführer oder Zweiter am Markt, 110 Produktionsstandorte in 30 Ländern; mehr als 16.000 Wissenschaftler, Ingenieure und Techniker, die sich mit Forschung und Entwicklung befassen
- *Maßgeschneiderte Produkte* – direkte Zusammenarbeit mit Erstausrüstern bei der Entwicklung von innovativen und maßgeschneiderten Lösungen mit differenzierten Technologien; Delphi-Produkte werden Jahre vor der Markteinführung neuer Fahrzeugplattformen entworfen, woraus viele Aufträge und hohe Umstellungskosten resultieren; Produkte werden in der überwiegenden Mehrzahl der meistverkauften Modelle eingesetzt
- *Kundenbeziehungen* – jahrzehntelange Zusammenarbeit mit großen Automobilherstellern; 15 strategisch platzierte Technikzentren für die Produktentwicklung, ergänzt durch Designer- und Ingenieurteams an Kundenstandorten
- *China* – Marktführer in China mit langjähriger Präsenz, seit 1992, im Dienst inländischer und ausländischer Erstausrüster; den Erwartungen zufolge werden rund 50 Prozent des künftigen Wachstums in Schwellenländern generiert

Aus Wettbewerbssicht konkurrierte Delphi in jedem Segment mit mehreren Global Playern, angegeben im Formular S-1 (siehe Abbildung 3.5).

Die Wettbewerbsvorteile von Delphi waren je nach Segment unterschiedlich. Im Bereich elektrische/elektronische Architektur brachte das Unternehmen Innovationen heraus, die die Gewichtung und die Kosten von Produkten optimierten. Im Bereich Antriebssysteme konnte es dank seines technischen Know-hows und dank seiner Forschung und Entwicklung mit den ingenieurtechnischen deutschen Schwergewichten Bosch und Conti mithalten. Und bei Elektronik und

ABBILDUNG 3.5 Wettbewerber nach Sparten

Sparte	Wettbewerber
Elektrische / elektronische Architektur	Leoni, Molex, TE Connectivity, Sumitomo, Yazaki
Antriebssysteme	BorgWarner, Bosch, Continental, Denso, Hitachi, Magneti Marelli
Elektronik und Sicherheit	Aisin, Autoliv, Bosch, Continental, Denso, Harman, Panasonic
Wärme- und Kältesysteme	Denso, MAHLE Behr, Sanden, Valeo, Visteon

Sicherheit war Delphi hinsichtlich aktiver Sicherheit, Infotainment und Nutzererlebnis-Systemen führend.

IV. Wie stark sind die Beziehungen zu Kunden und Zulieferern?

Um ein Unternehmen zu verstehen, muss man seine Stellung in der Wertschöpfungskette untersuchen beziehungsweise sich fragen, wie machtvoll seine Stellung gegenüber Kunden und Zulieferern ist. Diese Analyse dreht sich um Konzentration, Dauer der Geschäftsbeziehung, Verhandlungsmacht und andere beziehungsdynamische Aspekte.

Kunden

Die Geschicke eines Unternehmens sind unmittelbar an die Geschicke seiner Kunden gebunden. Bei einer hohen Konzentration kann eine Störung bei einem Kunden oder der Verlust eines großen Auftrags katastrophal sein. Außerdem kann dann die Fähigkeit eines Unternehmens, günstige Bedingungen auszuhandeln, begrenzter sein als bei einem Unternehmen mit zersplitterter Kundenbasis. Börsennotierte Unternehmen legen ihre größten Kunden und die Kundenkonzentration häufig im 10-K unter der Rubrik „Business“ oder „Customers“ offen.

Bei einer hohen Konzentration ist eine gründliche Analyse der Kunden erforderlich. Diese verläuft ähnlich wie die Due Diligence der konkreten Anlagechance. Dabei betrachtet man die Performance-Trends, die Aussichten und die finanzielle Verfassung der bedeutendsten Kunden.

Die Due-Diligence-Prüfung der Kunden beinhaltet auch die Dauer der Geschäftsbeziehungen. Dabei gilt grundsätzlich: Je länger, desto eher ist sie ein Beleg für Solidität und Nachhaltigkeit. Wenn ein einziger Kunde 20 Prozent des Umsatzes stellt, mag das vielleicht für Stirnrunzeln sorgen, aber man fühlt sich damit wohler, wenn die Beziehung seit Jahrzehnten Bestand hat. Auch sucht man möglicherweise nach speziellen Dynamiken der Beziehung. So gewinnt man beispielsweise Vertrauen in die Beständigkeit, wenn die Umstellungskosten der Produkte hoch sind oder der Kunde kaum Alternativen hat.

Laut Delphis S-1 machten seine zehn größten Kunden mehr als 65 Prozent seines Umsatzes aus, die drei größten allein 38 Prozent (siehe Abbildung 3.6).

ABBILDUNG 3.6 Delphis Kundenliste

Kunde	Umsatzanteil
General Motors (GM)	21 %
Ford Motor Company	9 %
Volkswagen Group	8 %
Daimler AG	6 %
PSA Peugeot Citroën	5 %
Renault SA	4 %
Shanghai GM	4 %
Fiat Group	3 %
Hyundai Kia Automotive	3 %
Toyota Motor Corporation	3 %

Diese Konzentration war zwar nicht allzu alarmierend, verlangte jedoch eine Prüfung. Glücklicherweise reichten Delphis Beziehungen zu seinen bedeutendsten Kunden Jahrzehnte zurück. Die Beziehungen hatten sich bewährt. Die meisten seiner Großkunden hatten außerdem gute Bonitätsprofile und waren als mündelsicher eingestuft.

Das vielleicht Beruhigendste war, dass Delphi den IPO-Investoren Ende 2011 eine stärkere Kundendiversifizierung versprach. Die Unternehmensleitung ließ verlauten, in Zukunft werde kein Kunde mehr als 15 Prozent des Umsatzes stellen. Der Rückkauf der GM-Beteiligung im Wert von 4,3 Milliarden Dollar zuvor im selben Jahr flößte den IPO-Investoren zusätzliches Vertrauen ein, dass der Einfluss des größten Kunden mit der Zeit nachlassen würde.

Auch legte Delphi einen Plan der geografischen Diversifizierung vor, der Anteile von 30 Prozent/30 Prozent/30 Prozent/10 Prozent für die Regionen Nordamerika, Europa, Asien-Pazifik und Südamerika vorsah. Zum Zeitpunkt des Börsengangs waren es 33 Prozent/43 Prozent/16 Prozent/8 Prozent.

Zulieferer

Ebenso wie bei zu großer Abhängigkeit von wenigen Kunden muss man bei einer hohen Konzentration der Zulieferer aufpassen. Große Zulieferer haben häufig eine erhebliche Macht über ihre Kunden und dies erhöht die Gefahr aggressiven Verhaltens. Besonders gilt dies bei schwer zu beschaffenden Materialien oder wenn nur eine Quelle vorhanden ist. Grundsätzlich muss man als Anleger vorsichtig sein, wenn die von Zulieferern bezogenen Materialien oder Dienstleistungen einen wesentlichen Anteil an den Umsatzkosten (COGS = Cost Of Goods Sold) stellen.[3]

Manche Unternehmen geben ihre wichtigsten Zulieferer konkret im 10-K oder im Prospekt an, während andere angeben, welche Mengen bestimmter Rohmaterialien sie beziehen. Gängige Rohmaterialien sind Metalle (zum Beispiel Aluminium, Kupfer, Gold) und Erdölprodukte

---

[3] Die Umsatzkosten sind unmittelbare mit der Produktion von Waren und Dienstleistungen durch das Unternehmen verbundene Kosten. Üblicherweise beinhalten sie Kosten für Materialien, Arbeitseinsatz, Vertrieb und Fertigung.

(zum Beispiel Öl, Gas und Harze). Ein Unternehmen, das nur einen oder zwei Zulieferer nutzt, ist für deren Materialknappheiten und betriebliche Störungen anfällig.

Zwar listet Delphi seine Zulieferer und Rohmaterialien in seinem S-1 nicht auf, aber es vermerkt Folgendes:

> *„Wir beziehen unsere Rohmaterialien von mehreren Zulieferern aus der ganzen Welt. Grundsätzlich versuchen wir, Materialien in der Region zu beschaffen, in der unsere Produkte hergestellt werden, um die Transportkosten und die sonstigen Kosten zu minimieren. Die wichtigsten Rohmaterialien, die wir bei der Fertigung unsere Produkte verwenden, sind Aluminium, Kupfer und Harze.“*

Ebenso wie Delphis Kundenkonzentration verdiente diese hohe Abhängigkeit von Rohstoffen eine Prüfung. Glücklicherweise war die Liste der weltweiten Zulieferer lang und divers. Auch konnte das Unternehmen dank seines globalen Fußabdrucks gegebenenfalls seine Rohmaterialien vor Ort beschaffen. Ein größeres Risiko sahen wir in den Schwankungen der Rohstoffpreise und der Frage, ob Delphi Preisspitzen weitergeben konnte. Wie wir später noch sehen werden, konnte Delphi dieses Risiko durch Weiterwälzungsverträge und Hedging effektiv senken.

V. Worin bestehen die wichtigsten geschäftlichen Risiken?

Operative Risiken

Man muss stets nach Risiken Ausschau halten, die die Anlagethese gefährden. Viele operative Risiken, mit denen Unternehmen konfrontiert sind, haben wir ja schon angesprochen, nämlich zyklisches Exposure, Wettbewerbsdruck, Probleme mit Kunden oder Zulieferern und steigende Beschaffungskosten. Hinzu kommen nun Währungskursschwankungen, technische Obsoleszenz und Verschuldungsgrad.

Wie in Delphis S-1 angegeben, hatte der Konzern folgende *operative Risiken*:

- **Produktionsvolumen –** „Absatz und Produktion von Automobilen sind hochgradig zyklisch. Ein sinkender globaler Automobilabsatz führt dazu, dass unsere OEM-Kunden die Produktion herunterfahren, und das wirkt sich unmittelbar auf unsere Kapitalflüsse aus. Das jüngste Beispiel war der Produktionsrückgang im Jahr 2009 in Nordamerika und Westeuropa um 43 respektive 26 Prozent unter das Niveau von 2007."
- **Wettbewerb –** „Wir sind in der wettbewerbsintensiven Branche der Automobilzulieferer tätig. Der Wettbewerb erfolgt vorwiegend über den Preis, über die Technologie, über die Qualität, über die Lieferung und über den Kundenservice im Allgemeinen." Wettbewerb gibt es in jeder Branche. Auch in Branchen mit einem derzeit freundlichen Wettbewerbsumfeld können schon morgen unvorhergesehene neue Teilnehmer den Markt betreten.
- **Kunden –** „Rückgänge des Marktanteils oder des Geschäftsgangs unserer fünf größten Kunden können sich unverhältnismäßig stark nachteilig auf unsere Erlöse und auf unsere Profitabilität auswirken." Durch Konzentration ist ein Unternehmen Problemen bei wichtigen Kunden ausgesetzt, unter anderem operativen Schwierigkeiten oder Finanzproblemen.
- **Zulieferer –** „Jegliche signifikante Störung der Beziehungen zu unseren Zulieferern, insbesondere zu solchen, die unsere einzige Quelle darstellen, kann unsere Profitabilität beeinträchtigen." Ebenso wie bei den Kunden bedeutete die Konzentration auch bei den Zulieferern eine erhöhte Verwundbarkeit durch Dritte.

- **Beschaffungskosten** – „In der jüngeren Vergangenheit haben wir beträchtliche Schwankungen der Weltmarktpreise von Kupfer, Aluminium und erdölbasierten Harzprodukten sowie der Treibstoffkosten erlebt, die sich auf unsere Geschäftstätigkeit nachteilig auswirkten." Ungünstige Ausschläge wichtiger Rohmaterialien können die Finanzergebnisse nennenswert beeinträchtigen. Delphi setzte zur Abschwächung dieses Risikos eine Kombination aus Hedging (Absicherungsgeschäften) und der vertraglichen Vereinbarung der Weitergabe von Preisen mit den Kunden ein.
- **Währungskurse** – „Währungen können den künftigen Cashflow beeinträchtigen. Im Jahr 2010 wurden circa 65 Prozent unserer Erlöse in anderen Währungen als in US-Dollar fakturiert, [vor allem] in Mexikanische Peso, Euro, Chinesische Yuan, Türkische Lira und Britische Pfund." Delphis in US-Dollar gemeldete Umsätze und Gewinne wurden zwar durch den Devisenmarkt beeinflusst, aber dank seiner Strategie, Erlöse und Kosten in derselben Währung abzurechnen, waren seine Margen normalerweise geschützt.
- **Aufkommende Technologien** – „Möglicherweise sind wir nicht in der Lage, schnell genug auf veränderte Regulierungen und technologische Risiken zu reagieren und aus unserem geistigen Eigentum kommerziell tragfähige Produkte zu entwickeln." Alle Unternehmen müssen mit der Bedrohung durch technische Substitutionen leben, die das Wertangebot bestehender Produkte und Dienstleistungen verändern.
- **Verschuldung/Liquidität** – „Ein längerer konjunktureller Abschwung oder eine längere konjunkturelle Unsicherheit können sich nachteilig auf unsere Geschäftstätigkeit auswirken, sodass wir zusätzliche Finanzierungsquellen benötigen, die vielleicht nicht zur Verfügung stehen." Unternehmen müssen ihre Bilanz und ihre Liquidität

so managen, dass sie ein ausreichendes Polster für Abschwünge haben. Dies erfolgt üblicherweise in Form von Kontokorrentkrediten, Bargeld und einer umsichtigen Schuldenlast mit *Fälligkeitszeitplan.*[4]

Sobald man die entscheidenden Risiken erkannt hat, versucht man, sie zu quantifizieren, um eine fundierte Anlageentscheidung zu treffen. In Abbildung 3.7 zeigen wir die Sensitivität von Delphi gegenüber Veränderungen des Produktionsvolumens und des EUR/USD-Wechselkurses sowie des Kupfer- und des Ölpreises. Zu jeder prozentualen Veränderung eines Risikofaktors geben wir die entsprechende Auswirkung auf Umsatz und EBITDA an.

ABBILDUNG 3.7 Analyse der Risikosensitivität

		Auswirkung	
Faktor	**Sensitivität**	**Umsatz**	**EBITDA**
Stückzahl	+/- 1 %	+/- $ 150 Mio.	+/- $ 40 Mio.
EUR	+/- 10 %	+/- $ 650 Mio.	+/- $ 65 Mio.
Kupferpreis	+/- 10 %	+/- $ 85 Mio.	+/- $ 15 Mio.
Erdölpreis	+/- 10 %	-	+/- $ 25 Mio.

Nichtoperative Risiken

Man muss auch Risiken der Anlagethese identifizieren, die nicht auf das Unternehmen zurückzuführen sind. Das können regulatorische, geopolitische, auf die Umwelt bezogene oder rechtliche Risiken sein. Solche Risiken sind häufig schwerer vorherzusehen als Unternehmensrisiken. Damit ist man allerdings noch nicht aus dem Schneider.

---

[4] Unternehmen sollten anstreben, einen ausgewogenen Fälligkeitszeitplan für ihre Schulden aufzustellen, der sie über mehrere Jahre verteilt, sodass sie nicht alle zum selben Zeitpunkt fällig werden (siehe im weiteren Verlauf dieses Kapitels unter „III. Ist die Bilanz gesund?“).

Besonders relevant sind nichtoperative Risiken bei Unternehmen in bestimmten Branchen oder Regionen. Was Delphi angeht, so hat die Auto-Zulieferindustrie eine gut dokumentierte Geschichte von Produktrückrufen und Problemen mit Umweltvorschriften. Außerdem bringen Delphis umfangreichen Aktivitäten in China auf die Schwellenländer und auf das Land bezogene politische Risiken mit sich.

Wie im S-1 von Delphi angegeben, hat Delphi folgende *nichtoperative Risiken*:

- **Regulatorische Risiken –** „Möglicherweise können wir auf veränderte Regulierungen nicht schnell genug reagieren." Unvorhergesehene Änderungen von Regulierungen, Vorschriften oder Gesetzen lauern stets als potenzielle Bedrohungen.
- **Politische Risiken –** „Mit unserer Geschäftstätigkeit in Rechtsräumen außerhalb der Vereinigten Staaten sind Risiken verbunden [...]. Unsere Geschäftstätigkeit in China [...] reagiert auf die konjunkturellen Bedingungen und die Marktbedingungen." Beträchtliche operative Aktivitäten in „riskanten" Ländern stellen einen bedeutenden Anlass zur Besorgnis dar, denn dadurch wird ein Unternehmen empfindlicher gegenüber Unruhen, Regierungswechseln, unsicherem Geschäftsklima, Sanktionen und Zöllen.
- **Umweltrisiken –** „Umweltvorschriften, Prozesse und andere Belastungen können sich [...] nachteilig auf uns auswirken." Umweltrisiken sind normalerweise branchenspezifisch. So führten beispielsweise Gerichtsverfahren wegen Asbest von den 1980er-Jahren bis zu den frühen 2000er-Jahren zu Geldstrafen in Milliardenhöhe und zu mehreren namhaften Bankrotten in der Industrie.
- **Rechtliche Risiken –** „Uns können durch Garantieansprüche, Produktrückrufe, Produkthaftung und Prozesse wegen Verletzung geistigen Eigentums beträchtliche Verluste und

Kosten entstehen.“ Anleger müssen mit der Tatsache leben, dass bei allen ihren Positionen rechtliche Risiken bestehen. In der Autoindustrie sind Produktfehler und Rückrufe besonders relevant.

Existenzielle Risiken

Existenzielle Risiken gefährden die schiere Existenz eines Unternehmens. Überkommene Geschäftsmodelle sind stets durch das Aufkommen disruptiver Technologien bedroht. Sie müssen im Rahmen Ihrer Prüfung Vertrauen entwickeln, dass das Unternehmen gut aufgestellt ist, um einen technologischen Wandel zu überstehen. Mithilfe dieser Analyse kann man auch Short-Ideen identifizieren.

Im Idealfall steht das Unternehmen an vorderster Front der Innovation und ist selbst disruptiv. So positionierte sich die neue Delphi. Die Vision des Unternehmens und sein Mut, sich bereits frühzeitig auf die Elektrifizierung und Vernetzung von Autos einzulassen, ebnete für Delphi den Weg zum Erfolg im kommenden Jahrzehnt.

Im Einzelhandelssektor waren die Untergänge von Blockbuster Video und der Borders Group hochkarätige Beispiele für Unternehmen, die von disruptiven Technologien ausgelöscht wurden. Der Videoverleih Blockbuster erzielte im Jahr 2004 noch einen Umsatz von sechs Milliarden Dollar und ein EBITDA von 500 Millionen Dollar. Jedoch waren sein Umsatz und sein EBITDA bis zum Jahr 2010 auf 3,25 Milliarden Dollar und auf -20 Millionen Dollar gefallen. Was war passiert? Hatten die Menschen die Lust verloren, sich daheim Filme anzusehen? Natürlich nicht. Es war eine neue Art aufgekommen, Filme in die Wohnzimmer der Zuschauer zu liefern, aber Blockbuster hatte sich nicht weiterentwickelt.

Der wichtigste Disruptor war hier Netflix, das als erstes Unternehmen den DVD-Verleih per Post anbot und dann das Onlinestreaming von Videos für sich entdeckte. Im selben Zeitraum von 2004 bis 2010 stiegen der Umsatz und das EBITDA von Netflix von 500 Millionen und 25 Millionen Dollar auf 2,2 Milliarden und 325 Millionen Dollar.

Blockbuster beantragte im September 2010 Insolvenz, während der Aktienkurs von NFLX splitbereinigt vom IPO-Kurs im Jahr 2002 von einem Dollar bis Ende 2010 auf 25 Dollar gestiegen war. Ende 2019 stand die Aktie bei 324 Dollar.

Dem Buch- und Tonträger-Einzelhändler Borders wurde von dem E-Commerce-Giganten Amazon.com ein ähnliches Schicksal bereitet. Im Jahr 2005 hatte Borders noch einen Umsatz von fast vier Milliarden Dollar und ein EBITDA von 300 Millionen Dollar vorzuweisen, im Jahr 2010 waren es nur noch 2,2 Milliarden respektive -200 Millionen Dollar.

Warum? Hatten die Menschen die Lust am Lesen verloren? Im Gegenteil – die Buchverkäufe stiegen, aber die Ernte fuhr Amazon ein. Borders passte sein Geschäftsmodell nicht an und beantragte schließlich im Januar 2012 Insolvenz. Indes stieg die AMZN-Aktie vom Börsengang 1997 bis Ende 2012 splitbereinigt von zwei Dollar auf mehr als 250 Dollar. Zum Jahresende 2019 kostete sie 1.848 Dollar.

FINANZIELLE DUE DILIGENCE

Die finanzielle Due-Diligence-Prüfung dreht sich um die Analyse und Interpretation der historischen und prognostizierten Finanzleistung eines Unternehmens. Sie geht mit der geschäftlichen Prüfung Hand in Hand. Beide sind notwendig und keine von ihnen ist allein hinreichend.

Dafür sind zwar gewisse mathematische Kenntnisse erforderlich, aber die gute Nachricht ist, dass die Grundrechenarten genügen – Addition, Subtraktion, Multiplikation und Division. Es bringt auch etwas, wenn man sich in den drei wichtigsten Teilen des Jahresabschlusses zurechtfindet – Gewinn-und-Verlustrechnung (auch als Erfolgsrechnung bezeichnet), Bilanz und Kapitalflussrechnung. Sich mit Microsoft Excel auszukennen ist von großem Vorteil, wenn nicht sogar unabdingbar.

Da es nur um Grundrechenarten geht, ist die Durchführung der eigentlichen Berechnungen der leichte Teil. Dann erst kommt der schwierige Teil, die Zahlen zu interpretieren. Was treibt die Performance eines Unternehmens an? Warum ist das Unternehmen leistungsfähiger/weniger leistungsfähig als vergleichbare Unternehmen? Ist es nachhaltig? Wie werden die Konkurrenten reagieren? Wie wird die Performance in den nächsten ein, zwei, fünf oder gar zehn Jahren aussehen? Letztlich soll einem die Analyse ein gutes Gefühl hinsichtlich der künftigen Performance geben, aber natürlich ist diese nie gewiss.

Ebenso wie bei der geschäftlichen Due Diligence bieten wir für die Durchführung der finanziellen Due Diligence eine aus fünf Fragen bestehende Checkliste an (siehe Abbildung 3.8).

ABBILDUNG 3.8 Checkliste für die finanzielle Due Diligence

Checkliste für die finanzielle Due Diligence
I. Wo steht das Unternehmen bislang?
II. Wohin geht es?
III. Ist die Bilanz gesund?
IV. Generiert es einen hohen freien Cashflow?
V. Wie verwendet die Unternehmensleitung das Kapital?

I. Wo steht das Unternehmen bislang?

Als Erstes muss man sich auf die historische Performance des Unternehmens konzentrieren. Wie und warum kam es dazu, dass sein Umsatz und seine Profitabilität wachsen, stagnieren oder abnehmen? Normalerweise reicht ein vergangener Zeitraum von drei bis fünf Jahren, um solche Schlüsse zu ziehen, vor allem wenn er frühere Zyklen abdeckt. Achten Sie darauf, dass die Zahlen „sauber" sind, also in geeigneter Weise um einmalige Posten sowie um Fusionen und Übernahmen bereinigt sind. Außerdem muss man die entsprechenden Trends mit denen von Konkurrenten vergleichen und die Unterschiede verstehen.

Wir haben bereits festgestellt, dass die Due Diligence flexibel genug sein muss, um Turnarounds und Sanierungsfälle aufzudecken. Da Delphi gerade eine Insolvenz hinter sich hatte, fiel es eindeutig in diese Kategorie. Der Insolvenzantrag nach Chapter 11 im Jahr 2005 hatte sich aus einer nicht wettbewerbsfähigen Kostenstruktur, überzogenen Schulden und belastenden Pensionsverpflichtungen ergeben. Damals hatte Delphi ein negatives EBITDA und seine Verbindlichkeiten beliefen sich auf rund 22 Milliarden Dollar. Dem Unternehmen rann das Bargeld durch die Finger und es gab keinen Plan, die laufenden Zins-, Pensions- und Betriebsaufwendungen zu decken.

Nebenbei gesagt unterlagen nur die US-amerikanischen Vermögenswerte von Delphi dem Insolvenzrecht nach Chapter 11. Zwar machte die Turnaround-Story in den Vereinigten Staaten die meisten Schlagzeilen, aber das Sanierungsvorhaben in Europa war nicht weniger beeindruckend. Delphi verwandelte sein Europageschäft in einen Gewinnmotor mit bislang unerhörten zweistelligen Margen. Dies gelang durch kostengünstige Produktionsstandorte in Nordafrika und Osteuropa, durch 30 Prozent Zeitarbeit und durch die erfolgreiche Rekrutierung von guten Ingenieuren aus Niedriglohnländern wie zum Beispiel Polen.

Im Zuge des mehrjährigen Insolvenzverfahrens reduzierte Delphi seine Produktlinien dramatisch von 119 auf 33. Nicht weniger wichtig war, dass sich Delphi dabei auf diejenigen Bereiche konzentrierte, in denen es am besten für den Erfolg positioniert war. Es gab elf Sparten auf, darunter auch die Segmente Lenkung und passive Sicherheit. Im Sommer 2009 handelten die Hauptaktionäre von Delphi mit GM eine Vereinbarung aus, die noch verbliebenen gewerkschaftlich organisierten US-Fabriken zurückzukaufen.

Die daraus hervorgegangene neue Delphi konnte eine saubere Bilanz, eine gesunde Kostenstruktur und ein saniertes Produktportfolio vorweisen. Vom rein finanziellen Standpunkt her versetzte die Insolvenz den Konzern auch in die Lage, seinen Körperschaftsteuersatz auf 20

Prozent zu senken. Dank der niedrigeren Steuern konnte er einen größeren Teil des operativen Gewinns in EPS und FCF verwandeln. Damit war er gegenüber seinen US-amerikanischen Konkurrenten mit ihren höheren Steuersätzen klar im Vorteil.

Wie in Abbildung 3.9 zu sehen, begannen sich die Geschicke des Unternehmens nach einem dramatischen Niedergang von 2007 bis 2009 zu bessern. Im Jahr 2010 stieg der Umsatz um 17,5 Prozent und für das Jahr 2011 war ein ähnliches Wachstum abzusehen. Was hatte diesen massiven Umsatzzuwachs bewirkt? Zum Glück wurde dies in der MD&A[5] in Delphis S-1 für das Jahr 2011 erläutert:

> *„In unserem gestiegenen Umsatz schlagen sich die Auswirkungen der höheren Produktion der OEMs und unseres Anteils pro Einheit nieder. Diese Verbesserungen deuten weiterhin auf eine Stabilisierung der Weltwirtschaft hin. Indes sind die Stückzahlen in Nordamerika und Westeuropa immer noch deutlich geringer als vor den Jahren 2008 und 2009."*

Sehen wir uns nun die Profitabilität von Delphi an, die parallel dazu verlief. Die Bruttomargen stiegen nach dem Tief 2009 von 1,9 Prozent dramatisch auf geschätzt 15,7 Prozent im Jahr 2011. Der Nettogewinn stieg von -866 Millionen Dollar auf 1,1 Milliarden Dollar. Und das Unternehmen begann, einen beträchtlichen FCF zu generieren. In der MD&A hieß es:

> *„Im Jahr 2010 haben wir unsere Restrukturierungsaktivitäten weitgehend abgeschlossen. Daraus ergaben sich geringere Fixkosten, eine bessere Standortverteilung*

---

5 „Management Discussion and Analysis“: ein verpflichtend bei der SEC einzureichendes Offenlegungsdokument, das eine Übersicht über die Finanzperformance im vorangegangenen Berichtszeitraum sowie normalerweise auch über Trends und über die Aussichten darstellt.

ABBILDUNG 3.9 Übersicht der Finanzdaten von Delphi über fünf Jahre – Erfolgs- und Kapitalflussrechnung

(außer bei Angaben je Aktie in Millionen US-Dollar)

Übersicht der Finanzdaten von Delphi über fünf Jahre – Erfolgs- und Kapitalflussrechnung						
	Zeitraum					Jährl. durchschn.
	2007	2008	2009	2010	2011e	Wachstumsr. ('07-'11)
Umsatz je Segment						
Elektrische Architektur	5.968	5.649	4.295	5.620	6.622	*2,6%*
Antriebssysteme	5.663	5.368	3.624	4.086	4.918	*-3,5%*
Elektronik & Sicherheit	5.035	4.048	2.562	2.721	2.955	*-12,5%*
Wärme- und Kältesysteme	2.412	2.121	1.373	1.603	1.796	*-7,1%*
Erfolgsrechnung						
Umsatz	19.526	16.808	11.755	13.817	16.039	*-4,8%*
Wachstum	*1,0%*	*-13,9%*	*-30,1%*	*17,5%*	*16,1%*	
Bruttogewinn	883	651	228	2.049	2.526	*30,0%*
Marge	*4,5%*	*3,9%*	*1,9%*	*14,8%*	*15,7%*	
EBITDA	731	269	$84	1.633	2,044	*29,3%*
Marge	*3,7%*	*1,6%*	*0,7%*	*11,8%*	*12,7%*	
Wachstum	*n.v.*	*n.v.*	*n.v.*	*n.v.*	*25,2%*	
Abschreibungen	871	822	679	421	478	*-13,9%*
Zinsaufwand	764	434	8	30	123	*-36,7%*
Reingewinn	-1.760	-2.013	-866	631	1.072	*n.v.*
Verwässerte Aktien (1)	686	686	686	686	328	
EPS	-2,57	-2,93	-1,26	0,92	3,27	*n.v.*
Wachstum	*n.v.*	*n.v.*	*n.v.*	*n.v.*	*255,0%*	
Kapitalflussrechnung						
Barmittel aus laufender Geschäftstätigkeit	-98	455	-98	1.142	1.356	*n.v.*
Abzüglich Capex	-577	-771	-409	-500	-629	
Anteil am Umsatz	*3,0%*	*4,6%*	*3,5%*	*3,6%*	*3,9%*	
Freier Cashflow	-675	-316	-507	642	727	*n.v.*
FCF/Aktie	-0,98	-0,46	-0,74	0,94	2,21	*n.v.*
Wachstum	*n.v.*	*n.v.*	*n.v.*	*n.v.*	*136,7%*	

(1) Im Jahr 2011 geschätzte verwässerte Aktien zum Zeitpunkt der Erstemission.

und geringere Gemeinkosten. Unsere Standorte in den Vereinigten Staaten und in Westeuropa bauten wir dramatisch ab, wir richteten die Struktur unserer Vertriebs- und Verwaltungskosten neu aus und erhöhten den variablen Teil unserer Belegschaft."

Delphis neuerdings flexible Belegschaft und sein Umsatz-Leverage waren für die Gewinne von entscheidender Bedeutung. Außerdem kamen dem Unternehmen die günstigeren Rohstoffpreise zugute. Aber war dieser Erfolg auch nachhaltig?

II. Wohin geht es?

Nachdem Sie nun wissen, wo das Unternehmen steht, ist es an der Zeit, herauszufinden, wohin es geht. Versuchen Sie sich vorzustellen, wie das Unternehmen in den nächsten ein, zwei, fünf oder gar zehn Jahren aussehen wird. Wachstumserwartungen sind für die Bewertung von entscheidender Bedeutung. Aktienanleger belohnen schneller wachsende Unternehmen meist mit höheren Bewertungskennzahlen als langsamer wachsende Konkurrenten. Auch unterscheiden sie zwischen organischem und durch Übernahmen bedingtem Wachstum, wobei Ersteres im Allgemeinen als vorteilhafter gilt.

Anleger achten auf das Wachstum sowohl des Umsatzes als auch des Gewinns. Umsatzwachstum ohne Gewinnwachstum wirft natürlich Fragen bezüglich der Kosten auf. Ebenso wirft Gewinnwachstum ohne Umsatzwachstum Fragen bezüglich der Nachhaltigkeit auf. Aus der Zitrone lässt sich nur eine gewisse Menge an Einsparungen herauspressen.

In dem Finanzmodell müssen sich die Wachstumsaussichten des Unternehmens niederschlagen, üblicherweise Prognosen für die nächsten fünf Jahre. Ziel ist es, das Ergebnis mit der höchsten Wahrscheinlichkeit vorherzusagen. Davon wird es zwar unweigerlich Abweichungen geben, aber wenn die zentralen Annahmen gut recherchiert und geprüft sind, wird die Streuungsbreite geringer.

Die Zukunft ist zwar von Grund auf ungewiss, aber man muss nach Hinweisen suchen. Fangen Sie mit den jüngsten Geschäftsberichten, MD&A und Investorpräsentationen an. Viele Unternehmen geben Prognosen in einem bestimmten Bereich ab. Ihre Ansichten über die Kompetenz und die Glaubwürdigkeit der Unternehmensleitung werden Ihre Interpretation der Zahlen beeinflussen. Analystenberichte und Konsensschätzungen bieten weitere Perspektiven, vor allem wenn sie von renommierten Analysten stammen.

Egal, wie die Prognosen oder Schätzungen ausfallen, man muss auch selbst etwas tun. In manchen Fällen verschleiert der Begriff „Konsens" sehr große Unterschiede zwischen den einzelnen Analystenschätzungen, aus denen er sich zusammensetzt. Deshalb muss man unbedingt ein Verständnis für die entscheidenden finanziellen Faktoren des Unternehmens und ein entsprechendes Modell entwickeln.

Um Finanzprognosen zu erstellen, überprüfen Sie zunächst die Arbeit, die Sie im vorigen Abschnitt geleistet haben. Konzentrieren Sie sich dabei auf die historischen Wachstumsraten von Umsatz, EBITDA und EPS sowie auf die Margenentwicklung. Erst dann können Sie nach vorn blicken. Wird das Wachstum künftig den gleichen Weg nehmen, wird es anziehen oder wird es nachlassen?

Wie bereits besprochen, bestimmen häufig zwei oder drei Schlüsselfaktoren die Finanzperformance und somit die Prognosen. Erinnern Sie sich, dass der Umsatz von Delphi vor allem von den globalen Produktionszahlen nach Region, vom Auftragsbestand und von den Preisen abhängt. Daher basieren Prognosen für Jahresumsätze normalerweise auf der prognostizierten Produktion von Drittparteien, auf dem Wachstum der neuen und bestehenden Aufträge und auf Herabsetzungen von Preisen.

Um die Profitabilität zu prognostizieren, konzentrieren sich Anleger auf den Bruttogewinn, das EBITDA und den Reingewinn. Der Bruttogewinn – Umsatz abzüglich Umsatzkosten (COGS = Cost Of Goods Sold) – ist der Ertrag, der verbleibt, nachdem man die unmittelbar mit der Produktion von Waren und Dienstleistungen verbundenen Kosten vom Erlös abgezogen hat. Die Umsatzkosten sind in hohem Maße *variabel* und hängen von der Menge an verkauften Waren oder Dienstleistungen ab. Die Bruttomarge errechnet sich als Bruttogewinn in Prozent des Umsatzes.

Eine detaillierte Modellierungsmethode für den Bruttogewinn prognostiziert die Umsatzkosten anhand der Preise und Mengen für Eingangsgrößen, die entscheidende Kostenpunkte darstellen. Die wichtigsten Umsatzkosten von Delphi beinhalten in erster Linie Materialien und Personalaufwendungen, hinzu kommen Fertigungsgemeinkosten und Frachtkosten. Eine über den Daumen gepeilte Methode hingegen berechnet die prozentuale Bruttomarge anhand von Trends der jüngeren Vergangenheit, anhand von unabhängigem Research oder von Prognosen der Unternehmensleitung.

Das Gleiche gilt für die Modellierung von EBITDA und EBIT, wobei die Umsatzkosten und die Vertriebs- und Verwaltungskosten – die Gemeinkosten – abgezogen werden. Bei der detaillierten Methode werden die Vertriebs- und Verwaltungskosten als eigener Posten geführt und vom Bruttogewinn abgezogen, um so das EBIT zu erhalten.[6] Um von da zum EBITDA zu gelangen, zählt man den Abschreibungsaufwand (DA) wieder hinzu. Dieser wird häufig anhand der historischen Niveaus als Prozentsatz des Umsatzes geschätzt.

Der Vertriebs- und Verwaltungsaufwand ist weitgehend *fix* und wird häufig anhand des BIP-Wachstums oder zuzüglich der Inflation modelliert. Man kann auch den bisherigen Trend als Prozentsatz des Umsatzes fortschreiben. In beiden Fällen sind größere Initiativen der Kostensenkung oder Expansionsvorhaben zu beachten, die sich auf diesen Posten signifikant auswirken können.

Um den Reingewinn zu berechnen, muss man den Zins- und Steueraufwand berücksichtigen. Da diese Kosten dynamisch sind, ist es

---

[6] Bei der Berechnung des EBIT geht man davon aus, dass der Abschreibungsaufwand in den Gemeinkosten und zu einem geringeren Teil in den Vertriebs- und Verwaltungskosten enthalten ist.

klüger, sie getrennt zu modellieren als sich auf grobe Annahmen zu verlassen. Besonders wichtig ist dies bei hoch verschuldeten Unternehmen, die Schulden abzahlen und deren Zinskosten folglich sinken werden. Auch gilt es für Unternehmen, die Schulden machen, um Aktien zurückzukaufen oder Wachstum zu finanzieren.

Um Kennzahlen pro Aktie zu erhalten, also vor allem EPS und FCF/S, teilt man den Zähler – den Reingewinn beziehungsweise den freien Cashflow – durch die verwässerte Anzahl der Aktien. Im Nenner muss man potenzielle Aktienrückkäufe, Aktienemissionen und sonstige Kapitalmaßnahmen berücksichtigen, die sich auf die künftige Aktienanzahl auswirken könnten.

Abbildung 3.10 zeigt unsere konkreten Modellannahmen für Delphi. Sie berücksichtigen sowohl die historische Performance als auch die geografisch aufgeschlüsselten Produktionsausblicke, die geschätzten Auftragsbestände und die üblichen Preissenkungen. Laut Abbildung 3.11 ergab sich aus diesen Annahmen für die nächsten fünf Jahre ein durchschnittliches Umsatzwachstum von mehr als sechs Prozent. Die Bruttomargen lagen zum Ende des Prognosezeitraums über 17,5 Prozent, die EBITDA-Margen hingegen bei 14,5 Prozent.

Des Weiteren stiegen EPS und FCF/S laut unserem Modell nennenswert schneller als der Erlös und das EBITDA, weil die Anzahl der Aktien durch Aktienrückkäufe sank. Wir gingen für das erste Jahr von Aktienrückkäufen in Höhe von 250 Millionen Dollar aus und fuhren sie bis zum fünften Jahr auf 750 Millionen Dollar hoch.

III. Ist die Bilanz gesund?

Eine starke Bilanz ist für ein gesundes Unternehmen unerlässlich. Sie bietet Flexibilität, um den Geschäftsbetrieb zu vergrößern – sowohl organisch als auch durch Fusionen und Übernahmen – und die Kapitalrendite zu steigern. Außerdem stellt sie in schwierigen Zeiten einen Puffer dar. Im Gegenzug schränkt eine schwache Bilanz das Wachstum ein, begrenzt den Zugang zu Kapital von außen und verkleinert den Spielraum für Fehler.

ABBILDUNG 3.10 Übersicht über die Modellannahmen

(Angaben in Millionen US-Dollar)

Übersicht über die Modellannahmen					
	Prognosezeitraum				
	2012e	2013e	2014e	2015e	2016e
Umsatztreiber					
Produktion von Pkw und leichten Nutzfahrzeugen (in 1.000)					
Nordamerika	13.907	14.880	15.624	16.093	16.576
Europa	18.527	19.268	19.846	20.442	21.055
Südamerika	4.394	4.526	4.617	4.663	4.686
China	18.544	19.842	22.216	23.786	25.071
Geografische Aufteilung					
Nordamerika	34%	34%	34%	34%	33%
Europa	39%	38%	37%	37%	37%
Südamerika	8%	8%	8%	7%	7%
China	20%	20%	21%	22%	22%
Inkrementeller Auftragsüberhang	900	900	1.000	1.000	1.000
Preissenkung	-2%	-2%	-2%	-2%	-2%
Kosten & Aufwendungen					
Umsatzkosten als Anteil des Umsatzes	83,9%	83,4%	82,9%	82,7%	82,4%
Vertriebs- und Verwaltungskosten als Anteil des Umsatzes	5,5%	5,5%	5,5%	5,5%	5,5%
Abschreibungen als Anteil des Umsatzes	3,0%	3,0%	3,0%	3,0%	3,0%
Capex als Anteil des Umsatzes	4,5%	4,5%	4,5%	4,5%	4,5%
Kapitalallokation					
Rückkäufe	250	350	450	500	750
Dividenden	-	-	-	-	-

ABBILDUNG 3.11 Übersicht der 5-Jahres-Prognose für die Finanzdaten von Delphi – Erfolgs- und Kapitalflussrechnung

(außer bei Angaben je Aktie in Millionen US-Dollar)

Übersicht der 5-Jahres-Prognose für die Finanzdaten von Delphi – Erfolgs- und Kapitalflussrechnung						
	Prognosezeitraum					Durchschn. jährliches Wachstum 11-16e
	2012e	2013e	2014e	2015e	2016e	
Umsatz nach Sparten						
Elektrische Architektur	6.817	7.319	7.852	8.269	8.662	*5,5%*
Antriebssysteme	5.145	5.633	6.108	6.478	6.885	*7,0%*
Elektronik und Sicherheit	3.053	3.374	3.703	3.987	4.267	*7,6%*
Wärme- und Kältesysteme	1.854	1.983	2.139	2.263	2.379	*5,8%*
Erfolgsrechnung						
Umsatz	16.594	18.023	19.507	20.691	21.879	*6,4%*
Wachstum	*3,5%*	*8,6%*	*8,2%*	*6,1%*	*5,7%*	
Bruttogewinn	2.671	2.991	3.335	3.589	3.850	*8,8%*
Marge	*16,1%*	*16,6%*	*17,1%*	*17,3%*	*17,6%*	
EBITDA	2.157	2.433	2.731	2.948	3.172	*9,2%*
Marge	*13,0%*	*13,5%*	*14,0%*	*14,2%*	*14,5%*	
Wachstum	*5,5%*	*12,8%*	*12,2%*	*8,0%*	*7,6%*	
Abschreibungen	490	532	575	610	645	*7,2%*
Zinsaufwand	123	121	120	119	117	*-1,3%*
Nettogewinn	1.180	1.371	1.577	1.726	1.882	*11,9%*
Verwässerte Aktien	324	314	304	294	284	
EPS	3,65	4,36	5,19	5,87	6,64	*15,2%*
Wachstum	*11,7%*	*19,7%*	*19,0%*	*13,2%*	*12,9%*	
Kapitalflussrechnung						
Barmittel aus laufender Geschäftstätigkeit	1,639	1.836	2.083	2.282	2.472	*12,8%*
Abzüglich Capex	-747	-811	-878	-931	-985	
Anteil am Umsatz	*4,5%*	*4,5%*	*4,5%*	*4,5%*	*4,5%*	
Freier Cashflow	892	1.025	1.205	1.351	1.487	*15,4%*
FCF/Aktie	2,76	3,26	3,97	4,60	5,24	*18,8%*
Wachstum	*24,5%*	*18,4%*	*21,5%*	*15,9%*	*14,1%*	

Um die Bilanz eines Unternehmens zu verstehen, muss man seiner Kapitalstruktur und seinen entscheidenden Kreditkennzahlen nachgehen. Die Kapitalstruktur bezieht sich auf die Höhe, die Bestandteile und die Bedingungen der Schulden und des Eigenkapitals eines Unternehmens. Je mehr Schulden, umso größer das Risiko. Wie im Vorfeld der Großen Rezession zu erleben war, unterschätzten viele ausgefuchste Investoren die Gefahren einer strapazierten Bilanz.

Die Kapitalstruktur wirkt sich auf die Finanzleistung und auf die betriebliche Leistung aus. Ein hoher Fremdfinanzierungsanteil bedeutet einen höheren Zinsaufwand und dieser wirkt sich nachteilig auf den Gewinn und den Cashflow aus. Eine problematische Kapitalstruktur kann auch bedeuten, dass weniger Vermögen für die Geschäftstätigkeit zur Verfügung steht. Im Extremfall führt sie zu Liquiditätsproblemen und möglicherweise zum Bankrott.

Im Falle einer Insolvenz erleiden die Aktieninvestoren schwere Wertminderungen oder einen Totalverlust, weil sie in der Kapitalstruktur die nachrangigste Position einnehmen. Anders als Kreditgeber erhalten Aktionäre weder garantierte Zinszahlungen noch eine vertragliche Rückzahlung des Nennwerts zu einem festgesetzten Fälligkeitsdatum. Wie in Schritt II angemerkt, bevorzugen Aktienanleger meist einen geringeren Verschuldungs- und einen höheren Deckungsgrad.

Auch müssen sich Aktienanleger bewusst sein, wann die Schulden eines Unternehmens fällig werden, also die Rückzahlungsfristen kennen. Bei Fälligkeit müssen Schuldverpflichtungen mit frischem Kapital vom Markt refinanziert oder aber bar ausgeglichen werden. Wenn nicht, ist das Unternehmen in Verzug. Die Unfähigkeit, Schulden zu refinanzieren oder zu bezahlen, kann durch eine schlechte Finanzperformance oder durch schwache Kapitalmärkte oder durch beides verursacht sein. Ungeachtet der Ursache führt sie oft zum Bankrott.

Hinsichtlich der Bilanz ging Delphi mit einem wesentlich verbesserten Kreditprofil aus der Insolvenz hervor. Zum Zeitpunkt des Börsengangs hatte es den Verschuldungsgrad auf 1:1 gesenkt und aufgrund des Barbestands von 1,45 Milliarden Dollar betrug er netto betrachtet nur 0,3:1. Außerdem diente eine ungenutzte Kreditlinie von 1,3 Milliarden Dollar als Polster für das Liquiditätsprofil des Unternehmens. Darüber hinaus wurden in den nächsten fünf Jahren keine nennenswerten Schulden fällig.

Dadurch war Delphi für hohes organisches und unorganisches Wachstum aufgestellt. Es konnte seine bilanzielle Kapazität für Forschungs- und Entwicklungs- oder Investitionsvorhaben, für Fusionen und Übernahmen, für Aktienrückkäufe und für Dividenden einsetzen. Was die Zukunft betraf, verbesserte sich Delphis Kreditprofil dank EBITDA-Wachstum und verpflichtender Schuldenrückzahlungen unserem Modell zufolge weiterhin (siehe Abbildung 3.12).

Natürlich sind Schulden nicht nur schlecht. Richtig eingesetzt können sie ein starker Wertfaktor sein. Fremdkapital ist grundsätzlich billiger als Eigenkapital und es ist häufig die optimale Möglichkeit, Wachstum zu finanzieren ... jedenfalls bis zu einem gewissen Punkt. Analysieren Sie deshalb bei der Beurteilung einer Chance auf jeden Fall die bilanzielle Kapazität.

Zusätzliche Schulden können eingesetzt werden, um Aktien zurückzukaufen oder Fusionen und Übernahmen zu finanzieren und so den Gewinn pro Aktie zu erhöhen. Wenn ein Unternehmen einen Verschuldungsgrad von 1,5:1 hat und vergleichbare Unternehmen einen von 2,5:1, dann kann man eine Erhöhung um 1 zur Finanzierung eines Aktienrückkaufs oder einer Übernahme einberechnen. Dann schätzt man das Pro-forma-EPS für jedes Szenario. Diese Analyse hilft, mögliche Katalysatoren zu identifizieren. Bei Delphi sahen wir aufgrund des Gesamtverschuldungsgrads von 1:1 nach dem Börsengang Potenzial für Rückkäufe, die über unser Modell hinausgingen, sowie für künftige Fusionen und Übernahmen.

IV. Generiert es einen hohen freien Cashflow?

Der freie Cashflow ist das Lebensblut eines Unternehmens. Es ist der generierte Cashflow nach Bezahlung aller Baraufwendungen – Umsatzkosten, Vertriebs- und Verwaltungskosten, Zinsen und damit

ABBILDUNG 3.12 Übersicht der 5-Jahres-Prognose für die Finanzdaten von Delphi – Bilanz

(außer bei Angaben je Aktie in Millionen US-Dollar)

Übersicht der 5-Jahres-Prognose für die Finanzdaten von Delphi – Bilanz						
		Prognosezeitraum				
	2011e	2012e	2013e	2014e	2015e	2016e
Finanzdaten						
EBITDA	2.044	2.157	2.433	2.731	2.948	3.172
Zinsaufwand	123	123	121	120	119	117
Kapitalaufwand	629	747	811	878	931	985
als Anteil am Umsatz	*3,9%*	*4,5%*	*4,5%*	*4,5%*	*4,5%*	*4,5%*
Kapitalstruktur						
Barmittel	1.455	2.012	2.651	3.370	4.185	4.802
Besicherte Schulden	1.042	956	920	884	848	728
Schulden insgesamt	2.114	2.028	1.992	1.956	1.920	1.800
Nettoschulden	658	16	-659	-1.414	-2.265	-3.002
Kreditdaten						
Deckung						
EBITDA/Zinsaufwand	16,6	17,5	20,0	22,7	24,8	27,2
(EBITDA - Cape)/Zinsen	11,5	11,5	13,4	15,4	16,9	18,7
Verschuldungsgrad						
Besicherte Schulden/EBITDA	0,5	0,4	0,4	0,3	0,3	0,2
Gesamtschulden/EBITDA	1,0	0,9	0,8	0,7	0,7	0,6
Nettoschulden/EBITDA	0,3	0,0	-0,3	-0,5	-0,8	-0,9
Umlaufvermögen						
Nettoumlaufvermögen	587	613	675	739	789	839
als Anteil am Umsatz	*3,7%*	*3,7%*	*3,7%*	*3,8%*	*3,8%*	*3,8%*

verbundene Steuern – sowie der Finanzierung von Investitionen und Umlaufvermögen. An sich gibt er die Fähigkeit eines Unternehmens wieder, in Wachstum zu investieren, den Aktionären Kapital zurückzugeben oder Schulden zu bezahlen. Für viele Anleger ist das Kurs-FCF-Verhältnis oder die FCF-Rendite die wichtigste Bewertungskennzahl, anhand derer sie investieren.

Investoren ermitteln den prozentualen Anteil des EBITDA oder des Reinertrags, der in Cashflow umgewandelt wird. Es kann sein, dass ein Unternehmen einen FCF meldet, der über dem Reinertrag liegt, und das ist dann ein starkes Signal. Im Idealfall liegt dies an geringem Investitionsbedarf oder an der Effizienz des Umlaufvermögens. Man hüte sich jedoch vor einem FCF, der durch einmalige Posten, durch zu geringe Investitionen oder durch vorübergehende Steuervorteile aufgebläht ist. Und auch wenn der Gewinn hoch, aber der FCF dauernd niedrig ist, kann dies darauf hindeuten, dass dem Unternehmen Probleme bevorstehen.

Die Generierung von freiem Cashflow wird von zahlreichen Faktoren bestimmt, unter denen die Profitabilität der wichtigste ist. Die Margen von Bruttogewinn, EBITDA und EBIT geben die operative Profitabilität eines Unternehmens an. Der Reingewinn geht noch einen Schritt weiter, da hier Finanzaufwendungen wie Zinsen und Steuern herausgerechnet sind. Doch sogar ein Unternehmen mit hohen Margen kann ein schlechtes FCF-Profil haben, wenn es zu kapitalintensiv ist. Damit sind die notwendigen Ausgaben für Instandhaltung und für Wachstumsinitiativen gemeint, vor allem Kapitalinvestitionen und Umlaufvermögen.

Kapitalinvestitionen oder Capex sind die Mittel, die ein Unternehmen verwendet, um Sachanlagen zu kaufen, zu verbessern, zu erweitern oder zu ersetzen. Bei der Prognose der künftigen Investitionen kann man sich nach den historischen Niveaus richten. Dabei ist zu beachten, dass solche Prognosen je nach der Strategie oder der operativen Phase eines Unternehmens von den historischen Niveaus abweichen können. Bei einem Unternehmen, das sich in einer Expansionsphase befindet, kann der Capex während eines Teils des Prognosezeitraums höher sein. Zum Glück werden die geplanten Investitionen normalerweise im 10-K oder bei Telefonkonferenzen zu den Geschäftsergebnissen behandelt.

Wichtig ist auch, zwischen Aufwendungen zu unterscheiden, die als für die Fortsetzung des Geschäftsbetriebs notwendig gelten („maintenance capex"), und solchen, die im Ermessen der Unternehmensleitung liegen („growth capex" – Investitionen in Wachstum). Normalerweise geht man von der für das Unternehmen günstigen Annahme aus, dass die Wachstumsinvestitionen in schwierigen Zeiten gekürzt werden können. Bei Delphi modellierten wir einen Anstieg der Investitionen im gesamten Prognosezeitraum von knapp vier Prozent des Umsatzes im Jahr 2011 auf 4,5 Prozent, weil Investitionen in die Auflage neuer Produkte geplant waren (siehe Abbildung 3.12).

Das Nettoumlaufvermögen (NWC = Net Working Capital) ist das Geld, das benötigt wird, um den laufenden Geschäftsbetrieb eines Unternehmens zu finanzieren. Es ist die Summe des Geldes, das in Abzahlungsverkäufen und Vorräten gebunden ist (kurzfristiges Umlaufvermögen) *abzüglich* des an Lieferanten geschuldeten Geldes (kurzfristige Verbindlichkeiten). Als Faustregel kann man sagen, dass ein hoher Bedarf an Umlaufvermögen als ungünstig gilt. Wenn Kapital in Kundenforderungen und Vorräten gebunden ist, bedeutet dies, dass dem Unternehmen und seinen Aktionären weniger Geld zur Verfügung steht.

Um die Effizienz des Umlaufvermögens zu beurteilen, betrachten Anleger eine Vielzahl von Kennzahlen. Die vielleicht einfachste ist der Anteil des Umlaufvermögens am Umsatz. Besonders aufschlussreich ist dabei die Entwicklung gegenüber dem Vorjahreszeitraum. Ein nennenswerter Anstieg des Umlaufvermögens in Prozent des Umsatzes kann ein Warnsignal sein. Hingegen bessern nennenswerte Steigerungen der Effizienz des Umlaufvermögens das FCF-Profil eines Unternehmens. Bei Delphi gingen wir von einer verhältnismäßigen Stagnation des Umlaufvermögens von 3,7 auf 3,8 Prozent des Umsatzes während des Prognosezeitraums aus.

Angesichts dessen und im Zusammenhang mit den steigenden Stückzahlen sowie der zunehmenden Profitabilität waren Delphis Aussichten der FCF-Generierung gut. In Abbildung 3.11 modellierten wir, dass Delphis FCF im Prognosezeitraum deutlich steigen würde.

V. Wie verwendet die Unternehmensleitung das Kapital?

Vorbildliche Unternehmen heben sich durch eine effektive Kapitalallokation ab. Disziplinierte Führungsteams beurteilen ständig die relativen Renditen ihrer Kapitalverwendung. Anders gefragt: Was ist die höchste Rendite pro ausgegebenem Dollar? Hier die häufigsten Kapitalverwendungen:

- Organische Wachstumsprojekte
- Fusionen und Übernahmen
- Aktienrückkäufe
- Dividenden
- Schuldenrückführung

Sie sind skeptisch, ob die Kapitalverwendung ein zentraler Wertfaktor ist? Dann bedenken Sie Folgendes: Stellen Sie sich vor, Blockbuster und Borders hätten frühzeitig beschlossen, Kapital in digitale Lösungen oder Online-Lösungen zu investieren anstatt ihre Geschäftsräume zu erweitern. Dann wären sie vielleicht heute noch am Leben.

Normalerweise schauen Unternehmen zunächst, ob sie ihr Kapital für interne Chancen verwenden können. Organische Wachstumsprojekte gelten als weniger riskant. Solche Initiativen können die Form neuer Einrichtungen, Standorte, Anlagen, Forschung und Entwicklung, Produkteinführungen oder technologischer Plattformen annehmen.

Unternehmen können auch externe M&A-Chancen für die beste Geldverwendung halten. Natürlich kommt es hier darauf an, ob es strategisch passt und ob der Preis stimmt – und auf die Erfolgsbilanz des Erwerbers. Sind dem Unternehmen in der Vergangenheit wertsteigernde Deals gelungen und hat es die angekündigten Synergien geliefert? Sind die möglichen Übernahmeziele strategisch und wertsteigernd?

Andere Strategien der Kapitalverwendung richten sich auf unmittelbare Kapitalrenditen, vor allem Aktienrückkäufe und Dividenden. Auch hier ist die Erfolgsbilanz wichtig. Analysieren Sie, wie viele Aktien das Unternehmen bei früheren Rückkäufen zurückgekauft hat und zu welchen Preisen. Bei Unternehmen, die zum ersten Mal einen Rückkauf ankündigen, sollte sich die Analyse auf die Kapazität der Bilanz und auf das Pro-forma-EPS richten.

Die Dividendenstrategie eines Unternehmens muss auf ähnliche Weise analysiert werden. Schüttet das Unternehmen regelmäßig Dividenden oder große Einmalzahlungen aus, wenn sich Bargeld ansammelt? Seit wann zahlt das Unternehmen eine Dividende und ist sie seither gestiegen? Wie hoch ist die derzeitige Dividendenrendite? Stellt die Dividende einen nennenswerten Anteil am Reingewinn (zu erkennen an der Ausschüttungsquote) dar? Ein Unternehmen mit einer Ausschüttungsquote von 50 Prozent und einer regelmäßigen Dividendenrendite von drei bis vier Prozent zieht mit höherer Wahrscheinlichkeit die Aufmerksamkeit von Anlegern auf sich.

Auch die Bezahlung von Schulden kann die Renditen der Aktionäre erhöhen. Das gilt besonders für gute Unternehmen mit hoher Schuldenlast, aber einem klaren Weg des Schuldenabbaus. In dieser Hinsicht verdienen investitionsgestützte Börsengänge (ehemalige fremdfinanzierte Übernahmen, die an die Börse gehen) und hochgradig zyklische Unternehmen besondere Aufmerksamkeit. Durch eine schnellere Schuldenrückführung dank FCF sinken die Zinsaufwendungen und dadurch steigt der Gewinn pro Aktie. Außerdem kann ein Schuldenabbau dem Unternehmen höhere Bewertungskennzahlen verschaffen, denn dadurch sinkt das Risiko seines Kapitals und es entsteht Wachstumskapazität.

Bei Delphi rechneten wir damit, dass mit dem FCF Rückkäufe finanziert würden, denn Fusionen und Übernahmen gab es keine. Das war gegenüber der alten Delphi, die unter Aktienanlegern seit Langem den Ruf genossen hatte, ihr Kapital ungezielt und ineffizient zu verwenden, eine bemerkenswerte Verbesserung. Silver Point und Elliott machten gemeinsam mit dem Verwaltungsrat und der Führungsmannschaft nach der Insolvenz die gute Kapitalverwendung zu einer Priorität. Anleger, die darauf achteten, hätten dies aus den Vorgeschichten der neuen Direktoren und daraus schließen können, dass sie mit der wertorientierten Aktionärsbasis weitgehend auf einer Linie waren.

Deshalb gingen wir davon aus, dass die jährlichen Rückkäufe im Laufe des Prognosezeitraums von 250 Millionen auf 750 Millionen Dollar steigen würden. Unter der Annahme, dass der Aktienkurs jährlich um 25 Prozent steigen würde, wäre die verwässerte Aktienanzahl von 2011 bis 2016 von 328 Millionen auf geschätzte 284 Millionen gesunken. Dadurch ergab sich eine durchschnittliche Wachstumsrate des Gewinns pro Aktie über fünf Jahre von 15 Prozent und des FCF von 19 Prozent (siehe Abbildung 3.11).

Kernpunkte

- Verstehen, was das Unternehmen macht und wie es sein Geld verdient
- Sich auf zwei oder drei treibende Kräfte für die Geschäfte des Unternehmens konzentrieren
- Die geschäftliche Due-Diligence-Prüfung prüft die Wettbewerbsposition eines Unternehmens und die Belastbarkeit seines Geschäftsmodells, auch als „Burggraben" bezeichnet.
- Differenzierte Produkte, geistiges Eigentum, Größenvorteile, Markenname, Kundenbeziehungen, Preissetzungsmacht und hohe getätigte Kapitalinvestitionen – all das sichert den Burggraben eines Unternehmens.
- Die finanzielle Due-Diligence-Prüfung ermittelt die historische Performance, und zwar vor allem als

Vorspiel der Zukunft – stellen Sie sich bildlich vor, wie das Unternehmen in den nächsten ein, zwei, fünf oder gar zehn Jahren aussehen wird.

- Aktienanleger ignorieren die Bilanz und die Kapitalstruktur auf eigene Gefahr.
- Eine effiziente Kapitalverwendung ist ein entscheidendes Merkmal vorbildlicher Unternehmen.
- Die wichtigsten Möglichkeiten der Kapitalverwendung sind: organische Wachstumsprojekte, Fusionen und Übernahmen, Dividenden und Schuldenrückführung.

4

BEWERTUNG UND KATALYSATOREN

Was ist die Aktie wert?

Jetzt wissen Sie schon, wie man das Geschäftsmodell des Unternehmens analysiert und herausfindet, wie es sein Geld verdient. Auch wissen Sie, wie man die finanzielle Performance misst. Nun ist es Zeit für eine ausführlichere Bewertung. Diese Reihenfolge ist wichtig, denn wie könnte man ein Unternehmen bewerten, ohne zunächst seine Geschäftstätigkeit und die zugrunde liegenden finanziellen Gegebenheiten zu verstehen?

Unser erstes Buch, „Investment Banking", bietet einen 400 Seiten und 100.000 Wörter umfassenden Überblick über die Bewertung. Das vorliegende Kapitel hält die wichtigsten Konzepte daraus auf einem Bruchteil dieses Raumes fest.

Bei der Bewertung muss man sich zwei entscheidenden Fragen zuwenden. Erstens: Was ist das Unternehmen wert? Zweitens: Wie steht dies im Verhältnis zu seiner Marktbewertung an der Börse? Anders gefragt: Ist die Aktie zum aktuellen Kurs attraktiv? Die Rendite, die man bekommt, hängt davon ab, dass man zum richtigen Zeitpunkt den richtigen Preis bezahlt und nicht in die Falle nach dem Motto „gutes Unternehmen, schlechte Aktie“ tappt.

Beginnen wir die Besprechung der Bewertung mit den Grundlagen. Der unverzichtbare Werkzeugkasten der Wall Street enthält eine Mischung aus marktbasierten, inneren und auf Fusionen und Übernahmen basierenden Bewertungskriterien. Außerdem behandeln wir auch ein paar feiner abgestufte Instrumente, zum Beispiel die Sum-of-the-Parts-Bewertung (SOTP) und den Substanzwert/Liquidationswert/Nettoinventarwert.

Andere Bewertungsmethoden sind eher ereignisorientiert als technisch. Sogenannte Katalysatoren können möglicherweise bedeutende Kurszuwächse bewirken. Sie können internen Charakter haben – im Rahmen einer sich weiterentwickelnden Managementstrategie – oder externer Natur sein, zum Beispiel in Form von aktivistischen Aktionären.

Mithilfe einer Kombination der erwähnten Bewertungsinstrumente ermittelt man das Kursziel der betreffenden Aktie. Das Kursziel ist ein zentraler Bestandteil der endgültigen Anlageentscheidung – *kaufen, shorten, beobachten* oder *sein lassen.* Ohne Zielkurs kann man das Aufwärtspotenzial und das Chance-Risiko-Verhältnis nicht richtig quantifizieren.

BEWERTUNG

Auf den folgenden Seiten stellen wir die wichtigsten Bewertungsinstrumente für die Aktienauswahl detailliert vor (siehe Abbildung 4.1).

ABBILDUNG 4.1 Bewertung

Bewertung
I. Marktwert und innerer Wert
a) Vergleichbare Unternehmen
b) Der abgezinste Zahlungsstrom (DCF = Discounted Cash Flow)
c) Sum-of-the-Parts (SOTP)
d) Substanzwert
II. Übernahmebewertung
a) Frühere Transaktionen
b) Analyse fremdfinanzierter Übernahmen (LBO = Leveraged Buyout)
c) Wertzuwachs/Verwässerung

I. Marktwert und innerer Wert

Wie in Schritt II dargelegt, steht die *Analyse anhand von Vergleichsunternehmen* im Mittelpunkt der Bewertung. Man berechnet die wichtigsten Bewertungskennzahlen und vergleicht sie mit denen von Konkurrenten. Mit dieser Verhältnisanalyse kann man besser herausfinden, ob eine Aktie möglicherweise fehlbewertet ist und eine Kaufgelegenheit darstellt.

Ein eher theoretisches Werkzeug ist die *DCF-Analyse* (DCF =Discounted Cashflow, abgezinster Zahlungsstrom). Sie bewertet ein Unternehmen anhand des freien Cashflows, den es den Erwartungen zufolge auf Dauer generieren wird. Dabei müssen die künftigen Kapitalströme auf die Gegenwart abgezinst werden. Im Prinzip ist die Bewertung anhand von Kennzahlen eine Kurzfassung der DCF-Analyse, denn die betrachteten Verhältnisse/Multiplen sollen den Gegenwartswert der künftigen Kapitalströme eines Unternehmens erfassen.

Zu diesen Bewertungsmethoden gibt es mehrere Varianten. Beispielsweise kann die *Sum-of-the-Parts*-Methode (SOTP) bei Unternehmen mit unterschiedlichen Geschäftszweigen angebracht sein. SOTP bewertet jedes Segment separat anhand einer oder mehrerer der oben erwähnten Methoden. Dann zählt man die Werte der einzelnen Teile zusammen.

Die Analyse anhand des Substanzwerts oder Nettoinventarwerts (NAV = Net Asset Value) ähnelt der SOTP-Analyse. Sie wird meist bei Unternehmen verwendet, die zahlreiche finanzielle oder materielle Vermögensgegenstände unter einem Dach vereinen. Diese Analyse fasst die Marktwerte dieser Vermögensbestände zusammen und zieht die Verbindlichkeiten des Unternehmens davon ab.

a) Vergleichbare Unternehmen

Bei börsennotierten Unternehmen hat der Markt bereits eine Bewertung festgesetzt. Ihre Aktien werden an einer Börse gehandelt, an der Anleger sie zu einem bestimmten Preis kaufen und verkaufen. Ihre Aufgabe ist es nun, zu ermitteln, ob diese Aktien angemessen bewertet, unterbewertet oder überbewertet sind.

Die Vergleichsanalyse geht davon aus, dass vergleichbare börsennotierte Unternehmen einen natürlichen Bezugspunkt für die Bewertung darstellen. Dies wiederum beruht natürlich auf der Annahme, dass der Markt die betreffenden Unternehmen angemessen bewertet. Der erste Schritt besteht darin, die richtige Peergroup zu finden. Bei manchen Unternehmen ist das verhältnismäßig einfach. Einen großen US-amerikanischen Lebensmittel- und Getränkekonzern vergleicht man natürlich mit Coca-Cola (KO), General Mills (GIS), Kellogg (K), Kraft Heinz (KHC) und PepsiCo (PEP). Bei anderen muss man etwas erfinderischer sein, weil es keine eindeutigen Vergleichsunternehmen gibt.

Dann vergleicht man die Unternehmen anhand von Kennzahlen wie Größe, Wachstum, Profitabilität, Renditen und Kreditqualität miteinander. Gegebenenfalls können noch sektorspezifische Kennzahlen hinzukommen. Die Rangfolge bietet einen Hinweis darauf, weshalb manche Unternehmen teurer oder billiger gehandelt werden als der Gruppendurchschnitt. Dementsprechend wird ihre Bewertung eingeordnet.

In Abbildung 4.2 vergleichen wir Delphi mit seinen Konkurrenten/Vergleichsunternehmen. Die detaillierte Beschäftigung mit Delphis Geschäftsmodell und seinen Konkurrenten hat uns inzwischen in die Lage versetzt, die Gruppe der Vergleichsunternehmen auszuweiten und zu differenzieren. Wir haben sie in die Gruppen der *langfristig wachsenden* und der *produktionsgebundenen* Automobilzulieferer aufgeteilt. Die Mitglieder dieser Gruppen sind in Abbildung 4.3 dargestellt, wo auch die Ergebnisse des detaillierten Vergleichs mit Delphi zu sehen sind.

Im Mittelpunkt des Vergleichs stehen Bewertungskennzahlen, vor allem EV/EBITDA, KGV und K/FCF (oder umgekehrt die FCF-Rendite). Höhere Kennzahlen sind normalerweise mit besserer Performance und höheren Erwartungen verbunden. Der kluge Anleger schaut sich die Aufteilung dieser Korrelationen an. Vielleicht interpretiert ja der Markt die Wachstumsaussichten, Initiativen zur Kostensenkung, Chancen für Kapitalrenditen oder andere wichtige Katalysatoren falsch. Ihre Aufgabe als Anleger ist es, zu beurteilen, ob eine Diskrepanz eine attraktive Gelegenheit darstellt.

In den meisten Fällen sind die Bewertungsunterschiede vollständig gerechtfertigt. Das gilt insbesondere für sogenannte „Value Traps“ oder „Value-Fallen“. Solche Unternehmen haben fundamentale oder strukturelle Probleme, die möglicherweise die künftigen Gewinne senken. So kann ein aktuelles KGV von 15 auf die geringeren künftigen Gewinne bezogen ein KGV von 25 ergeben. Ein guter Freund von uns sagt gerne: „Alles, was in Richtung null läuft, wirkt günstig.“

Manchmal stößt man allerdings auf eine Goldader. Der Bewertungsabschlag springt einem direkt ins Auge – zum Beispiel wenn das Wachstum des Unternehmens im oberen Viertel liegt, aber seine Bewertungskennzahlen unter denen der Kollegen liegen. In den meisten Fällen ist jedoch eine feinere Analyse erforderlich – andernfalls hätte der Markt die Arbitrage wahrscheinlich schon längst beseitigt.

ABBILDUNG 4.2 Vergleichsanalyse

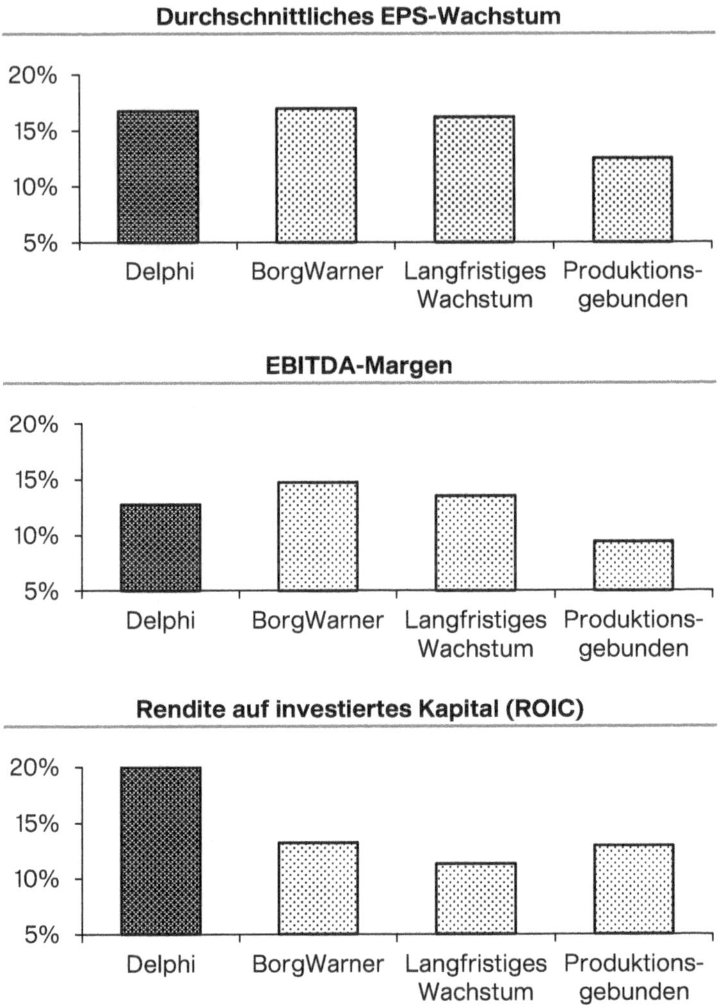

Befassen wir uns nun genauer mit Delphi. Laut Abbildung 4.2 lag sein durchschnittliches EPS-Wachstum komfortabel über dem von produktionsgebundenen Konkurrenten und entsprach weitgehend dem von langfristig wachsenden Unternehmen, jedoch lag es leicht unter dem Branchenprimus BorgWarner. Die EBITDA-Marge von 12,7

Prozent war höher als die 9,5 Prozent der produktionsgebundenen Akteure und kam an diejenige der langfristig wachsenden Unternehmen heran. Delphis ROIC lag mit 20,5 Prozent wesentlich über den Durchschnitten beider Peergroups.

Indes wurde Delphi, wie in Abbildung 4.3 gezeigt, gemäß allen Bewertungskennzahlen – EV/EBITDA, KGV und FCF-Rendite – gegenüber den langfristig wachsenden Unternehmen der Peergroup mit einem signifikanten Abschlag gehandelt. Die Schätzungen für das Jahr 2013 für EV/EBITDA und KGV von 3,5 respektive 5 entsprachen in etwa denen der produktionsgebundenen Akteure, aber nur rund der Hälfte der Schätzungen für die langfristig wachsenden Unternehmen, die bei 6 respektive 11 lagen.

Die Skepsis bezüglich der Nachhaltigkeit von Delphis niedrigem Steuersatz dank Sitz im Vereinigten Königreich trug wohl ebenfalls zu dem KGV-Abschlag bei. Das heißt, die Anleger belegten die künftigen Steuereinsparungen mit einem Bewertungsabschlag und senkten ihre EPS-Schätzungen. Dies äußerte sich auch in der für das Jahr 2013 geschätzten FCF-Rendite von 15 Prozent, die deutlich unter den Mittelwerten der beiden Vergleichsgruppen lag. Und dies, obwohl sich die Unternehmensleitung bei der Roadshow anlässlich des IPOs und bei den Telefonkonferenzen zu den Geschäftszahlen nach Kräften bemühte, die Nachhaltigkeit der Steuervergünstigungen zu betonen.

Zusammenfassend kann man sagen, dass Delphi ein ähnliches Finanzprofil wie die langfristig wachsenden Unternehmen aufwies, aber bewertet wurde wie ein produktionsgebundener Akteur. Der Markt betrachtete die künftige Performance der neuen Delphi eindeutig mit Skepsis. Unsere Untersuchungen in Schritt III machten uns allerdings zuversichtlich, dass das neue Geschäftsmodell funktionieren würde. Wir waren überzeugt, dass sich der Makel der Insolvenz mit der Zeit und mit dauerhafter Performance zerstreuen würde und Delphi wieder höher bewertet werden würde.

ABBILDUNG 4.3 Analyse anhand von Vergleichsunternehmen – Aktienkennzahlen

(in Millionen $, außer Aktienkurs)

Analyse anhand von Vergleichsunternehmen						EV/EBITDA			KGV			FCF-Rendite		
Unternehmen	Tickersymbol	Aktueller Aktienkurs	in % des 52-Wochen-Hochs	Eigenkapitalwert	Unternehmenswert	2011e	2012e	2013e	2011e	2012e	2013e	2011e	2012e	2013e
Langfristig wachsende Unternehmen														
Autoliv	ALV	52,90	63%	4.962	5.048	4,3	4,2	4,0	7,9	7,9	7,6	8,6%	9,6%	9,8%
BorgWarner	BWA	65,63	80%	8.451	9.527	9,0	7,8	6,8	15,1	13,1	11,0	3,9%	5,9%	7,2%
Gentex	GNTX	28,18	84%	4.067	3.611	12,9	11,0	9,5	24,3	20,1	17,1	2,0%	3,7%	5,6%
Harman	HAR	40,77	79%	2.931	2.624	6,8	6,0	5,3	16,3	13,5	11,9	8,1%	8,2%	8,2%
Johnson Controls	JCI	32,45	90%	22.101	24.957	8,3	6,7	5,8	12,4	10,2	8,4	1,0%	5,0%	7,0%
Visteon	VC	57,43	76%	2.985	3.487	5,2	4,6	4,2	15,5	12,0	10,5	-	5,5%	7,5%
Delphi	**DLPH**	**22,00**	**n.v.**	**7.221**	**8.501**	**4,2**	**3,9**	**3,5**	**6,7**	**6,0**	**5,0**	**10,1%**	**12,5%**	**14,8%**
Mittelwert						**7,7**	**6,7**	**5,9**	**15,2**	**12,8**	**11,1**	**4,7%**	**6,3%**	**7,5%**
Herstellungsgebundene Unternehmen														
American Axle	AXL	8,70	54%	656	1.592	4,3	4,0	3,6	4,3	4,2	3,6	3,2%	8,6%	13,1%
Dana	DAN	13,33	70%	2.863	3.721	5,1	4,5	4,0	8,5	7,6	6,0	6,0%	9,7%	11,9%
Lear	LEA	41,81	75%	4.480	3.616	3,5	3,2	3,0	7,8	7,4	6,9	9,9%	10,9%	11,4%
Magna	MGA	34,06	55%	8.260	7.127	3,7	3,5	3,1	8,7	7,7	6,5	5,8%	8,6%	10,5%
Tenneco	TEN	29,15	63%	1.800	2.988	5,1	4,3	3,8	10,9	8,4	7,0	4,2%	9,7%	11,3%
TRW	TRW	34,18	55%	4.570	5.407	3,2	3,1	2,9	4,9	4,9	4,8	12,0%	12,8%	14,6%
Delphi	**DLPH**	**22,00**	**n.v.**	**7.221**	**8.501**	**4,2**	**3,9**	**3,5**	**6,7**	**6,0**	**5,0**	**10,1%**	**12,5%**	**14,8%**
Durchschnitt						**4,1**	**3,7**	**3,4**	**7,5**	**6,7**	**5,8**	**6,9%**	**10,1%**	**12,1%**

b) Discounted Cash Flow (DCF)

Die Grundvoraussetzung der DCF-Analyse besagt, dass der Wert eines Unternehmens dem Gegenwartswert (auch Barwert genannt) seiner künftigen Zahlungsströme/Cashflows entsprechen müsse. Man bezeichnet dies als den *inneren Wert*, weil er sich auf die Kapitalflüsse eines Unternehmens bezieht. In diesem Sinne fungiert der DCF als nützliche Überprüfung von marktbasierten Methoden wie etwa derjenigen der Vergleichsunternehmen, die in übertrieben euphorischen oder bearishen Zeiten verzerrt sein können.

Theoretisch müsste die DCF-Analyse eigentlich die zutreffendste Art der Unternehmensbewertung sein. Jedoch gibt es in der Praxis entscheidende Aspekte, die ihre Relevanz und ihre Zuverlässigkeit beeinträchtigen. Allen voran ist sie in hohem Maße von Annahmen bezüglich des zu erwartenden künftigen FCF abhängig und diese sind von Grund auf ungewiss. Dabei wird die Unsicherheit umso größer, je weiter man im Prognosezeitraum voranschreitet. Die zusätzlichen Annahmen bezüglich des *Abzinsungssatzes* und des *Endwerts* trüben das Bild noch mehr. Daher sollte man die DCF-Bewertung als Bereich betrachten, der auf entscheidende Eingangsgrößen reagiert, vor allem auf den Abzinsungssatz und auf das *Exit-Multiple.*

Abbildung 4.4 zeigt das Ergebnis der DCF-Analyse von Delphi.

FCF-Prognosen. Eine DCF-Analyse basiert üblicherweise auf einer 5-Jahres-Prognose, das reicht aus, damit ein Unternehmen einen Konjunkturzyklus durchläuft und theoretisch einen stabilen Zustand erreicht.[1] Die Hochrechnungen beginnen mit dem Umsatz oder mit dem EBITDA und steigen dann hinab zum *unlevered FCF,* also dem Free Cash Flow vor Abzug der Zinskosten. Diese Zahlen entnimmt man den unternehmenseigenen Prognosen (soweit vorhanden), aus Researchberichten und

---

[1] Je nach Sektor des Unternehmens, seinem Entwicklungsstadium und der grundsätzlichen Vorhersehbarkeit seiner Finanzleistung kann der Prognosezeitraum auch länger sein.

ABBILDUNG 4.4 DCF-Analyse von Delphi

(außer Angaben je Aktie in Millionen US-Dollar, Geschäftsjahr endet am 31. Dezember)

DCF-Analyse						
		Jahr 1	Jahr 2	Jahr 3	Jahr 4	Jahr 5
	2011e	2012e	2013e	2014e	2015e	2016e
EBITDA	**2.044**	**2.157**	**2.433**	**2.731**	**2.948**	**3.172**
abzüglich Abschreibungen	-478	-490	-532	-575	-610	-645
EBITDA	**1.567**	**1.667**	**1.901**	**2.155**	**2.338**	**2.526**
abzüglch Steuern	-317	-338	-385	-436	-473	-512
zuzüglich Abschreibungen	478	490	532	575	610	645
abzüglich Investitionsausgaben	-629	-747	-811	-878	-931	-985
abzüglich Veränderung Nettoumlaufvermögen	-138	-26	-61	-65	-50	-50
Ungehebelter FCF	**959**	**1.047**	**1.175**	**1.352**	**1.494**	**1.625**
Abzinsungszeitraum („mid-year convention")		0,5	1,5	2,5	3,5	4,5
Abzinsungsfaktor bei durchschn. Kapitalkosten von 10%		0,95	0,87	0,79	0,72	0,65
Barwert des FCF		**998**	**1.019**	**1.065**	**1.070**	**1.058**

Unternehmenswert		
Kumulativer Barwert des FCF	**5.210**	A
Endwert		
EBITDA im Endjahr	3.172	
Ausstiegs-KGV	5,0	
Endwert	15.860	
Abzinsungsfaktor	0,62	
Barwert des Endwerts	**9.848**	B
Anteil am Unternehmenswert	*65%*	
Unternehmenswert (A+B)	**15.058**	C

Impliziter Wert des Eigenkapitals und Aktienkurs	
Unternehmenswert	15.058
abzüglich Schulden insgesamt	-2.173
abzüglich Vorzugsaktien	-
abzüglich Minderheitsbeteiligung	-462
zuzüglich Barmittel und Baräquivalente	1.355
Impliziter Eigenkapitalwert	**13.778**
Voll verwässerte Aktien	328
Impliziter Aktienkurs	**41,97**

aus anderen Quellen. Letzten Endes muss man sich dabei auf seine eigene Prüfung des Unternehmens und des Sektors sowie auf sein eigenes Urteilsvermögen verlassen. Die in Schritt III entwickelten Prognosen für Delphi bilden das Rückgrat unserer DCF-Analyse.

Endwert. Da es so schwierig ist, die Finanzdaten eines Unternehmens über längere Zeit vorherzusagen, wird ein Endwert verwendet, um die Zahlungsströme nach der 5-Jahres-Prognose zu erfassen.

Der Endwert wird normalerweise anhand einer auf das EBITDA des Unternehmens im *Endjahr*[2] bezogenen Kennzahl berechnet. Man spricht auch von der *Exit Multiple Method* (EMM).[3] In den meisten Sektoren ist es üblich, dafür das EV/EBITDA vergleichbarer Unternehmen zu verwenden (siehe Abbildung 4.5). Bei Delphi gingen wir von einem Wert von 5 aus, einem Durchschnitt, den wir aus den langfristig wachsenden Unternehmen und aus den produktionsgebundenen Unternehmen gebildet hatten, wobei wir Letztere aus Gründen der Vorsicht stärker gewichteten.

Wobei gilt: n = Endjahr des Prognosezeitraums

ABBILDUNG 4.5 Die Exit Multiple Method

$$EBITDA_n \times \text{Exit Multiple}$$

Die **gewichteten durchschnittlichen Kapitalkosten (WACC = Weighted Average Cost of Capital)** stellen den Abzinsungssatz dar, mit denen der voraussichtliche FCF und der Endwert eines Unternehmens

2 Das Endjahr ist das letzte Jahr des Prognosezeitraums.

3 Ein alternativer Ansatz ist die Methode des dauerhaften Wachstums, die den Endwert berechnet, indem sie den FCF eines Unternehmens stetig mit einer nachhalten langfristigen Wachstumsrate wachsen lässt.

auf die Gegenwart abgezinst werden. Dabei handelt es sich um den „gewichteten Durchschnitt" der erforderlichen Rendite des investierten Kapitals, und zwar sowohl des Fremd- als auch des Eigenkapitals. Man bezeichnet diese Größe auch als Gesamtkapitalkostensatz.

Wie in Abbildung 4.6 zu sehen, braucht man für die Berechnung des WACC mehrere grundlegende Annahmen.

ABBILDUNG 4.6 Berechnung des Gesamtkapitalkostensatzes

Schuld: [Fremdkapitalkosten nach Steuern x prozentualer Schuldenanteil der Kapitalstruktur] + Eigenkapital: [Eigenkapitalkosten x prozentualer Eigenkapitalanteil an der Kapitalstruktur]

Die prozentuale Mischung aus Fremd- und Eigenkapital basiert auf einer angenommenen langfristigen Kapitalstruktur des Unternehmens. Üblich sind beispielsweise 30 Prozent Fremd- und 70 Prozent Eigenkapital. Wenn das Unternehmen dazu keine konkreten Angaben macht, sehen Sie sich seine historische Kapitalstruktur und die Kapitalstruktur vergleichbarer Unternehmen an.

Die *Fremdkapitalkosten* leitet man normalerweise aus den Renditen der Anleihen eines Unternehmens ab. Je nach Zinsumfeld liegen die Renditen mündelsicherer Unternehmen im niedrigen bis mittleren einstelligen Bereich, während die Kupons hochverzinslicher Anleihen um mehrere Hundert Punkte höher liegen können. Noch spekulativere Anleihen werfen mehr als zehn Prozent ab.

Die *Eigenkapitalkosten* sind schwerer einzuschätzen. Profis benutzen dafür das Capital Asset Pricing Model (CAPM)[4], eine Formel zur

[4] CAPM = risikolose Rendite + Beta x Risikoprämie des Marktes. Die *risikolose Rendite* ist die Erwartungsrendite eines „risikolosen" Wertpapiers, üblicherweise einer 10-jährigen US-Schatzanweisung. Das Beta gibt die Kovarianz zwischen der Rendite einer Aktie und dem Aktienmarkt an. Aktien mit höherem Beta schwanken stärker. Die *Risikoprämie* des Marktes ist die über den risikolosen Satz hinausgehende Rendite, mit der Aktienanleger rechnen können, und sie liegt normalerweise zwischen fünf und acht Prozent.

Erfassung der Erwartungsrendite der Aktien eines Unternehmens. Der S&P 500 hat seit seiner Einführung eine durchschnittliche Jahresrendite von elf Prozent einschließlich Dividenden erbracht. Ebenso wie die Fremdkapitalkosten sind auch die Eigenkapitalkosten bei riskanteren Unternehmen höher, bei stabileren niedriger.

Im Niedrigzinsumfeld der Zeit nach der Großen Rezession lagen die Gesamtkapitalkostensätze der meisten Unternehmen im Bereich von sieben bis zwölf Prozent. Bei mündelsicheren Large-Cap-Unternehmen tendierten sie zum unteren Ende oder lagen gar darunter. Spekulativere Unternehmen lagen am oberen Ende der Spanne oder darüber.

Für Delphi im Jahr 2011 berechneten wir ein WACC von zehn Prozent. Dies basierte auf Fremdkapitalkosten von sechs Prozent (nach Steuern von 4,8 Prozent), abgeleitet aus der Rendite seiner Referenzanleihe, und Eigenkapitalkosten von 12,5 Prozent. Dabei gingen wir von einer langfristigen Mischung aus 30 Prozent Fremdkapital und 70 Prozent Eigenkapital aus.

Gegenwartswert. Seine Berechnung basiert auf der Auffassung, dass ein Dollar heute mehr wert ist als morgen, auf dem *Zeitwert des Geldes*. Das liegt daran, dass ein Dollar im Laufe der Zeit durch Investitionen und Zinsen eine Rendite abwirft.

Beim DCF-Verfahren berechnet man den Gegenwartswert, indem man den jährlichen FCF und den Endwert mit ihren jeweiligen *Abzinsungsfaktoren* multipliziert. Ein Abzinsungsfaktor ist ein Bruchteil, der bei einem angenommenen Abzinsungssatz den Gegenwartswert eines zu einem künftigen Zeitpunkt erhaltenen Dollar darstellt. Bei einem WACC von zehn Prozent beläuft sich der Abzinsungsfaktor für einen Dollar, den man am Ende von Jahr 1 erhält, auf 0,91 $(1 : (1 + 10\,\%)^{1})$. Somit beläuft sich der Gegenwartswert eines nach einem Jahr generierten FCF von 100 Millionen Dollar auf 91 Millionen Dollar.

In der Praxis wird die Berechnung des Gegenwartswerts abgewandelt, damit sie die Tatsache widerspiegelt, dass der FCF nicht erst am Jahresende, sondern das ganze Jahr über generiert wird. Im Englischen bezeichnet man das als *mid-year convention*. Bei Anwendung dieser

Anpassung und eines WACC von zehn Prozent ergibt sich für Jahr 1 ein Diskontierungsfaktor von 0,95 ($1/(1 + 10\,\%)^{0,5}$). Wie in Abbildung 4.4 zu sehen, verwendeten wir bei der DCF-Bewertung von Delphi diese Anpassung. Für den Endwert nahmen wir hingegen die einmalige Abzinsung, weil davon auszugehen ist, dass der Betrag am Ende des Prognosezeitraums eingeht. Man beachte, dass der Abzinsungsfaktor für den FCF hier im fünften Jahr 0,65 statt 0,62 beträgt.

Zusammenfassung der DCF-Analyse

Unternehmenswert. Die für die nächsten fünf Jahre prognostizierten freien Cashflows des Unternehmens und sein Endwert werden auf die Gegenwart abgezinst. Die Summe dieser Werte ist der Unternehmenswert oder Enterprise Value (EV). Bei Delphi summierte sich der Gegenwartswert aus fünf Jahren FCF auf 5,2 Milliarden Dollar (siehe „A“ in Abbildung 4.4). Das EBITDA im letzten Jahr von 3,2 Milliarden wurde mit einem Exit Multiple von 5 multipliziert, sodass sich ein Endwert von 15,9 Milliarden Dollar ergab. Dieser Wert wurde mit einem WACC von zehn Prozent auf einen Gegenwartswert von 9,8 Milliarden Dollar abgezinst (siehe „B“). Die Summe aus dem künftigen FCF und dem Endwert ergab einen Unternehmenswert von 15,1 Milliarden Dollar (siehe „C“).

Der Eigenkapitalwert ist leicht zu berechnen, wenn man den Unternehmenswert kennt. Man zieht einfach die Nettoverschuldung, die Vorzugsaktien und die Minderheitsbeteiligungen ab. Bei Delphi wurden Nettoschulden in Höhe von 818 Millionen Dollar und Minderheitsbeteiligungen von 462 Millionen Dollar vom Unternehmenswert in Höhe von 15,1 Milliarden Dollar abgezogen, sodass sich ein impliziter Eigenkapitalwert von 13,8 Millionen Dollar ergab.

Aktienkurs. Als Nächstes teilt man den impliziten Eigenkapitalwert durch die vollständig verwässerte Aktienanzahl. Bei Delphi verteilte sich ein Eigenkapitalwert von 13,8 Milliarden Dollar auf 328 Millionen Aktien, was einen Aktienkurs von fast 42 Dollar ergab. Das stellte gegenüber dem IPO-Kurs von 22 Dollar einen Anstieg um mehr als 90 Prozent dar.

Sensitivitätsanalyse. Da in die DCF-Bewertung so viele Annahmen einfließen, betrachtet man sie eher als Spanne denn als einzelnen Wert. Sie reagiert empfindlich auf die Eingangsgrößen, zum Beispiel auf das WACC und das Exit Multiple. Das Gleiche gilt für die Performancefaktoren, vor allen Dingen für die Wachstumsraten und die Ertragsmargen. Die sogenannte *Sensitivitätsanalyse* trägt der Auffassung Rechnung, dass die Bewertung „ebenso sehr eine Kunst wie eine Wissenschaft ist".

Wie in Abbildung 4.7 zu sehen, ergibt eine Änderung des Exit Multiples um 0,5 eine Änderung des Aktienkurses um drei Dollar. Eine Änderung des WACC um 0,5 Prozent beeinflusst den implizierten Aktienkurs um rund 0,75 Dollar.

ABBILDUNG 4.7 DCF-Sensitivitätsanalyse

Gewichtete durchschnittliche Kapitalkosten	Impliziter Aktienkurs – Ausstiegs-KGV: 4,0	4,5	5,0	5,5	6,0
9,0%	$37	$41	$44	$47	$50
9,5%	$37	$40	$43	$46	$49
10,0%	$36	$39	**$42**	$45	$48
10,5%	$35	$38	$41	$44	$47
11,0%	$35	$37	$40	$43	$46

c) Sum-of-the-Parts (SOTP)

Manche Unternehmen gehören zur Kategorie der „Pure Player". Ihr Geschäftsmodell ist konzentriert und lässt sich verhältnismäßig leicht darstellen. Beispiele sind Home Depot (HD) und McDonald's (MCD). Am anderen Ende des Spektrums stehen Konglomerate, die eine Gruppe von Geschäftszweigen unter einem Konzerndach vereinen, die nicht viel miteinander zu tun haben.

Viele Unternehmen liegen irgendwo dazwischen. Sie haben mehrere geschäftliche Segmente, die womöglich gemeinsame Eingangsgrößen, Materialien, Kunden und Absatzmärkte haben, allerdings mit unterschiedlichen Wachstums- und Margenprofilen. Bei solchen Unternehmen bringt es oft etwas, eine SOTP-Analyse vorzunehmen, die jedes Segment einzeln bewertet.

Durch eine SOTP-Analyse kann man ermitteln, ob eine Bewertungsarbitrage zwischen dem Ganzen und seinen Teilen besteht. In manchen Fällen gelangt man vielleicht zu dem Schluss, dass die einzelnen Teile deutlich mehr wert sind als der Preis, zu dem der konsolidierte Konzern gehandelt wird. Das kann eine Kaufgelegenheit signalisieren, weil der Markt den Wert falsch interpretiert, der durch gewisse Segmente einfließt. Die Ausgliederung oder Veräußerung einer oder mehrerer solcher Sparten kann zum Katalysator für die Freisetzung ihres Wertes werden.

Normalerweise macht man bei SOTP eine vergleichende Analyse. Man findet für jedes Segment die besten Vergleichsunternehmen und rechnet dann mit deren Bewertungskennzahlen. Das ist die natürliche Vorgehensweise bei der Bewertung einer Sparte, deren Ausgliederung angedacht ist. Dann zählt man die Werte aller Segmente zusammen und kommt so zu einer impliziten Bewertung des gesamten Unternehmens.

Man kann bei SOTP auch eine „Kombi"-Methode anwenden. Beispielsweise kann sich die These auf ein oder mehrere Segmente beziehen, die verkauft werden sollen. In diesem Fall kann man frühere Transaktionen oder fremdfinanzierte Übernahmen (LBOs) analysieren, um diese Teile zu bewerten.

Für Delphi war die SOTP-Analyse zum Zeitpunkt des Börsengangs nicht besonders relevant, aber sie eignete sich für Rockwood Holdings (ROC). Im Jahr 2011 war ROC ein weltweit führender Spezialchemie-Konzern mit vier verschiedenen Sparten. Wie in Abbildung 4.8 zu sehen, ergab die SOTP-Bewertung von ROC zum Jahresende 2011 einen implizierten Aktienkurs von 60 Dollar. Dies stellte gegenüber dem damaligen Kurs von 39,37 Dollar ein Potenzial von mehr als 50 Prozent dar.

ABBILDUNG 4.8 Sum-of-the-Parts-Bewertung von Rockwood

Rockwood Holdings (ROC)
Sum-of-the-Parts-Bewertung (SOTP)

(außer bei Angaben je Aktie in Millionen US-Dollar)

	2012e EBITDA	EV/ EBITDA-Ziel	Impliziter Unternehmenswert	Anteil
Sparten				
Spezialchemikalien	350	8,5	2.975	44%
Hochleistungsadditive	165	8,0	1.320	19%
Titandioxid	175	5,0	875	13%
Hochleistungskeramik	185	9,0	1.665	24%
EBITDA aller Sparten	**875**	**7,8**	**6.835**	**100%**
Abzüglich konzernbezogen	-45	7,8	-352	
Konsolidiertes EBITDA	**830**	**7,8**	**6.483**	
Abzüglich Schulden			-1.729	
Abzüglich Minderheitsbeteiligung			-311	
Zuzüglich Barmittel			358	
Impliziter Eigenkapitalwert			**4.801**	
Verwässerte Aktien			80	
Impliziter Aktienkurs			**60,00**	
Aktienkurs zum 30.12.2011			39,37	
Steigerung			*52%*	

In den zwei Jahren danach verkaufte Rockwood die Sparten Hochleistungskeramik und Titandioxid sowie einen Teil des Segments Hochleistungsadditive. Und schließlich wurde im Juli 2014 der Rest von ROC für fast 80 Dollar je Aktie an Albemarle (ALB) verkauft. Insgesamt hatten ROC-Aktionäre also ihr Geld seit Dezember 2011 verdoppelt. Die SOTP-Analyse hatte eindeutig einen im Konzern enthaltenen Wert angezeigt, der vom Markt nicht als solcher erkannt wurde.

d) Substanzwert

Die Analyse des Substanzwerts, Nettoinventarwerts (NAV) oder Liquidationswerts wird traditionell bei Unternehmen angewendet, die mehrere voneinander unterschiedene finanzielle oder materielle Vermögensgegenstände (Sachwerte) besitzen. Gängige Beispiele sind Real Estate Investment Trusts (REITs), Explorations- und Fördergesellschaften in der Erdölwirtschaft sowie Finanzholding-Gesellschaften.

Der NAV soll den Marktwert der Vermögenswerte eines Unternehmens abzüglich seiner Verbindlichkeiten wiedergeben. Bei Holdinggesellschaften mit Beteiligungen an zahlreichen Unternehmen kann eine Entkoppelung zwischen dem Aktienkurs der Muttergesellschaft und dem Marktwert seiner Beteiligungen vorliegen.

Liberty Media (früher LMCA), das Anteile an mehreren börsennotierten und privaten Gesellschaften besaß, ist ein klassisches Beispiel dafür. Wie in Abbildung 4.9 zu sehen, bedeutete der Aktienkurs von LMCA im Dezember 2012 von 105,56 Dollar einen Abschlag von elf Prozent auf die Summe der Marktwerte seiner Beteiligungen. Faktoren, die dazu beitrugen, waren die Komplexität, eingeschlossene steuerpflichtige Gewinne, die dünne Liquidität des Handels und ironischerweise die Unsicherheit, wie man den Kursabschlag auf den NAV auflösen könnte. Schließlich generierten die Ausgliederungen der Kernbereiche Starz Entertainment, Atlanta Braves und Sirius XM einen beträchtlichen Wert für die Liberty-Aktionäre. Diejenigen, die die Aktie behielten, wurden bis 2019 mit einer durchschnittlichen Jahresrendite von 15 Prozent belohnt.

Es kann auch eine Diskrepanz zwischen dem Marktwert und dem gemeldeten Buchwert gewisser Vermögenswerte bestehen. Das liegt häufig an dem Unterschied zwischen der buchhalterischen Abschreibung und der tatsächlichen Nutzungsdauer der Anlage sowie an den Auswirkungen von Dividenden und Rückkäufen.

Die *Analyse des Liquidationswerts*, die häufig bei notleidenden oder insolventen Unternehmen eingesetzt wird, ist eine Variante der NAV-Analyse. Dabei versucht man, den Verkaufspreis der Vermögenswerte einer Firma im Falle einer Liquidation oder eines Zwangsverkaufs zu berechnen. Wenn der Liquidationswert größer als die Summe der

ABBILDUNG 4.9 Nettoinventarwert von Liberty Media

Liberty Media (LMCA)
Nettoinventarwert (NIW)

(außer bei Angaben je Aktie in Millionen US-Dollar) *Stand 04.12.2012*

	Tickersymbol	Beteiligung	Aktienbestand	Aktienkurs	Wert	NAV je Aktie	Anteil am NAV
Konsolidierte Aktiva							
Starz Entertainment		100%			2.150	17,24	15%
Atlanta Braves (MLB)		100%			550	4,41	4%
True Position		100%			200	1,60	1%
Sonstige					350	2,81	2%
Ingesamt					**3.250**	**26,06**	**22%**
Börslich gehandelte Wertpapiere							
Sirius XM	SIRI	50%	3.248,7	2,76	8.966	71,90	61%
Live Nation	LYV	26%	48,7	8,77	427	3,43	3%
Time Warner Inc.	TWX	1%	9,4	44,77	421	3,37	3%
Time Warner Cable	TWC	1%	2,4	94,97	228	1,83	2%
Viacom	VIAB	1%	5,0	51,30	256	2,06	2%
Sonstige					476	3,82	3%
Insgesamt					**10.775**	**86,40**	**73%**
Kapitalstruktur							
Verbindlichkeiten					-540	-4,33	-4%
Barmittel und Baräquivalente					1.025	8,22	7%
Sonstige					300	2,41	2%
Insgesamt					**785**	**6,30**	**5%**
Nettoinventarwert (NIW)					**14.810**		**100%**
Vewässerte Aktien					125		
NAV pro Aktie					**118,76**		
Aktueller Aktienkurs					105,56		
Aufschlag/(Abschlag) auf NAV					*11,1%*		

Verbindlichkeiten des Unternehmens ist, steht der restliche Wert den Aktionären zur Verfügung. Angesichts der Dynamik eines Zwangsverkaufs wendet die Liquidationsanalyse bedeutende Abschläge auf den Marktwert der Anlagen an.

II. Bewertung von Übernahmen

Anleger prüfen auch die Bewertung im Zusammenhang mit Fusionen oder Übernahmen. Sie schätzen ab, was ein strategischer Käufer für das Unternehmen bezahlen könnte, wobei sie oft konkrete Übernehmer im Sinn haben. Vielleicht untersuchen sie auch, welchen Preis für ein Unternehmen sich eine Private-Equity-Firma leisten kann. Die Übernahme ist besonders bei Unternehmen oder Sektoren relevant, die diesbezüglich aktiv sind, sodass M&A Teil der Anlagethese ist.

Die wichtigsten Methoden der Übernahmebewertung sind die *Analyse früherer Transaktionen* (Präzedenzfälle) und die LBO-Analyse (LBO = Leveraged Buyout = fremdfinanzierte Übernahme). Bei den Präzedenzfällen leitet man die Bewertungen aus den Bewertungskennzahlen vergleichbarer Unternehmen bei früheren Transaktionen ab. Die LBO-Analyse prüft den Preis, den eine Private-Equity-Firma für ein Unternehmen bezahlen und dabei die nötigen Renditeschwellen erfüllen könnte. Bei börsennotierten Übernehmern ist auch die *Analyse des Wertzuwachses/der Verwässerung* von entscheidender Bedeutung, denn sie ermittelt die Pro-forma-Effekte einer Transaktion auf das EPS.

Theoretisch machten die bescheidene Bewertung und die geringe Verschuldung Delphi nach dem IPO zu einem denkbaren Übernahmeziel. In der Praxis hatten es die Eigentümer des Unternehmens jedoch nicht eilig, zu verkaufen, weil sie in der Aktie Aufwärtspotenzial sahen. Außerdem war es so kurz nach der Großen Rezession eher unwahrscheinlich, dass potenzielle Käufer aggressive M&A-Schritte unternehmen würden. Wahrscheinlicher war ein M&A-Szenario, in dem Delphi sein Portfolio weiterhin aufbessern würde. Dabei war der Verkauf von Sparten denkbar, die nicht zum Kerngeschäft gehörten, oder Übernahmen, um seine höherwertigen Segmente auszubauen.

a) Frühere Transaktionen (Präzedenzfälle)

Ebenso wie beim Vergleich nimmt man bei den Präzedenzfällen eine Bewertung anhand von Kennzahlen vor. Dafür nimmt man die bei früheren M&A-Transaktionen für ähnliche Unternehmen bezahlten Preise. Wie bei Vergleichsunternehmen auch werden sie in einem Format angegeben, das einen einfachen Vergleich erlaubt.

Die Grundlage ist dabei, die richtige Gruppe vergleichbarer Übernahmen zu finden. Wie bei anderen Vergleichen auch sind die am besten vergleichbaren Unternehmen solche, die dem Übernahmeziel auf grundlegender Ebene ähneln. Als Grundregel kann man sagen, dass Transaktionen der jüngeren Vergangenheit – etwa in den letzten drei Jahren – am relevantesten sind.

Abbildung 4.10 zeigt die in den Jahren 2009 bis 2011 von Automobilzulieferern angekündigten M&A-Transaktionen. Aufgrund der globalen Rezession und der zurückhaltenden M&A-Aktivität gab es nur wenige größere Transaktionen und nur einen Deal mit einer börsennotierten Aktiengesellschaft. Im Schnitt wurde dabei ein Kurs-EBITDA-Verhältnis von 6,5 bezahlt, um Synergien bereinigt betrug es 6. Mit Synergien sind die finanziellen und strategischen Vorteile gemeint, die sich durch die Kombination von Unternehmen ergeben, üblicherweise Kosteneinsparungen und Chancen zur Umsatzsteigerung. Diese Bewertung war angesichts der damaligen Zeit – sie beinhaltete auch die Große Rezession – etwas niedriger als im historischen Durchschnitt.

Unter normalen Marktbedingungen sind die Bewertungen von Präzedenzfällen aus zwei hauptsächlichen Gründen meistens höher als die von vergleichbaren Unternehmen. Erstens bezahlen die Käufer beim Kauf eines Unternehmens eine „Kontrollprämie". Dieser Aufschlag liegt üblicherweise im Bereich von 30 bis 40 Prozent, kann allerdings auch wesentlich höher sein. Im Gegenzug bekommt der Übernehmer die Kontrolle über die Geschäftstätigkeit und die künftigen Zahlungsströme des Übernahmeziels. Zweitens erzielen strategische Käufer häufig Synergien, die einen höheren Kaufpreis rechtfertigen.

Sobald man die am besten vergleichbaren Übernahmen gefunden hat, befasst man sich mit den konkreten Umständen und Zusammenhängen jedes Deals. Dadurch ist man besser in der Lage, die bezahlte Bewertung und ihre Relevanz für die Aktie zu interpretieren. Die Kennzahlen eines Deals werden von vielen Faktoren beeinflusst. Dazu zählen das makroökonomische Umfeld und das Marktumfeld zum

ABBILDUNG 4.10 Frühere Transaktionen

(in Millionen US-Dollar)

Analyse anhand früherer Transaktionen							
Datum der Mitteilung	Käufer / Ziel	Transaktionsart	Zahlung	Unternehmens-wert	EV/EBITDA tatsächlich	EV/EBITDA mit Synergien	EBITDA-Marge
28.07.2011	GKN / Getrag - Axle Business	Börse / privat	bar	482	5,6	-	13%
28.07.2011	Sterling Group / Stackpole Ltd.	LBO / privat	bar	285	5,7	-	17%
08.04.2011	The Gores Group / Sage Auto Interiors	LBO / privat	bar	140	5,0	-	12%
17.12.2010	BorgWarner / Haldex Traction Systems	Börse / privat	bar	205	8,3	-	15%
15.10.2010	Carlisle Companies / Hawk Corporation	Börse / Börse	bar	410	7,3	6,2	20%
16.12.2009	Metalsa, S.A. de C.V. / Dana - Structural Products	privat / Börse	bar	147	6,8	-	6%
02.11.2009	Faurecia / EMCON Technologies	Börse / privat	Aktien	408	7,0	5,8	2%
Mittelwert					**6,5**	**6,0**	**12%**
Median					**6,8**	**6,0**	**13%**

Zeitpunkt der Transaktion, die Dynamik des Verkaufsprozesses, Synergien und die Frage, ob es sich um einen strategischen Käufer oder um eine Private-Equity-Firma handelt.

Auch auf die Motivation von Käufer und Verkäufer kommt es an, zum Beispiel ob es sich um eine freundliche oder feindliche Übernahme handelt, sowie auf die Art des Entgelts (beispielsweise eine Mischung aus Bargeld und Aktien, die den Aktionären des Übernahmeziels gezahlt wird). Bei reinen Bargeschäften ist die Prämie normalerweise höher als bei Aktiendeals. Dafür, dass ihnen die Chance entgeht, an etwaigen künftigen Kurszuwächsen des fusionierten Unternehmens teilzuhaben, erhalten die verkaufenden Aktionäre eine bare Vorauszahlung.

Die bei Transaktionen wichtigsten Bewertungskennzahlen

Bei früheren Transaktionen steht das EV/EBITDA im Mittelpunkt, wobei man als Unternehmenswert nicht den aktuellen Aktienkurs, sondern den gebotenen Preis pro Aktie nimmt. Wie oben erwähnt, enthält der Angebotspreis normalerweise einen erheblichen Aufschlag auf den aktuellen Aktienkurs. In bestimmten Sektoren – zum Beispiel bei Banken – können eher das KGV und das KBV von Bedeutung sein.

Häufig bereinigen Anleger die Transaktionskennzahlen um die erwarteten Synergien. Dabei addiert man die Synergien zum EBITDA des Übernahmeziels, sodass die bezahlte Bewertung sinkt – das ist die Sicht des Käufers (siehe Abbildung 4.11).

ABBILDUNG 4.11 Um Synergien bereinigte Berechnung des EV/EBITDA

$$\text{EV/EBITDA} = \frac{\text{Unternehmenswert}}{\text{EBITDA}}$$

$$\text{Synergiebereinigtes EV/EBITDA} = \frac{\text{Unternehmenswert}}{\text{EBITDA + Synergien}}$$

b) Analyse fremdfinanzierter Übernahmen

Eine fremdfinanzierte Übernahme oder LBO (Leveraged Buyout) ist der Kauf eines Unternehmens unter erheblichem Einsatz von Schulden zur Finanzierung des Kaufpreises, üblicherweise 60 bis 70 Prozent. Der Rest wird durch einen Eigenkapitalbeitrag seitens einer Private-Equity-Firma finanziert.

Private-Equity-Investoren nutzen die LBO-Analyse, um die Bewertung potenzieller Übernahmeziele einzuschätzen. Aktienanleger müssen verstehen, wie solche PE-Investoren anhand der Bewertung ermitteln, ob ein börsennotiertes Unternehmen als Ziel infrage kommt (also ein Privatisierungskandidat ist). In vielen Fällen fungiert der errechnete LBO-Preis als Mindestbewertung einer Aktie. Das ist auch bei der Beurteilung von Short-Positionen aufschlussreich, da bei Unternehmen mit unterdurchschnittlicher Performance die Gefahr einer Übernahme besteht.

In der Praxis sind die meisten börsennotierten Unternehmen keine brauchbaren Privatisierungskandidaten. Die Größe, der Preis, das Geschäftsprofil, die Fähigkeit, hohe Schulden zu tragen, und die Handlungsfähigkeit – alles Mögliche kann ein potenzielles Hindernis sein. Delphis Brauchbarkeit als LBO war durchwachsen. Zwar war seine hinterherhinkende Bewertung für Bewerber attraktiv, aber seine Größe, seine fragwürdige Vergangenheit und sein zyklischer Charakter waren abschreckend. Zudem passte sich der Markt im Jahr 2011 immer noch an die Situation nach der Großen Rezession an. Deshalb war die Aussicht, einen kurz zuvor bankrott gewesenen Automobilzulieferer wieder mit Schulden zu beladen, in den Köpfen potenzieller PE-Investoren nicht die attraktivste von allen.

Ebenso wie die DCF-Analyse basiert die LBO-Analyse auf einem fünfjährigen Prognosemodell. Allerdings beinhaltet sie zusätzliche Komplexitäten, unter anderem Annahmen bezüglich des Kaufpreises, der *Finanzierungsstruktur*, der *Bedingungen der Schulden* und des Exit Multiples.

Die LBO-Verschuldung beläuft sich je nach Kreditqualität, Sektor, Größe und Marktbedingungen üblicherweise auf das 4,5- bis 6,5-Fache des EBITDA. Auch die Struktur und die Fremdkapitalkosten hängen von diesen Faktoren ab. Zum Beispiel hat ein eher spekulatives zyklisches Unternehmen einen niedrigeren Verschuldungsgrad und einen höheren gemischten Fremdkapitalkostensatz als ein eher etabliertes Unternehmen auf Abonnementbasis. Die Schuldenkomponente wird durch einen minimalen Eigenkapitalbeitrag getragen, typischerweise mindestens 25 Prozent des Kaufpreises.

Das Exit Multiple der LBO-Analyse basiert darauf, wo Vergleichsunternehmen in der Mitte eines Zyklus oder normalisiert gehandelt werden.[5] Sobald die grundlegenden LBO-Annahmen stehen, kann man einen Kaufpreis berechnen, der für PE-Renditen ausreicht. PE-Firmen stellen normalerweise jahresbezogene Renditeziele (interner Zinsfuß, IRR = Internal Rate of Return) um die 15 Prozent oder höher auf oder aber einen CoC (Cash on Cash return) beim Exit nach fünf Jahren von 2:1. Der Exit erfolgt durch einen Verkauf oder durch einen Börsengang.

Wie generieren LBOs Renditen?

LBOs generieren Renditen durch eine Kombination aus Schuldentilgung und Wachstum des Unternehmenswerts. Geht man von einem konstanten EV/EBITDA-Verhältnis aus, steigert ein Schuldenabbau von einem Dollar den Eigenkapitalwert um einen Dollar. Die Steigerung des Unternehmenswerts kann auf einem höheren EBITDA oder auf einer höheren Bewertung beruhen. In Abbildung 4.12 veranschaulichen wir, wie das funktioniert, einschließlich der Berechnung von IRR und CoC. Gehen wir von folgenden Annahmen aus:

I. Eine Private-Equity-Firma kauft ein Unternehmen für eine Milliarde Dollar beziehungsweise für das 10-Fache des EBITDA von 100 Millionen Dollar.

[5] Aus Gründen der Vorsicht geht man im Allgemeinen davon aus, dass das Exit Multiple dem Entry Multiple (dem Anfangswert der Kennzahl) entspricht oder darunter liegt.

ABBILDUNG 4.12 So generieren LBOs Renditen

(in Millionen US-Dollar)

	Jahr 0	Jahr 1	Jahr 2	Jahr 3	Jahr 4	Jahr 5
Anfängliche Kapitaleinlage und Berechnung des Eigenkapitalwerts beim Ausstieg						
Kapitaleinlage	**-350**					
Anfangsstand Schulden		650	600	550	500	450
Freier Cashflow		-50	-50	-50	-50	-50
Schlussstand Schulden	**650**	**600**	**550**	**500**	**450**	**400**
Verkaufspreis						1.500
Abzüglich Schlussstand Schulden						-400
Eigenkapitalwert beim Ausstieg						**1.100**
IZF – Zeitstrahl und Berechnung						
Anfängliche Kapitaleinlage	-350					
Dividenden/(Investment)	-	-	-	-	-	-
Eigenkapitalwert beim Ausstieg	-	-	-	-	-	1.100
Zahlungseingänge / (Zahlungsausgänge) insgesamt	**-350**	**-**	**-**	**-**	**-**	**1.100**
Interner Zinsfuß (IZF)						**25,7%**
Cash-on-Cash-Rendite (CoC)						**3,1**

= Schulden Anfangsstand$_{Jahr 1}$ - FCF$_{Jahr 1}$
= $ 650 Millionen - $ 50 Millionen

= IZF (Anfängliche Kapitaleinlage : Eigenkapitalwert beim Ausstieg)
= IZF (-$ 350 Mio. : $ 1.100 Mio.)

= Zahlungseingänge / Zahlungsausgänge
= $ 1.100 Mio. / $ 350 Mio.

II. Die Übernahme wird mit 65 Prozent Schulden (650 Millionen Dollar) und 35 Prozent Eigenkapital (350 Millionen Dollar) finanziert, also mit einem Fremdfinanzierungshebel (Leverage) von 6,5.
III. Das Unternehmen generiert einen jährlichen FCF von 50 Millionen Dollar, über fünf Jahre also 250 Millionen Dollar, und dieser wird verwendet, um Schulden zu tilgen.
IV. Am Ende des fünften Jahres wird das Unternehmen für 1,5 Milliarden Dollar verkauft (bei einem angenommenen Exit Multiple von 10 auf das EBITDA im fünften Jahr von 150 Millionen Dollar).

Nach fünf Jahren sind die anfänglichen Schulden von 650 Millionen Dollar auf 400 Millionen Dollar geschrumpft, weil der freie Cashflow in die Schuldenrückführung geflossen ist. Aufgrund des Verkaufspreises von 1,5 Milliarden Dollar und der Restschulden von 400 Millionen Dollar erhält die Private-Equity-Firma beim Exit 1,1 Milliarden Dollar Cash. Angesichts ihres anfänglichen Eigenkapitalbeitrags von 350 Millionen Dollar beläuft sich der interne Zinsfuß (IRR) auf 25,7 Prozent (laut IRR-Funktion von Excel) und die CoC-Rendite auf 3,1:1.

c) Wertsteigerung / Verwässerung

Die Analyse der Wertsteigerung beziehungsweise Verwässerung ist bei der Prüfung von Aktiengelegenheiten im Zusammenhang mit Fusionen und Übernahmen von entscheidender Bedeutung. Sie ermittelt die Pro-forma-Auswirkungen einer Transaktion auf das EPS des Übernehmers bei Einsatz einer bestimmten Finanzierungsstruktur. Ist das Pro-forma-EPS höher als das EPS des Übernehmers vor dem Deal, bezeichnet man die Transaktion als *wertsteigernd*. Hingegen ist sie, wenn das Pro-forma-EPS niedriger ist, *verwässernd*.

Es stimmt zwar, dass der für das Übernahmeziel bezahlte Gesamtpreis ebenso wichtig ist wie die Bewertungskennzahl, aber meist

ABBILDUNG 4.13 Analyse des Wertzuwachses/der Verwässerung

(außer bei Angaben je Aktie in Millionen US-Dollar)

Analyse des Wertzuwachses/der Verwässerung

Annahmen für das Zielunternehmen

Gebot pro Aktie	25,00
Aktueller Aktienkurs	18,50
Aufschlag	35%
Verwässerte Aktien	200
Kauf des Eigenkapitals des Zielunternehmens	**5.000**
EBIT Zielunternehmen	350
Synergien	50

Annahmen des Käufers

Aktienkurs Käuferunternehmen	50,00
Fremdkapitalkosten Käuferunternehmen	6,0%
Steuersatz Käuferunternehmen	25%

	100% bar	**50% bar / 50% Aktien**	**100% Aktien**
Bar	5.000	2.500	-
Aktien	-	2.500	5.000
EBIT Käuferunternehmen	1.000	1.000	1.000
EBIT Zielunternehmen	350	350	350
Synergien	50	50	50
PF EBIT	**1.400**	**1.400**	**1.400**
Zinsaufwand vor Transaktion	-150	-150	-150
Inkrementeller Zinsaufwand	-300	-150	-
Gewinn vor Steuern	**950**	**1.100**	**1.250**
Einkommensteuer 25%	-238	-275	-313
Proforma-Reingewinn	**713**	**825**	**938**
Reingewinn vor Transaktion	**527**	**527**	**527**
Verwässerte Aktien vor Transaktion	100	100	100
Neu ausgegebene Aktien netto	-	50	100
Proforma-Anzahl verwässerte Aktien	**100**	**150**	**200**
Verwässertes Proforma-EPS	7,13	5,50	4,69
Verwässertes EPS vor Transaktion	5,27	5,27	5,27
Wertzuwachs/Verwässerung	**1,86**	**0,23**	**-0,58**
Wertzuwachs/(Verwässerung)	**35%**	**4%**	**-11%**
Wertsteigernd/verwässernd	*wertsteigernd*	*wertsteigernd*	*verwässernd*

fragen Investoren zuallererst, ob der Deal wertsteigernd ist und um wie viel. Verwässernde Transaktionen senken das EPS oder den FCF pro Aktie und somit auch den Shareholder Value (bei konstanter Bewertungskennzahl). Darum scheuen Übernehmer vor verwässernden Transaktionen zurück.

Und wie geht nun die Rechnung? Eine Faustregel für reine Aktientransaktionen lautet, dass eine Übernahme wertsteigernd ist, wenn der Übernehmer ein Ziel mit einem niedrigeren KGV kauft. Das leuchtet auch ein. Wenn ein Unternehmen für die Gewinne des Übernahmeziels weniger bezahlt als den Preis, zu dem seine eigenen Gewinne gehandelt werden, muss das rechnerisch wertsteigernd sein.

Hingegen sind reine Aktientransaktionen, bei denen ein Erwerber ein Ziel mit einem höheren KGV kauft, *de facto* verwässernd. Dieser Grundsatz kann aber durch beträchtliche Synergien ausgehebelt werden. Wenn außerdem die Transaktion überwiegend mit Fremdkapital finanziert wird, übersteigt der Reingewinn-Beitrag des Übernahmeziels häufig die damit verbundenen zusätzlichen Zinsaufwendungen, sodass eine Wertsteigerung stattfindet. Anleger suchen nach Übernehmern, welche die Wertsteigerung maximieren, indem sie Kaufpreisdisziplin an den Tag legen, sich die optimalen Finanzierungen beschaffen und beträchtliche machbare Synergien ausfindig machen.

Abbildung 4.13 ist eine grafische Darstellung einer beispielhaften Berechnung der Wertsteigerung/Verwässerung. Sie vergleicht eine hundertprozentige Barübernahme (schuldenfinanziert) mit einer halb mit Bargeld und halb mit Aktien bezahlten Transaktion sowie mit einer reinen Aktienfinanzierung.

KATALYSATOREN

Katalysatoren sind Ereignisse, die das Potenzial haben, durch eine höhere Ertragskraft, durch eine Erhöhung der Bewertung (eine sogenannte Aufwertung oder Neubewertung) oder durch beides Shareholder Value zu schaffen. Ein kluger Anleger versucht, Katalysatoren und die zu erwartende Marktreaktion vorauszusehen. Das heißt, man geht eine Position ein, bevor ein Katalysator bekannt gegeben wird oder sich im Aktienkurs niederschlägt.

Wenn ein Katalysator auftritt, muss man zwischen einem einmaligen Kursschub und einer grundlegenderen Neubewertung unter langfristig steigenden Gewinnen unterscheiden. Der einmalige Kursschub kann an einem nicht nachhaltigen kurzfristigen Gewinnsprung liegen (zum Beispiel an einem Problem bei einem Konkurrenten oder am Wetter). Solche Schübe sind wahrscheinlich nur vorübergehend und können in den nächsten Monaten schon wieder kippen. Eine grundlegende Neubewertung ruht auf einem solideren Fundament – strategische M&A, Neuausrichtung des Portfolios, größere Kostensenkungen, aktionärsfreundliche Kapitalverwendung oder ein bahnbrechendes neues Produkt.

Im Folgenden besprechen wir Katalysatoren im Zusammenhang mit der Vorwegnahme von Ereignissen, die die Freisetzung von Wert verheißen (siehe Abbildung 4.14). Dies steht im Kontrast zu Kapitel 1, wo wir nach Unternehmensereignissen *nach* ihrer öffentlichen Bekanntgabe suchten.

ABBILDUNG 4.14 Katalysatoren

Katalysatoren
▪ Unternehmensgewinne
▪ Investor Days
▪ Fusionen und Übernahmen
▪ Ausgliederungen und Veräußerungen
▪ Restrukturierungen und Turnarounds
▪ Aktienrückkäufe und Dividenden
▪ Refinanzierungen
▪ Veränderungen im Management
▪ Aktivistische Aktionäre
▪ Neue Produkte und Kunden
▪ Regulierungen

Bei Delphi beinhaltete die Anlagethese zahlreiche potenzielle Katalysatoren – anziehende Gewinne, Kapitalrenditen, Zurechtstutzen des Portfolios, Übernahmen und dass der Makel der Insolvenz verblassen würde. Außerdem zeichnete sich die Verheißung von Produkten einer neuen Generation am Horizont ab. Scharfsinnige Anleger hätten Vertrauen in die Architektur gefasst, die die Hauptaktionäre im Laufe der Insolvenz eingerichtet hatten, und darauf vertraut, dass der aktive, höchst kompetente Aufsichtsrat die richtigen Hebel zur Wertschöpfung betätigen würde. Manche dieser Katalysatoren trugen Früchte, manche nicht und andere waren willkommene Überraschungen.

Unternehmensgewinne

Wenn ein Unternehmen seine Gewinne meldet, kann sein Aktienkurs beträchtlich steigen oder fallen. Warum? Sollte der Markt nicht eigentlich die Ergebnisse innerhalb eines recht schmalen Bandes vorhergesehen haben? In den meisten Fällen ist das Unternehmen nach Bekanntgabe der Ergebnisse im Großen und Ganzen dasselbe Unternehmen wie zuvor. Was also rechtfertigt nun derart große potenzielle Kursausschläge?

Die Antwort ist einfach. Unternehmen entwickeln sich stetig weiter und kämpfen darum, sich in einem Wettbewerbsumfeld zu behaupten. Zum Mindesten stehen sie unter der Belastung, ihre bestehende Strategie auch wirklich umzusetzen. Die Ergebniszahlen sind eine Bestätigung (oder Widerlegung) dieser Strategie. In gewissem Sinne sind sie ein vierteljährliches Schulzeugnis des Unternehmens. Wenn es lediglich die Erwartungen erfüllt, kann das eine gedämpfte Reaktion seitens der Anleger hervorrufen, während eine solide Outperformance belohnt werden dürfte. Ein Verfehlen der Erwartungen dürfte einen kräftigen Rüffel zur Folge haben, vor allem wenn offenbar längerfristige strukturelle Probleme vorhanden sind.

Es genügt wohl festzustellen, dass überdurchschnittliche Gewinne bei jeder These im Mittelpunkt stehen. Eine solide Umsetzung und ein nachhaltiges Gewinnwachstum können für sich genommen schon ausreichen, damit eine Aktie im Laufe der Zeit mächtig zulegt. Häufig bildet ein Fundament aus gewinnsteigernden Unternehmen das Rückgrat des Portfolios eines traditionellen Aktienanlegers.

Bei der Auswahl von Aktien muss man in der Lage sein, die Quartalsergebnisse mit denen früherer Jahre und mit den Konsensschätzungen der Analysten zu vergleichen. In Schritt V bieten wir Vorlagen für die Analyse an, die diese entscheidende Aufgabe erleichtern.

Delphis Ergebnismeldung zum vierten Quartal 2011 am 26. Januar 2012 war von besonderer Bedeutung. Sie war der erste Geschäftsbericht des Konzerns nach dem Börsengang und zum ersten Mal gab Delphi dabei Prognosen bekannt. Der Umsatz hatte sich im vierten Quartal auf 3,9 Milliarden Dollar belaufen (+6,8 Prozent gegenüber dem Vorjahr), was ungefähr den Schätzungen der Wall Street entsprach. Allerdings waren das EBITDA von 530 Millionen Dollar (+55 Prozent) und das EPS von 0,88 Dollar (+287 Prozent) große Würfe und sie waren Belege für sowohl die konsequente Umsetzung seitens des Managements als auch die durchschlagende Wirkung der Kostensenkungen.

Für das Gesamtjahr 2011 meldete Delphi einen Umsatz von 16 Milliarden Dollar, ein EBITDA von 2,1 Milliarden Dollar und ein EPS von 3,49 Dollar. Das waren gegenüber 2010 beträchtliche Verbesserungen und die Zahlen lagen deutlich über den Erwartungen der Wall Street. Die Aktie reagierte darauf positiv und schloss den Handelstag mit einem Plus von 4,7 Prozent ab.

Unternehmen nutzen Ergebnismeldungen auch, um Prognosen abzugeben oder zu aktualisieren. Bei der Aktualisierung können die bestehenden Prognosen bestätigt oder nach oben beziehungsweise unten revidiert werden. In manchen Fällen geben Unternehmen langfristige Umsatz- oder Gewinnziele bekannt, zum Beispiel ein 5-Jahres-Umsatzziel von 10 Milliarden Dollar und eine EBITDA-Marge von 15 Prozent. *Aufgrund der auf die Zukunft ausgerichteten Natur der Kapitalmärkte sind die Prognosen normalerweise wichtiger als die tatsächlichen Ergebnisse.* Neue Prognosen oder Revisionen sind wichtige

Katalysatoren. Schon eine verhältnismäßig kleine Änderung kann einen großen Kursausschlag bewirken.

Über die Prognosen hinaus bieten Ergebnismeldungen der Unternehmensleitung die Gelegenheit, große Ereignisse, neue geschäftliche Entwicklungen und Änderungen der Strategie bekannt zu geben, die ihrerseits als Katalysatoren fungieren können. Solche neuen Informationen werden vom Markt schnell verarbeitet und er trifft eine erste Einschätzung – der Aktienkurs springt nach oben, sackt ab oder bleibt mehr oder weniger unverändert. Dann verfolgen die Anleger die neuen Initiativen im Laufe der Zeit und ziehen das Unternehmen für ihre Umsetzung zur Rechenschaft.

Investor Days

Von Zeit zu Zeit veranstalten Unternehmen sogenannte Investor Days, bei denen sie den derzeitigen und künftigen Aktionären ihre Story ausführlich präsentieren. Normalerweise sind es große öffentliche Veranstaltungen, die mehrere Stunden dauern und Produktvorführungen sowie Führungen beinhalten (wenn sie vor Ort abgehalten werden). Geleitet werden sie von der Führungsmannschaft, wobei oft auch Spartenmanager und Leiter der Geschäftsentwicklung beteiligt sind. Am Ende eines Investor Days haben die Teilnehmer eine umfassende Übersicht über das Unternehmen und über seine strategische Ausrichtung erhalten. Ein gelungener Investor Day kann dazu beitragen, das Narrativ eines Unternehmens zu verändern (falls nötig), und den Aktienkurs in die Höhe treiben.

Delphi hielt seinen ersten Investor Day im April 2012 ab, also nur fünf Monate nach seinem Börsengang. Danach entschied das Unternehmen, jährlichen einen Investor Day abzuhalten, um strategische Neuerungen bekannt zu geben, über Pläne der Kapitalverwendung zu sprechen, Übernahmen oder neue geschäftliche Vorhaben anzukündigen sowie gegebenenfalls Prognosen abzugeben. Im Jahr 2013 legte die Unternehmensleitung einen Plan vor, bis zum Jahr 2016 die EBITDA-Marge von unter 14 Prozent auf 16 Prozent zu steigern. Auch gab sie einen langfristigen Plan der Kapitalverwendung bekannt, gemäß dem 45 bis 55 Prozent des operativen Cashflows für Aktienrückkäufe und Übernahmen vorgesehen waren, 10 bis 15 Prozent für Dividenden und 35 bis 40 Prozent für Investitionen (Capex). Die Aktie reagierte darauf positiv und stieg in den beiden nächsten Tagen um 9,4 Prozent.

Bemerkenswert war auch der Investor Day von Delphi im April 2016, bei dem Ziele für Umsatzwachstum und eine EBITDA-Marge von 18,5 bis zum Jahr 2020 gesetzt wurden. Auch besprach das Management die Strategie des Unternehmens zur Neuausrichtung des Portfolios und gab bekannt, dass ein weiterer Aktienrückkauf im Wert von 1,5 Milliarden Dollar genehmigt worden war. Ebenso wie bei der Veranstaltung im Jahr 2013 reagierte die Delphi-Aktie positiv und stieg in den Tagen danach um 6,7 Prozent.

Fusionen und Übernahmen

Wie in Schritt I besprochen, können diverse M&A-Szenarien als nennenswerte Katalysatoren fungieren. Ereignisorientierte Anleger und Aktivisten suchen nach Aktien, bei denen sie vorhersehen, dass eine M&A-Aktivität Renditen generiert. Dafür muss man bezüglich einer Branche gründlich recherchieren, um auf der Hand liegende Zusammenschlüsse, wahrscheinliche Übernehmer und wahrscheinliche Übernahmekandidaten zu identifizieren. Man beachte dabei besonders Subsektoren, in denen kürzlich eine Übernahme mit erheblichem Abschlag stattgefunden hat. Dies wirkt häufig als Katalysator, der vergleichbare Unternehmen haussieren lässt.

Im Mai 2012, also nur sechs Monate nach dem Börsengang, kündigte Delphi die Übernahme der Motorized Vehicles Division (MVL) von FCI für circa 975 Millionen Dollar an. Das bedeutete ein EV/EBITDA von 7, jedoch synergiebereinigt nur von 4,5. Zu einem nicht geringen Teil trug der Finanzvorstand Kevin Clark dazu bei, dass Delphi diese M&A-Transaktion erfolgreich durchführte. Clark besaß aus seiner Amtszeit bei dem fleißigen Übernehmer Fisher Scientific ausgiebige M&A-Erfahrung – diese bewährte Kompetenz war für die

Entscheidung des Verwaltungsrats im Jahr 2010, ihn einzustellen, von grundlegender Bedeutung gewesen.

MVL baute Delphis ohnehin starke Stellung in dem wachstums- und margenstarken Markt für Anschlüsse/Verbindungen noch weiter aus und gleichzeitig diversifizierte es seinen Kundenstamm und seine Präsenz in Asien. In finanzieller Hinsicht beschleunigte diese Transaktion das Umsatzwachstum, steigerte insgesamt die Margen und steigerte einschließlich Synergien das EPS um fünf Prozent.

Am Tag nach der Bekanntgabe der Transaktion stieg der Aktienkurs von Delphi um 2,7 Prozent und am nächsten Handelstag, nachdem der Markt die Vorteile des Deals verarbeitet hatte, um weitere fünf Prozent. Bis Ende 2012 war die Aktie ab dem Datum der Bekanntgabe um fast 38 Prozent gestiegen. Die Anleger waren darüber eindeutig erfreut.

Drei Jahre später, im Juli 2015, legte Delphi mit der Übernahme des börsennotierten britischen Anbieters von Kabelmanagement-Lösungen HellermannTyton Group (LSE: HTY) schon wieder los. Der Kaufpreis von 1,85 Milliarden Dollar betrug das 12,83-Fache des für die nächsten zwölf Monate erwarteten EBITDA (synergiebereinigt das 9,1-Fache) und bedeutete einen Aufschlag von fast 45 Prozent auf den Vortagesschlusskurs von HTY. In dieser hohen Bewertung schlug sich die strategische Begründung nieder, die hinter dem Deal steckte. HTY stärkte Delphis ohnehin starke Stellung im Bereich der elektrischen Architektur, der sein größtes Segment darstellte. Anfänglich reagierte der Aktienkurs zwar nur bescheiden, aber schließlich sprang der Markt an. Bis Ende 2015 war die Delphi-Aktie seit der Ankündigung der Übernahme um elf Prozent gestiegen.

Neben dem HellermannTyton-Deal offenbarte Delphi im Jahr 2015 noch weitere Übernahmen/Beteiligungen, die dafür gedacht waren, den technologischen Aspekt seines Produktportfolios auszubauen. Es investierte in ein Unternehmen, das LIDAR-Sensoren herstellte, in ein Softwareunternehmen mit dem Schwerpunkt autonomes Fahren und in ein Technologieunternehmen mit dem Schwerpunkt

Kraftstoffersparnis. Delphi positionierte sich dadurch an der vordersten Front von autonomem Fahren, aktiver Sicherheit, Infotainment und Nutzererlebnis.

Ausgliederungen und Veräußerungen

Oft haben es Anleger auf Unternehmen mit Abteilungen oder Sparten abgesehen, von denen sie überzeugt sind, der Markt bewerte sie nicht angemessen. Grundvoraussetzung ist, dass der SOTP-Wert der zwei oder mehr Geschäftszweige größer ist als der Gesamtwert. Theoretisch sollte es dann eine Spaltung dem Markt erlauben, sowohl die Muttergesellschaft als auch die ausgliederte oder veräußerte Gesellschaft sauberer zu bewerten.

Im Idealfall identifiziert man Unternehmen mit potenziellen Ausgliederungs- oder Verkaufskandidaten schon frühzeitig. Somit kann man an dem Kursanstieg nach der Bekanntgabe teilhaben, wenn die Aktien tendenziell einen Schub erfahren. Viele Anleger (auch Aktivisten) peilen speziell solche Situationen an.

Ein Teil der ursprünglichen Anlagethese von Delphi identifizierte die Optimierung des Portfolios als möglichen Katalysator, unter anderem durch die Veräußerung von Geschäftszweigen, die nicht zum Kerngeschäft gehörten. Dazu passend kündigte das Unternehmen im Februar 2015 den Verkauf der Sparte Thermal Systems an den deutschen Autozulieferer MAHLE für 727 Millionen Dollar beziehungsweise das 9.5-Fache des EBITDA an. Thermal hatte ein schwächeres Wachstums- und Margenprofil als Delphi insgesamt. Außerdem passte es nicht dazu, da das Unternehmen den Schwerpunkt zunehmend auf langfristig wachsende Bereiche legte. In den Wochen vor der Bekanntgabe stieg die Delphi-Aktie um neun Prozent, weil der Deal allgemein vorausgesehen wurde.

Zwei Jahre später vollzog Delphi eine Transaktion, die einen größeren Wandel bewirkte. Im Mai 2017 kündigte es die steuerfreie Ausgliederung des Segments Powertrain Systems an, das später in Delphi Technologies umbenannt wurde und das Symbol DLPH beibehielt. Die Muttergesellschaft wurde in Aptiv umbenannt (APTV) und behielt die schneller wachsenden und höher bewerteten Bereiche Electrical/Electronic Architecture und Electronics & Safety bei. Somit wurde Aptiv in den Augen der Anleger zu einem auf Technologie fokussierten Akteur, der sich auf elektrische sowie vernetzte/autonome Fahrzeuge konzentrierte. Indes bekam Delphi Technologies ein neues Management und einen neuen Kapitalplan mit dem Ziel, das Umsatzwachstum wieder zu beschleunigen und in der Wertschöpfungskette weiter nach oben zu klettern.

Nach der Bekanntgabe der Ausgliederung schnellte die Aktie um 11 Prozent in die Höhe und stieg bis Jahresende um insgesamt 29 Prozent. Viele Researchanalysten hatten Delphi angesichts der disparaten Wachstums- und Margenprofile seiner Segmente schon seit Längerem nach dem SOTP-Prinzip bewertet. Ihre Analyse besagte, die Einzelteile von Delphi seien mehr als 100 Dollar pro Aktie wert, also etwa 50 Prozent mehr als der Aktienkurs vor der Ankündigung. Natürlich stieg die Aktie über 100 Dollar, bevor die Ausgliederung Ende 2017 abgeschlossen war.

Restrukturierungen und Turnarounds

Für Turnaround-Situationen muss man notleidende Unternehmen finden, deren gangbarer Weg zur Erlösung als Katalysator fungiert. Angesichts der Risiken muss man dabei sehr von der Wiederbelebungsstrategie überzeugt sein.

Delphi stellte einen klassischen Turnaround dar. Seine aufgeblähte Kostenstruktur, seine schwere Schuldenbelastung und seine ererbten Verbindlichkeiten trieben das Unternehmen in den Bankrott. Dies wiederum führte dazu, dass zu wenig in die Anlagen des Unternehmens investiert wurde, was sich schließlich auf die finanzielle Performance auswirkte.

Im Rahmen des Insolvenzverfahrens nach Chapter 11 arbeiteten der Verwaltungsrat und die Hauptaktionäre von Delphi gemeinsam mit dem CEO Rod O'Neal eine Strategie aus, um das Unternehmen neu zu erfinden. Dafür wurden das Portfolio zurechtgestutzt, belastende Tarifverträge aufgekündigt, die Fertigung in Billiglohnländer ausgelagert und der neue Schwerpunkt auf langfristige Wachstumschancen gelegt.

Als Delphi das Insolvenzverfahren im Jahr 2009 hinter sich hatte, war der Turnaround noch nicht abgeschlossen. Wie bereits erwähnt, trieben der Verwaltungsrat und die Geschäftsleitung eine stetige Verbesserung und eine schlanke Kultur voran, die das gesamte Unternehmen durchdrang. Diese unermüdliche Konzentration auf operative Verbesserungen und Effizienzen setzte sich in der Unternehmenskultur fest. Ende 2014, des letzten vollständigen Jahres mit O'Neal als CEO, lag die EBITDA-Marge über 15 Prozent und somit 200 Basispunkte höher als zum Börsengang. Unter dem neuen CEO Kevin Clark stieg die EBITDA-Marge bis Ende 2017 um weitere 200 Basispunkte auf 17 Prozent.

Aktienrückkäufe und Dividenden

Wie bereits besprochen, können Unternehmen mit langjährigen Rückkauf- oder Dividendenstrategien attraktive Investments sein. Die Fortführung einer bestehenden aktionärsfreundlichen Strategie der Kapitalverwendung stellt jedoch nicht per se einen Katalysator dar. Ein echter Katalysator basiert auf der Vorwegnahme eines dynamischen neuen Aktienrückkaufprogramms oder einer dynamischen neuen Dividendenpolitik. Eine wesentliche Änderung der Kapitalallokation kann eine erdrutschartige Wirkung entfalten und den Aktienkurs anschieben. Besonders interessant sind große Programme, beispielsweise jährliche Aktienrückkäufe, die mindestens fünf Prozent der umlaufenden Aktien betreffen.

Aktivistische Anleger konzentrieren sich oft auf Kapitalrenditen als Hebel der Wertschöpfung. Ein typisches Ziel hat einen großen Barbestand und keine offensichtliche Dringlichkeit, dieses Kapital einzusetzen. Nachdem der Aktivist eine nennenswerte Aktienbeteiligung aufgebaut hat (oft fünf Prozent oder mehr), drängt er die Unternehmensleitung, Aktien zurückzukaufen oder eine hohe einmalige beziehungsweise eine regelmäßige Dividende einzuführen.

Bei Delphi zeichneten sich aufgrund seines starken FCF-Profils, seines aktiven Verwaltungsrats und seiner aktiven Hauptaktionäre Rückkäufe als potenzieller Katalysator ab. Im Januar 2012, also nur zwei Monate nach dem Börsengang, kündigte das Unternehmen im Rahmen seiner Ergebnismeldung für das vierte Quartal 2011 ein Aktienrückkaufprogramm in Höhe von 300 Millionen Dollar an. Bald darauf folgte im September 2012 die Genehmigung von weiteren 750 Millionen Dollar, als die Marktkapitalisierung rund zehn Milliarden Dollar betrug. Auf diese Meldung hin schnellte die Aktie um 3,5 Prozent in die Höhe.

Dann kündigte Delphi bei einem Investor Day im Februar 2013 eine regelmäßige Quartalsdividende an. O'Neal sagte: „Unsere starke Bilanz und unser signifikanter Cashflow erlauben es uns jetzt, diese für die Aktionäre positive Maßnahme zu ergreifen. Die Einführung der Bardividende und unser bestehendes Aktienrückkaufprogramm spiegeln weiterhin unser Vertrauen in das Unternehmen und unser Engagement für die Steigerung des Shareholder Value wider." Innerhalb der nächsten zwei Tage stieg der Aktienkurs von Delphi um 9,4 Prozent.

Refinanzierungen

Eine Refinanzierung kann ein Katalysator für eine Neubewertung sein. Ein gängiges Szenario ist ein eigentlich tragfähiges Unternehmen, das durch eine aggressive schuldenfinanzierte Expansion in Schwierigkeiten geraten ist, durch einen tiefen zyklischen Abschwung oder dadurch, dass seine Kapitalstruktur nach einer fremdfinanzierten Übernahme zu schuldenlastig ist. Wird die Bilanz aufgestockt, wirkt dies als Katalysator, der das Unternehmen wieder auf die Beine bringt. So kann sich eine notleidende Aktie in einen großen Gewinner verwandeln.

Als Sanierung gedachte Refinanzierungen können viele Formen annehmen. Die vielleicht einfachste ist die Aufnahme einer neuen oder erweiterten Kreditlinie, die Liquidität bereitstellt. Oder eine

Transaktion, die teure Schulden durch billigere Schulden ersetzt (eine Umschuldung) und somit den Gewinn und den FCF steigert. Auch kann ein Unternehmen seine Kreditlaufzeiten durch Verhandlungen mit seinen Gläubigern verlängern oder bestehende Schulden durch neue, länger laufende Schuldverschreibungen refinanzieren. In extremeren Fällen kann eine Umwandlung von Fremd- in Eigenkapital die Schuldenlast verringern und den Gläubigern eine Gewinnbeteiligung bieten.

Nach dem Insolvenzverfahren hatte Delphi eine saubere Bilanz mit reichlich Liquidität. Die jährlichen Zinsaufwendungen wurden von 2007 bis zum Börsengang von 750 Millionen Dollar auf 125 Millionen Dollar gesenkt. Ende 2011 hatten Delphis Anleihen eine Rendite von sechs Prozent und dies bewies, dass die Anleihemärkte wieder Vertrauen in den Konzern setzten.

Veränderungen im Management

Manche Anleger suchen nach Situationen, in denen ein neuer Spitzenmanager einen Wandel bewirken kann. Dabei kann das Unternehmen zu schwach gemanagt sein, auf Abwegen sein oder schlicht frisches Blut benötigen. Eine deutliche Underperformance gegenüber der Konkurrenz ist dafür ein typisches verräterisches Anzeichen.

Es reicht allerdings nicht aus, auf Unternehmen abzuzielen, bei denen ein neuer Manager als Katalysator fungieren könnte. Die Veränderung muss auch durchsetzbar sein. Vielleicht steht der derzeitige CEO kurz vor dem Ruhestand oder der Verwaltungsrat hat signalisiert, dass er für einen Führungswechsel bereit ist. Und natürlich kann es sein, dass ein Aktivist einen neuen CEO oder CFO zum zentralen Element seiner Agenda macht.

Jemand, der von außen kommt, bewirkt mit höherer Wahrscheinlichkeit einen substantiellen Wandel. Das gilt ganz besonders bei Restrukturierungen und Turnarounds, bei denen spezielle Kompetenzen gefragt sind. Häufig kommt der Manager, der den Wandel bewirkt, aus derselben Branche und hat eine fantastische Erfolgsbilanz. Am vielleicht interessantesten ist es, wenn der Führungswechsel vom Verwaltungsrat oder von Aktivisten mit der klaren Absicht betrieben wird, in der Aktie Wert freizusetzen.

Die Amtszeit von Rod O'Neal als CEO von Delphi, die 2007 begann, haben wir ja bereits beleuchtet. Einige Jahre später, nämlich im September 2014, hatten Anleger die Gelegenheit, Delphi neu einzuschätzen, als der Stab an Kevin Clark weitergereicht wurde. Wie bereits erwähnt hatte der Verwaltungsrat Clark im Jahr 2010 wegen seines „Weltklasse"-Potenzials eingestellt. Als nun die Zeit für O'Neal kam, in den Ruhestand zu gehen, waren daher sowohl der Verwaltungsrat als auch die Investoren zuversichtlich, dass Clark ein würdiger Nachfolger sein würde. Es wurde erwartet, dass er weiterhin den Schwerpunkt auf Wachstum, operative Exzellenz und auf die Optimierung des Portfolios legen würde.

In einem Researchbericht hieß es zusammenfassend: „Wachwechsel – eine Legende übergibt das Mikro an einen bescheidenen Rockstar ... wir haben größtes Vertrauen in das Führungsteam von Delphi unter der Leitung von Kevin Clark, dessen disziplinierte Methode der Kapitalverwendung und dessen Vision für die Erschaffung der heutigen Delphi von wesentlicher Bedeutung waren." In diesem Fall war es eine gute Sache, auf Kurs zu bleiben.

Aktivistische Aktionäre

Aktivistische Aktionäre kaufen eine Aktie nicht, weil sie mit einem Katalysator rechnen, und warten dann ab. Sie übernehmen eine aktive Rolle bei, den Katalysator zum Laufen zu bringen. Das tun sie, indem sie einen beträchtlichen Anteil des Unternehmens kaufen und dann auf einen Wandel dringen. Prominente Aktivisten sind Carl Icahn (Icahn Enterprises), Nelson Peltz (Trian Partners), Barry Rosenstein (Jana Partners), Paul Singer (Elliott Management) und Jeff Smith (Starboard Value).

Delphi hatte zwar keinen aktivistischen Investor im eigentlichen Sinne, aber zu seiner Investorenbasis zählten beim IPO Fonds mit bewährten Turnaround-Erfolgsbilanzen und aktiven Investmentansätzen. Silver Point, Elliott, Paulson und Oaktree besaßen zusammengenommen 45 Prozent der Aktien. Als große Gläubiger im Rahmen der Insolvenz von Delphi erhielten Silver Point und Elliott Delphi-Aktien, da ihre Schuldpositionen in Eigenkapital umgewandelt wurden. Dank ihrer langjährigen intimen Kenntnis des Unternehmens und entscheidender Kontrollhebel der Unternehmensführung konnten sie bei der Gestaltung der neuen Delphi eine federführende Rolle spielen.

Silver Point und Elliott spielten eine unmittelbare Rolle, indem sie zusammen mit der Geschäftsführung den neuen strategische Plan entwickelten und umsetzten. Was die Unternehmensführung angeht, so versammelten sie im Jahr 2009 einen Verwaltungsrat von Weltrang, dessen Mitglieder aus den Bereichen Automobilbau, Technologie, Geschäftsführung, Kapitalmärkte und Unternehmenssanierung stammten. Dem neuen Verwaltungsrat wurde ein ähnliches Mandat wie einer Private-Equity-Firma erteilt, den Shareholder Value aktiv in die Höhe zu treiben. Dies bedeutete, dass sich der Verwaltungsrat intensiv engagierte (weit mehr als bei Verwaltungsräten von börsennotierten Aktiengesellschaften üblich) und dass die neuen Verwaltungsratsmitglieder vor dem Börsengang beträchtliche Aktienbeteiligungen erhielten. Dank dieser Aktienpakete standen die Anreize der Verwaltungsräte in hohem Maße in Einklang mit den Wertsteigerungszielen der Aktionäre.

Außerdem engagierten Silver Point und Elliott operative Spezialisten, die das Management bei wichtigen Aspekten des Wandels unterstützen sollten, beispielsweise bei Kostensenkungen und bei der Rationalisierung von Abteilungen mit unterdurchschnittlicher Leistung. Ein entscheidender Schachzug war dabei, dass der neue Verwaltungsrat Kevin Clark als Finanzvorstand, der sowohl bei Private-Equity-Firmen als auch bei börsennotierten Aktiengesellschaften Erfahrungen gesammelt hatte, ins Boot holte. Wie bereits erwähnt trat Clark später die Nachfolge von Rod O'Neal an.

Die Hauptaktionäre und der Verwaltungsrat standen an der Spitze von Delphis auf die Kapitalstruktur, die Allokation und die Monetisierung gerichteter Strategie. Im April 2011 organisierten sie den Rückkauf von General Motors' Aktienbeteiligung an Delphi im Wert von 4,3 Milliarden Dollar. Und schon wenige Monate danach nutzten sie die europäische Schuldenkrise im Sommer/Herbst 2011, um weitere Aktien im Wert von 180 Millionen Dollar zurückzukaufen. In diesen Maßnahmen schlug sich eine Kultur nieder, die darauf gerichtet war, Eigenkapital zu schöpfen und das Unternehmen für einen erfolgreichen Börsengang aufzustellen. Später wurde das Führungsteam von Delphi selbst zum Aktivisten im besten Sinne des Wortes – unermüdliche, vorausschauende Hüter des Aktionärskapitals.

Aus technischer Sicht erwies sich der spätere Verkauf der Aktien der Hauptaktionäre als weiterer Katalysator. Silver Point und Elliott verkauften ihre Aktien im Rahmen des Börsengangs nicht – ein besonders bullishes Signal, was ihre Sicht auf die langfristige Investmentchance betraf –, sondern ihre Aktien gingen im Laufe der Zeit in die Hände langfristig orientierter institutioneller Aktionäre über. Als allgemeine Regel gilt, dass eine dauerhaftere Aktionärsbasis dazu beiträgt, Überhänge abzubauen und für eine Neubewertung der Aktie zu sorgen. Im Zeitverlauf hat es sich als nutzbringend erwiesen, sich dann in hochwertige Unternehmen einzukaufen, wenn konzentrierte Anteilseigner aussteigen.

Neue Produkte und Kunden

Die erfolgreiche Einführung neuer zentraler Produkte kann sich in beträchtlichen zusätzlichen Umsätzen und Gewinnen niederschlagen. Ein echter Produkt-Gamechanger rennt der Konkurrenz davon, ohne den Absatz bestehender Produkte zu beeinträchtigen. Normalerweise steigt bei der Ankündigung der Aktienkurs, weil darin ein neues Standbein für Wachstum gesehen wird.

Der Gewinn von Großkunden wirkt ähnlich wie eine Produkteinführung. Ein neuer Großauftrag bedeutet mehr Umsatz und Gewinn, der sich in den Konsensschätzungen noch nicht niederschlägt.

Den Kern von Delphis Strategie bildeten Produkteinführungen in den Bereichen Sicherheit, Umweltfreundlichkeit und Vernetzung. Im Jahr 2014 wandte Delphi seine Aufmerksamkeit autonomen und selbstfahrenden Autos zu und es führte seine aktuellsten Produktkompetenzen auf der alljährlichen Consumer Electronics Show (CES) in Las Vegas vor. Dazu gehörten ein 360-Grad-Radar und eine Plattform für die automatische Bremsung kurz vor einem potenziellen Auffahrunfall. Und im Jahr 2015 war Delphi das erste Unternehmen, das einen landesweiten Feldversuch mit automatisiertem Fahren startete.

Den Anlegern entging es nicht, dass Delphi den Schwerpunkt auf technologisch höherwertige neue Produkte mit stärkerem Wachstum und höheren Margen legte. Die Erwartungen einer gesteigerten Profitabilität trugen dazu bei, dass sich das KGV von Delphi vom Börsengang 2011 bis 2017 fast verdreifachte. Ein solches Niveau war bislang Blue-Chip-Industriekonzernen vorbehalten gewesen, altmodische Automobilzulieferer konnten damit nicht dienen.

Regulierungen

Nennenswerte Änderungen von Regulierungen und Vorschriften erzeugen sowohl Chancen als auch Risiken. So dürfte die Ankündigung eines neuen Gesetzes zu Verkehr und Infrastruktur als Katalysator für Unternehmen wirken, die Zuschlagstoffe, Zement und Fertigbeton herstellen. Ebenso bieten neue Abgasnormen für Autos den Zulieferern eine Chance, pro Fahrzeug mehr zu verdienen.

Was die Risiken angeht, so muss man besonders bei Branchen wie Energie, Finanzdienstleister, Gesundheit, Medien und Telekommunikation aufpassen. Im Energiebereich wurden die Kohleförderer von den Regulierungen der Umweltbehörde EPA bezüglich Treibhausgasen schwer getroffen. Gleichzeitig schuf dies Chancen für saubere Energien, diese Lücke zu füllen.

Kartellrechtliche Vorschriften betreffen alle Wirtschaftssektoren. In den Vereinigten Staaten müssen alle Fusionen über 90 Millionen

Dollar vom Justizministerium genehmigt werden.[6] Deshalb muss man bei allen Anlagethesen oder Katalysatoren, die etwas mit M&A zu tun haben, die Chancen abwägen, ob sie behördlich genehmigt werden. Eine deutliche diesbezügliche Warnung war die gescheiterte Übernahme von Time Warner Cable (TWC) durch Comcast im Jahr 2015.

Der Versuch von Broadcom (AVGO) im Jahr 2018, für 117 Milliarden Dollar Qualcomm (QCOM) zu übernehmen, scheiterte an regulatorischen Problemen ganz anderer Art – nämlich an der nationalen Sicherheit. Der Deal wurde aufgrund einer Empfehlung des Committee on Foreign Investment in the United States (CFIUS) blockiert.

Wie bereits erwähnt waren regulatorische Erwägungen für das Wachstum von Delphi von entscheidender Bedeutung. In den Regionen, in denen das Unternehmen vor allem aktiv war, wirkten strengere Emissions- und Sicherheitsvorschriften als Katalysatoren. Jede neue Norm war für Delphi eine Gelegenheit, Produkte einzuführen und seinen Anteil je Fahrzeug zu erhöhen. Außerdem festigte sich dadurch die Bindung von Bestands- und Neukunden.

Wie Delphis Aktienkurs durch Katalysatoren stieg

In der Gesamtsicht waren nennenswerte Katalysatoren klare Leitpfosten für Delphis Anstieg und sie bewirkten vom Börsengang 2011 bis zur Ausgliederung 2017 eine annähernde Verfünffachung (siehe Abbildung 4.15). Dabei handelte es sich um eine Kombination aus übertroffenen Ergebniserwartungen, M&A, Rückkäufen und Dividenden sowie Investor Days, die gut ankamen, und guten langfristigen Prognosen. Der unglaubliche Durchmarsch von Delphi wurde zudem noch von dem gelungenen CEO-Wechsel und der gelungenen Spin-off-Transaktion getragen.

[6] Stand 20. Februar 2019, dies kann sich jährlich ändern.

ABBILDUNG 4.15 Kommentierte Entwicklung des Aktienkurses und des Handelsvolumens von DLPH

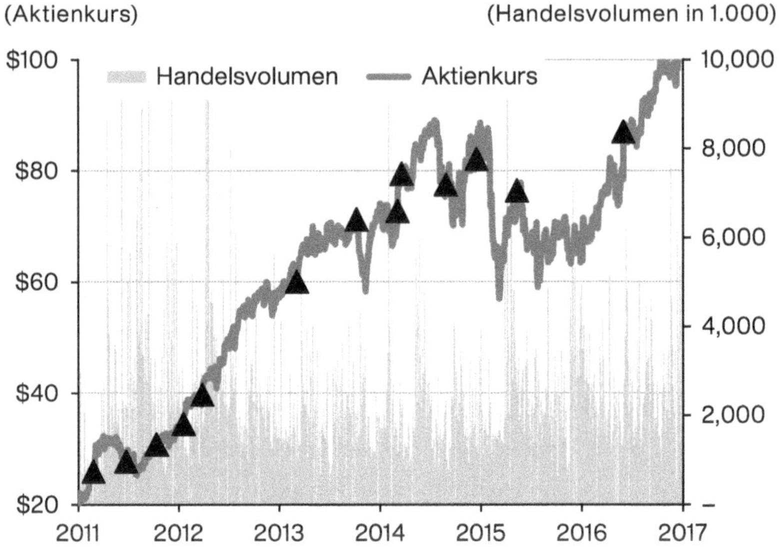

DIE FESTLEGUNG DES KURSZIELS

Nachdem Sie nun die Bewertung und die Katalysatoren verstehen, wie verwenden Sie dieses Wissen, um eine Gewinneraktie auszuwählen? Ein entscheidender nächster Schritt ist die Festlegung eines Zielkurses beziehungsweise Kursziels. Darin gipfeln Ihre Bemühungen um die umfassende Due-Diligence-Prüfung und die Bewertung.

Das Kursziel ist der künftige Aktienkurs, den die Aktie Ihren Erwartungen zufolge erreicht, wenn sich Ihre Anlagethese bewahrheitet. Sie ist ein Kernbestandteil der endgültigen Anlageentscheidung, ob diese nun „Kaufen", „Shorten", „Beobachten" oder „Sein lassen" lautet. Ohne Kursziel kann man den potenziellen Gewinn und das Chance-Risiko-Verhältnis nicht angemessen quantifizieren.

Im Kursziel schlagen sich die bereits durchgeführten Analysen des Marktwerts, des inneren Werts und des Übernahmewerts nieder. Es beinhaltet Ihre Finanzprognosen und Ihre entscheidenden Katalysa-

ABBILDUNG 4.15 fortgesetzt

Datum	Reaktion	Ereignis
26.01.2012	4,6%	Gewinn für 4. Quartal 2011 ausgewiesen und Prognose für 2012 veröffentlicht, beide höher als die Schätzungen
24.05.2012	7,6% (2 Tage)	Wertsteigernder Kauf der Motorized Vehicles Division MVL von FCI angekündigt
13.09.2012	3,5%	Aktienrückkaufprogramm in Höhe von $ 700 Mio. genehmigt
18.12.2012	10,3% (6 Tage)	In den S&P 500 aufgenommen, Käufe vor und nach der Aufnahme
26.02.2013	9,4% (2 Tage)	Am Investor Day Beginn einer Quartalsdividende (Rendite 1,8%) und Vorlage des langfristigen Kapitalallokationsplans
04.02.2014	8,1% (7 Tage)	Gewinn des 4. Quartals 2013 ausgewiesen (höher als die Schätzungen) und Prognose für das Geschäftsjahr 2014 bestätigt
09.09.2014	-0,3%	Ankündigung des Rückzugs von CEO Rod O'Neal im März 2015 und des bisherigen CFO Kevin Clark als Nachfolger
04.02.2015	7,9% (4 Tage)	Gewinn des 4. Quartals 2014 ausgewiesen (höher als geschätzt), hohe Rückkäufe und höhere Prognose für das Geschäftsjahr 2015
19.02.2015	-0,3%	Verkauf der Sparte Wärme- und Kältesysteme an MAHLE Behr GmbH & Co. angekündigt
30.07.2015	7,7%	Kauf von HellermannTyton angekündigt
18.11.2015	8,4% (6 Tage)	Vorstellung auf der Automotive-Konferenz von Barclays, Darstellung der Erwartungen für ein starkes Jahr
13.04.2016	6,6% (2 Tage)	Investor Day veranstaltet und Ziele für 2020 von 8-10% Umsatzwachstum und einer EBITDA-Marge von 18,5% vorgelegt
03.05.2017	10,9%	Ausgliederung von Powertrain und Schaffung eines neuen, auf Vernetzung und autonomes Fahren ausgerichteten Unternehmens angekündigt

toren. In vielen Fällen basiert das Kursziel auf Kennzahlen, zum Beispiel EV/EBITDA, KGV, Kurs-FCF-Verhältnis oder einer Kombination aus Kennzahlen, wobei die am besten vergleichbaren Unternehmen als wichtigste Bezugspunkte dienen.

Zusätzlich zum eigentlichen Kursziel arbeitet man üblicherweise einen bullishen und einen bearishen Fall aus. Die Chance-Risiko-Analyse ist einfach. Die potenzielle Chance ist die prozentuale Differenz zwischen dem aktuellen Kurs und dem grundsätzlichen Zielkurs. Das bullishe Kursziel stellt weiteres Gewinnpotenzial in Aussicht. Das Risiko äußert sich in der prozentualen Differenz zwischen dem aktuellen Aktienkurs und dem bearishen Zielkurs.

Unsere Kursziel-Analyse für Delphi ist in Abbildung 4.16 zu sehen. Wir leiteten unser Kursziel aus den geschätzten 2013er-Kennzahlen EV/EBITDA, KGV und Kurs-FCF-Verhältnis ab. Das Jahr 2013 wählten wir deshalb als Bezugspunkt für die Bewertung, weil es genug Zeit für die Erholung der Automobilbranche und dafür bot, dass sich Delphis nach dem Börsengang umgesetzte Strategie als erfolgreich erwies. Anders gesagt stellte es eine „eher normalisierte Performance" dar.

Passend zu unserer These, dass Delphi zu einem ähnlichen Preis gehandelt werden sollte wie die langfristig wachsenden Unternehmen, gingen wir von Steigerungen der verwendeten Kennzahlen aus. Was EBITDA, EPS und FCF pro Aktie angeht, verwendeten wir die in Schritt III angegebenen Finanzprognosen (siehe Abbildung 3.11). Dieselben Prognosen verwendeten wir auch für unsere DCF-Bewertung in Abbildung 4.4, die einen implizierten Kurs von circa 40 Dollar ergab und die als Plausibilitätsprüfung nützlich war.

Vom KGV ausgehend ergab unsere auf der Gewinnschätzung 2013 je Aktie von 4,36 Dollar basierende Grundannahme von 10 ein Kursziel von 43,64 Dollar, also 98 Prozent mehr als zum Zeitpunkt des Börsengangs. Beim EV/EBITDA gingen wir auf die Schätzung 2013 bezogen von 6 aus, sodass sich aus 2,4 Milliarden Dollar ein Kursziel von 40,57 Dollar ergab. Aus der 8-prozentigen FCF-Rendite ergab sich anhand des für 2013 geschätzten FCF von 3,26 Dollar pro Aktie ein Kursziel von 40,79 Dollar.

Für unseren bullishen und bearishen Fall verschoben wir unsere Annahmen sowohl bezüglich der Finanzperformance als auch bezüglich der Kennzahlen. So ging zum Beispiel die bullishe Annahme

ABBILDUNG 4.16 Kursziel für Delphi

Kursziel für Delphi

(außer bei Angaben je Aktie in Millionen US-Dollar)

	Basis-szenario	Steigender Markt	Fallender Markt
Aktueller Aktienkurs	**22,00**		
EV / EBITDA			
EBITDA 2013e	2.433	2.676	1.824
Ziel-KGV	6,0	8,0	3,5
Unternehmenswert	**14.596**	**21.407**	**6.386**
Abzüglich Schulden insgesamt	-2.173	-2.173	-2.173
Abzüglich Minderheitsbeteiligungen	-462	-462	-462
Zuzüglich Barmittel	1.355	1.355	1.355
Wert des Eigenkapitals	**13.316**	**20.127**	**5.106**
Verwässerte Aktien	328	328	328
Kursziel	**40,57**	**61,32**	**15,55**
Steigerung/Rückgang gegenüber aktuellem Kurs	*84%*	*179%*	*-29%*
Jahresrendite	*36%*	*67%*	*-16%*
KGV			
EPS 2013e	$4,36	$5,50	$3,75
Ziel-KGV	10,0	12,0	5,0
Kursziel	**$43,64**	**$66,00**	**$18,75**
Steigerung/Rückgang gegenüber aktuellem Kurs	*98%*	*200%*	*-15%*
Jahresrendite	*41%*	*73%*	*-8%*
FCF-Rendite			
FCF/Aktie 2013e	3,26	4,08	2,45
Zielrendite	8%	5%	15%
Kursziel	**40,79**	**81,58**	**16,32**
Steigerung/Rückgang gegenüber aktuellem Kurs	*85%*	*271%*	*-26%*
Jahresrendite	*36%*	*93%*	*-14%*

davon aus, dass höhere Stückzahlen in den Vereinigten Staaten und China, höhere Margen und größere Rückkäufe zu stärkerem Umsatzwachstum führen würden. Daraus ergab sich ein für 2013 geschätztes

EPS von 5,50 Dollar. Multipliziert mit einem ehrgeizigen KGV von 12 ergab sich ein Kursziel von 66 Dollar, also ein Anstieg um 200 Prozent.

Für den bearishen Fall gingen wir von einer Schwäche in Europa aus, geringeren Stückzahlen in den Vereinigten Staaten und langsamerem Wachstum in China sowie von steigenden Ausgaben. So ergab sich für 2013 ein geschätztes EPS von 3,75 Dollar. Bei den Kennzahlen nahmen wir an, sie würden wie bei produktionsgebundenen Akteuren auf dem Niveau bei Delphis Börsengang verharren. Durch Anwendung eines KGV von 5 auf eine langsamer wachsende und weniger profitable Version von Delphi kamen wir auf ein Kursziel von 18,75 Dollar, also 15 Prozent Verlust.

Kernpunkte

- Bevor man ein Unternehmen bewertet, muss man seine Geschäftstätigkeit und seine finanziellen Gegebenheiten verstehen.
- Bei der Bewertung muss man ermitteln, ob die Aktie zum heutigen Kurs attraktiv ist.
- Sogar eine Aktie, die die geschäftliche und finanzielle Prüfung mit fliegenden Fahnen besteht, kann durch den Bewertungstest fallen.
- Die Wachstumserwartungen sind für die Bewertung von entscheidender Bedeutung – Anleger belohnen schneller wachsende Unternehmen meist mit höheren Bewertungskennzahlen.
- Seien Sie auch dann vorsichtig, wenn die Bewertung eines Unternehmens attraktiv erscheint – in den meisten Fällen hat es einen Grund, dass die Aktie so billig ist.
- Suchen Sie nach Katalysatoren, die aufgrund einer höheren Ertragskraft und steigender Bewertungskennzahlen für eine nennenswerte Neubewertung einer Aktie sorgen können.

- Das täglich Brot eines traditionellen Stockpickers sind Unternehmen, die jahrein, jahraus Gewinne ansammeln.
- Letzten Endes muss Ihre Bewertung ein vertretbares Kursziel liefern, das die Grundlage für Ihre Anlageentscheidung bildet.

5

ANLAGEENTSCHEIDUNG UND PORTFOLIO-MANAGEMENT

Zeit, auf den Knopf zu drücken?

Sie haben eine verlockende Anlageidee identifiziert und sie geprüft und jetzt müssen Sie eine Entscheidung fällen – *kaufen, shorten, beobachten* oder *sein lassen.* Doch treten wir zunächst einen Schritt zurück und rekapitulieren, wie wir an diesen Punkt gelangt sind.

In Schritt I: Ideenfindung boten wir einen Rahmen an, um systematisch potenzielle Investments ausfindig zu machen. Sie haben gelernt, wie man anhand von Bewertung, Finanzkennzahlen und diversen Ereignissen einschließlich Fusionen und Übernahmen, Ausgliederungen und anhand von Kapitalrenditen nach Ideen sucht. Auch haben Sie entscheidende makroökonomische und langfristige Themen sowie ihre wahrscheinlichsten Profiteure identifiziert.

In Schritt II: Die besten Ideen identifizieren haben Sie die Liste der potenziellen Investments anhand unseres Rahmens für die Prüfung von Ideen und unserer Vorlage für einen Investment-Steckbrief, die unter **www.investinglikethepros.com** verfügbar ist, zurechtgestutzt. Sie haben gelernt, wie man im Vorfeld recherchiert, um eine Anlagethese zu entwickeln, ein Unternehmen zu bewerten, die Qualität der Unternehmensleitung einzuschätzen, Risiken abzuwägen sowie die Finanzperformance und die Marktbewertung eines Unternehmens zu analysieren. Nach diesen Vorarbeiten haben Sie entschieden, ob sie sich weiterhin mit der Gelegenheit befassen oder nicht.

In Schritt III: Geschäftliche und finanzielle Due Diligence haben Sie tiefschürfende fundamentale Recherchen vorgenommen. Sie haben ein echtes Verständnis des Geschäftsmodells entwickelt, vor allem seiner wichtigsten treibenden Kräfte und Risiken. In finanzieller Hinsicht haben Sie die wichtigsten Finanzberichte geprüft, um herauszufinden, wie das Unternehmen sein Geld verdient, vermehrt und ausgibt. Kurz gesagt haben Sie sich eine Meinung darüber gebildet, wie sich die Unternehmensleistung in Zukunft entwickeln wird.

In Schritt IV: Bewertung und Katalysatoren haben Sie ermittelt, wie viel das Unternehmen wert ist. Außerdem haben Sie beurteilt, ob es billig oder teuer ist, sowohl für sich betrachtet als auch im Vergleich zu ähnlichen Unternehmen. Die vergleichende Analyse und die DCF-Bewertung bilden den Kern dieser Arbeit, die gegebenenfalls durch Bewertungsansätze gestützt wird, die auf M&A-Aktivitäten beruhen. Auch haben Sie potenzielle Katalysatoren für eine Neubewertung der Aktie identifiziert. Diese Arbeit gipfelte in der Setzung eines Kursziels.

Und jetzt, in Schritt V: Anlageentscheidung und Portfoliomanagement, ist es Zeit für das abschließende Urteil. Wenn eine *Kauf-* oder eine *Short-*Entscheidung gefallen ist, ist damit die Arbeit noch nicht beendet. Künftig muss die Position ständig überwacht werden, weil neue Entwicklungen die anfängliche These und das Kursziel zum Besseren oder zum Schlechteren verändern können.

Wenn die Aktie momentan nicht zum Kaufen oder Shorten attraktiv ist, kann man sie in die Kategorie *Beobachten* einsortieren. Solche Aktien sind die Saat für künftige Investments. Man kann später auf sie zurückkommen, wenn sich die Bewertung eines Unternehmens ändert, wenn sich seine Fundamentaldaten ändern ... oder wenn sich ein bestimmter Katalysator geltend macht. Wenn man sich entscheidet, sie *sein zu lassen*, ist diese Entscheidung im Idealfall schon bei einem der früheren Schritte gefallen.

Außerdem müssen die einzelnen Positionen im Kontext des gesamten Portfolios verwaltet werden. Zu diesem Zweck besprechen wir grundlegende Methoden der Portfoliozusammenstellung und des Risikomanagements. Um ein Portfolio aufzubauen, muss man eine Gruppe von Aktien zusammenstellen, die auf die eigenen spezifischen Anlageziele, auf die Strategie und auf die Risikotoleranz zugeschnitten ist.

Das Risikomanagement erfordert, dass man für sein Portfolio ein passendes Chance-Risiko-Verhältnis festlegt. Achten Sie dabei besonders auf die Größe der Positionen, auf die Anlagethemen, auf die Konzentration von Sektoren, auf geografische Schwerpunkte und auf das jeweilige Ausmaß der Hebelwirkung. Auch müssen Sie managen, wie sehr es makroökonomischen Faktoren wie Währungskursen, Rohstoffpreisen und Zinsen ausgesetzt ist. Wichtige Instrumente des Risikomanagements sind die Begrenzung von Exposures und Verlusten, die Gewinnmitnahme sowie Hedging (Absicherungspositionen) und Stresstests.

DIE ANLAGEENTSCHEIDUNG TREFFEN

Mit der Due-Diligence-Prüfung und der Bewertung sind Sie nun fertig. Jetzt müssen Sie eine Entscheidung fällen. Dafür brauchen Sie Vertrauen in Ihre neu erworbenen Fähigkeiten und den Mut zum Handeln. Ein großartiger Anleger ist durch die erwiesene Fähigkeit definiert, über einen langen Zeitraum konsequent stimmige Entscheidungen zu treffen.

Kaufen

Bis jetzt haben Sie sich an unsere Schritte gehalten und sind dazu gelangt, von einer bestimmten Aktie überzeugt zu sein. Dafür müssen Sie auf die Geschäftstätigkeit, die Finanzperformance und die Bewertung vertrauen. Es bedeutet auch, dass Sie davon überzeugt sind, dass der heutige Aktienkurs einen verlockenden Einstiegspunkt darstellt. All das ist in unsere Einschätzung von Delphi zum Zeitpunkt seines Börsengangs eingeflossen – und sie besagte, es sei ein klarer KAUF, der langfristiges Wachstum zu einem zyklischen Preis bietet.

Dabei möchte man nicht in die Falle eines *guten Unternehmens mit einer schlechten Aktie* tappen. Ein großartiges Unternehmen kann als Aktie eine schlechte Wahl sein, weil man dafür zu viel bezahlt oder weil der Zeitpunkt schlecht gewählt ist. Microsoft ist anerkanntermaßen eines der erfolgreichsten Unternehmen aller Zeiten und konnte Ende 2019 eine Marktkapitalisierung von mehr als 1,2 Billionen Dollar vorweisen. Aber war es als Aktie immer eine großartige Wahl? Wie in Kapitel 1 besprochen dauerte es nach dem Überschreiten eines Hochs von 40 Dollar Ende 1999 fast 15 Jahre, bis MSFT diese Decke durchstieß.

Wie in Schritt IV erwähnt, ist es bewährte gängige Praxis, ein Kursziel festzulegen, bevor man investiert. Es hilft einem, diszipliniert zu bleiben und Emotionen aus dem Entscheidungsprozess herauszuhalten. Erfolgreichen Anlegern sind die Parameter ihrer Positionen von vornherein klar und sie sind bereit, auszusteigen, wenn die Umstände dies diktieren.

Shorten

Sie sind zu dem Schluss gekommen, dass eine Aktie kein Kauf ist. Aber könnte Sie dann nicht ein Leerverkauf sein, ein Short? Für diese Entscheidung braucht es die gleiche Gründlichkeit und Überzeugung wie beim Kaufen. Ironischerweise kann einen die Suche nach verlockenden Long-Chancen (Kaufchancen) Ideen am entgegengesetzten Ende des Spektrums aufdecken lassen.

Die Entscheidung, eine Aktie zu shorten, gründet sich auf die Überzeugung, dass ihr Wert sinken wird. Technisch funktioniert das so, dass man sich die Aktien leiht (ein Broker macht dies möglich) und sie dann am freien Markt verkauft. Wie alles, was man geliehen hat, muss man sie irgendwann wieder zurückgeben. Beim Shorten setzt man darauf, dass man die Aktien später zu einem niedrigeren Preis zurückkaufen kann. Dann profitiert man von der Spanne zwischen dem heutigen Verkaufspreis und dem niedrigeren späteren Rückkaufpreis.

Vielleicht stellt man beim Prüfen einer Anlagechance fest, dass das Unternehmen oder einer seiner Konkurrenten Marktanteile verliert. Oder man stößt auf eine langfristige Bedrohung des Geschäftsmodells, zum Beispiel eine Erosion der Preissetzungsmacht oder eine preiswerte aufkommende Technologie. Es kann sogar sein, dass man ein fundamental unterlegenes vergleichbares Unternehmen findet, dessen Gewinnschätzungen ungerechtfertigt hoch sind und das mit Aufschlag gehandelt wird. Es kann sein, dass man wie Louis Pasteur über eine unglaubliche Entdeckung stolpert, während man etwas ganz anderes sucht.

Im Allgemeinen stammen Short-Kandidaten aus einer von mehreren gängigen Kategorien. Dazu gehören unter anderem externe Faktoren wie Substitution oder Obsoleszenz von Produkten, struktureller Druck, veränderte Verbrauchervorlieben, zyklische Hochs und regulatorische Änderungen. Auch gehören dazu selbst zugefügte Wunden, allen voran Unregelmäßigkeiten in der Bilanzierung, Missmanagement, überschuldete Bilanzen und scheiternde Fusionen und Übernahmen. Gängige Warnsignale sind abrupte Führungswechsel, ungewöhnlich große Insiderverkäufe oder eine schnelle Folge von Übernahmen.

Klassische Beispiele für die Obsoleszenz von Produkten sind der Übergang von Printmedien zu digitalen Medien, die Ersetzung des stationären Handels durch E-Commerce und die Ablösung konventioneller Kameras durch mobile Geräte. Kluge Shortseller wurden auch belohnt, als sie den Abrechnungsbetrug unter anderem bei Enron, SunEdison, Tyco und WorldCom aufdeckten.

Viele Anleger setzen Shorts taktisch ein. Das kann im Rahmen einer Hedging-Strategie oder selektiv geschehen, wenn man eine eklatante Short-Gelegenheit entdeckt. Es gibt allerdings nur sehr wenige Profis, die mit Leerverkäufen als hauptsächlicher Strategie konsequent Geld verdienen. Warum ist das so? Der Markt tendiert im Laufe der Zeit eindeutig nach oben – seit 1929 generiert der S&P 500 einschließlich reinvestierter Dividenden eine durchschnittliche Jahresrendite von elf Prozent. Außerdem stehen die Chancen beim Shorten schlecht, weil die institutionellen Investoren an der Wall Street traditionell zu Long-Investments neigen. Einfach ausgedrückt profitieren bei steigenden Kursen mehr Akteure als bei fallenden Kursen. Angesichts dieser Umstände muss man sehr geschickt und selektiv vorgehen, um mit Shorten Erfolg zu haben.

Darüber hinaus ist der potenzielle Verlust aus einem fehlgeschlagenen Leerverkauf unbegrenzt. Wenn man eine Aktie für 25 Dollar kauft und das Unternehmen geht bankrott, kann man höchstens einen Verlust von 25 Dollar erleiden. Wenn man aber eine Aktie shortet, dann gibt es für den Anstieg des Aktienkurses theoretisch keine Grenze … und somit auch für den potenziellen Verlust nicht.

Beobachten

Manche Aktien genügen vielleicht den geschäftlichen und finanziellen Kriterien, fallen aber beim Bewertungstest durch. Diese Unternehmen besitzen Qualität, sind aber derzeit nicht billig. Andere Aktien mögen billig sein, sind aber aus geschäftlicher oder finanzieller Sicht derzeit nicht sehr attraktiv. Man sieht jedoch Potenzial, dass ihre Situation sich bessern kann und sie zu langfristigen Gewinnern werden können.

Solche Ideen sollte man in die Kategorie „Beobachten“ stecken. Wie in Abbildung 5.1 zu sehen, enthält unsere Vorlage für einen Beobachtungsbogen relevante Bewertungskennzahlen und sonstige Finanzkennzahlen. Die vielleicht wichtigste Spalte ist die für das Kursziel. Darin schlägt sich die in Schritt IV besprochene Bewertungsarbeit nieder. Wenn eine Aktie aus der Beobachtungsliste mit einem nennenswerten Abschlag auf Ihr Kursziel gehandelt wird (zum Beispiel 25 Prozent oder mehr innerhalb von zwölf Monaten), sollten Sie sich am besten noch einmal mit ihr befassen.

Im Idealfall haben Sie die Aktie beobachtet und sich über die Trends des Unternehmens und des Sektors auf dem Laufenden gehalten. Wenn es zu einem wesentlichen Kursrückgang kommt, müssen Sie überzeugt sein, dass er nicht gerechtfertigt ist und dass die ursprüngliche These nach wie vor intakt ist. Es kann aber auch sein, dass sich die Aussichten des Unternehmens so sehr bessern, dass Sie Ihr Kursziel anheben. Das kann genügend Aufwärtspotenzial bieten, damit es sich lohnt, sich die Aktie noch einmal anzusehen.

Mit jeder geprüften Idee bauen Sie eine Datenbank aus potenziellen Kernpositionen auf. In manchen Fällen werden Sie eine Aktie mehrere Jahre lang beobachten, bevor ihr Besitz verlockend wird. Als sie aus den Tiefen der Großen Depression emportauchten, gelang es manchen Anlegern, hochwertige Unternehmen, auf die sie sei Jahren aus gewesen waren, zu Schleuderpreisen zu kaufen. Eine altbewährte Strategie des Value-Investings besteht darin, gute Ideen anzuhäufen und sie bei geeigneter Gelegenheit zu kaufen.

Sein lassen

Die Kategorie, die Aktie sein zu lassen, ist unproblematisch. Es handelt sich um eine Aktie, mit der Sie nichts zu tun haben wollen. Sie ist weder als Long-Position, als Short-Position noch als künftiges Investment überzeugend. Über manche Aktie, die man verworfen hat, freut man sich, bei anderen bereut man es. Was Letztere angeht, ist zu hoffen, dass Sie mit Ihrer damaligen Überlegung zufrieden sein können, dass Sie also die in diesem Buch beschriebenen Schritte befolgt haben und bei Ihrer Analyse methodisch vorgegangen sind. Letztlich haben

ABBILDUNG 5.1 Beobachtungsbogen – potenzielle Ideen

Beobachtungsbogen														Stand 01.03.2012
						EV / EBITDA			KGV			FCF-Rendite		
Unternehmen	Tickersymbol	Aktueller Aktienkurs	Kursziel	Kurszuwachs	Schulden/ EBITDA	2012e	2013e	2014e	2012e	2013e	2014e	2012e	2013e	2014e
Amazon.com	AMZN	180,04	225,00	25%	0,7	25,4	18,1	13,5	64	44	33	3,6%	4,8%	6,5%
Celanese	CE	48,41	55,00	14%	2,8	9,1	8,5	8,1	11	10	9	4,5%	7,6%	8,2%
Charter Comm.	CHTR	63,24	85,00	34%	4,7	7,4	7,0	6,6	n.v.	n.v.	16	7,4%	11,1%	15,8%
Danaher	DHR	52,88	55,00	4%	1,4	10,7	9,7	8,8	16	14	12	7,4%	8,2%	8,8%
Google	GOOG	622,40	750,00	21%	0,2	19,4	16,4	14,1	15	13	11	6,3%	7,4%	8,5%
Illinois Tool Works	ITW	55,88	60,00	7%	1,1	8,3	7,9	7,5	13	12	11	7,4%	8,1%	8,8%
Mastercard	MA	420,43	500,00	19%	0,0	11,6	10,1	8,8	19	17	14	5,1%	6,5%	7,5%
Priceline	PCLN	637,32	675,00	6%	0,3	16,7	13,0	10,5	24	18	16	4,8%	5,8%	6,7%
Rockwood	ROC	54,00	67,50	25%	1,9	6,6	6,1	5,8	12	10	9	7,1%	9,9%	11,3%
Sherwin-Williams	SHW	103,56	115,00	11%	0,9	11,3	10,6	10,0	18	16	15	5,1%	6,1%	6,7%
Sirius XM	SIRI	2,23	3,00	35%	2,6	14,7	12,9	12,1	n.v.	28	28	4,6%	6,5%	8,7%
Time Warner Inc.	TWX	37,46	47,50	27%	2,9	8,2	7,7	7,3	11	10	8	8,0%	10,5%	12,4%

Sie schlicht die Entscheidung getroffen, dass die Aktie nichts für Sie ist. Disziplin ist eine Tugend – Sie wollen ja keine Ideen in Ihr Portfolio hineinzwingen.

Im Idealfall haben Sie die Entscheidung, eine Aktie sein zu lassen, schon frühzeitig in Ihrem Anlageprozess getroffen. Die Zeit, die man für eine Aktie aufgewendet hat, die man dann doch sein lässt, ist mit hohen Opportunitätskosten verbunden. Falls die Idee bis zu diesem Punkt überlebt hat, kann man das neu erworbene Wissen auf künftige Investmentgelegenheiten anwenden. Während Sie weiterhin zu neuen Sektoren und Unternehmen recherchieren, lernen Sie immer mehr.

DAS INVESTMENT ÜBERWACHEN

Wenn man eine Position eingeht, ist damit die Arbeit noch nicht beendet. Man muss seine Aktien genau beobachten und darauf vorbereitet sein, seine Überlegungen zu modifizieren. Neue Entwicklungen können die anfängliche These verändern, manchmal augenblicklich.

Die Überwachung der Position beinhaltet ständiges Überlegen, Analysieren und Zusammenfassen unternehmensspezifischer und makroökonomischer Ereignisse, die sich auf das zugrunde liegende Unternehmen auswirken können. *Die Due-Diligence-Prüfung endet nie.* Sie sollten Ihre These immer wieder durchgehen und überprüfen. Bleiben Sie über die Risiken auf dem Laufenden, die Sie im Vorfeld identifiziert haben.

Die tägliche Beobachtungsarbeit besteht darin, unternehmens- und sektorspezifische Nachrichten, Researchberichte und relevante Wirtschaftsdaten zu verfolgen. Nach jedem Quartal analysiert man Geschäftsberichte und SEC-Formulare sowie gegebenenfalls die damit einhergehenden Investorpräsentationen. Auch stehen viele Profis mit Investor-Relations-Abteilungen (IR) oder Managern im Dialog. Das geht so weit, dass man Branchenkonferenzen besucht, bei denen Portfoliogesellschaften und Konkurrenten anwesend sind.

Gespräche mit Kunden und Zulieferern liefern außerdem Einblicke in die Dynamiken und Trends der betreffenden Branche. Durch eine solche sorgfältige Prüfung bleibt man am Puls der entscheidenden Wertfaktoren und der Wettbewerbslandschaft. In gleichem Maße beobachtet man auch die Aktien im Steckbrief, damit man im passenden Moment zuschlagen kann.

Uns ist klar, dass manche oben genannten Aktivitäten, wenn man kein Vollzeit-Investmentprofi ist, aufgrund der eingeschränkten Zeit und Ressourcen Herausforderungen sein können. Aber wenn man die Aktienanlage ernstlich betreiben will, muss man Einsatz bringen. Wir können Ihnen zwar das Know-how bieten, aber zur Tat schreiten müssen Sie schon selbst. Wir raten Ihnen, sich jeden Tag eine Zeitscheibe für die Arbeit am Portfolio herauszuschneiden. Im Mindestfall sollten Sie täglich die Finanznachrichten lesen und automatische Meldungen für Ihre Schwerpunkt-Aktien einrichten (zum Beispiel über Google Alerts).

Quartalsberichte

Die Durchsicht und die Berücksichtigung der Geschäftsberichte nach Quartalsende sind ein entscheidender Teil der Beobachtung. Zu jedem Quartal liefern US-amerikanische börsennotierte Gesellschaften eine vollständige Aktualisierung ihrer Finanzberichte sowie Bemerkungen zum Quartal und zu der Zeit seit Jahresbeginn (YTD = Year-To-Date); dazu kommen das Formular 10-Q beziehungsweise 10-K sowie öffentliche Telefonkonferenzen.[1] Außerdem nutzt das Management dieses Forum, um den Anlegern das Neueste über Prognosen und Aussichten, wichtige strategische Initiativen und Trends des Sektors mitzuteilen.

Was die Geschäftsberichte angeht, so vergleicht man die Quartals- und die YTD-Ergebnisse mit den Ergebnissen der Vorjahreszeiträume sowie mit dem Konsens der Analystenschätzungen und den eigenen

---

[1] Die Zeiten und Zugangscodes für diese Quartalskonferenzen werden auf der Website des Unternehmens bekannt gegeben. Normalerweise werden diese Telefonkonferenzen auch über das Internet verbreitet, man kann sie nachhören und sie werden von diversen Finanzinformations-Dienstleistern schriftlich angeboten.

Schätzungen. Bei manchen Unternehmen kann auch der Vergleich mit dem vorigen Quartal aufschlussreich sein, vor allem bei weniger saisonalen Unternehmen. Genauso wichtig ist es, ob in früheren Quartalen die Erwartungen übertroffen oder verfehlt wurden, denn das kann bedeutsame Trends offenbaren.

Hören Sie sich die Telefonkonferenzen an und gehen Sie die entsprechenden Niederschriften sowie die darauf folgenden Analystenberichte durch. Achten Sie auf den Gehalt und den Ton der Verlautbarungen der Unternehmensleitung, vor allem was die entscheidenden Leistungsfaktoren angeht. Für Anleger hat jede Aktie ihre eigenen Knackpunkte. Bei manchen ist es das Umsatzwachstum, bei anderen sind es die Margen. Aber auf jeden Fall stechen der Ausblick und die Prognose alle anderen aus. Seien Sie nicht überrascht, wenn ein Unternehmen die Umsatz- oder Gewinnerwartungen übertrifft, aber der Kurs trotzdem sinkt, wenn die Prognosen der Unternehmensleitung wenig inspirierend sind.

Auch sollte man Zeit darauf verwenden, sich das 10-Q (10-K) durchzulesen, vor allem MD&A, damit das Quartal Farbe bekommt. Auch die Fußnoten der Finanzabschlüsse sind informativ. Profis haken normalerweise noch einmal bei der IR-Abteilung oder bei der Unternehmensleitung nach, um entscheidende Punkte der Outperformance oder Underperformance zu klären. Dabei überprüfen sie auch die Annahmen ihrer Finanzmodelle.

In den Abbildungen 5.2 und 5.3 bieten wir Muster für den Vergleich von Posten der Erfolgsrechnung und der Kapitalflussrechnung für Quartale und Jahre. Sie können in Ihre Vergleichsbögen auch unternehmens- und sektorspezifische betriebliche Kennzahlen sowie aufgeschlüsselte Finanzdaten aufnehmen, sofern diese bekannt gegeben werden.

Unsere Ergebnisvorlagen enthalten Delphis Finanzinformationen für das vierte Quartal, das am 31.12.2011 endete, also die erste Ergebnismeldung des Unternehmens nach dem Börsengang. Die Vorlage für das Jahr bezieht sich auf Delphis Finanzinformationen für das Geschäftsjahr, das am 31.12.2011 endete.

ABBILDUNG 5.2 Vorlage für den Vergleich von Quartalsergebnissen

(außer bei Angaben je Aktie in Millionen US-Dollar)

Ergebnisse des 4. Quartals 2011, Übersicht							
	Ausgewiesen 4. Quartal 2011	**Ausgewiesen 4. Quartal 2010**	**Differenz zum 4. Quartal 2010**	**Differenz zum 4. Quartal 2010**	**Besser / schlechter**	**Konsens-schätzung**	**Meine Schätzung**
Erfolgsrechnung							
Erlös	3.900	3.652	248	*6,8%*	Besser	3.879	3.898
Bruttomarge	679	606	73	*12,0%*	Besser	581	550
Marge	*17,4%*	*16,6%*	*0,8%*	*4,9%*	Besser	*15,0%*	*14,1%*
EBITDA	530	342	188	*55,0%*	Besser	419	435
Marge	*13,6%*	*9,4%*	*4,2%*	*45,1%*	Besser	*10,8%*	*11,2%*
Reingewinn	290	75	215	*286,7%*	Besser	179	217
Marge	*7,4%*	*2,1%*	*5,4%*	*262,1%*	Besser	*4,6%*	*5,6%*
Verwässerte Aktien (1)	328	328	-	-	Übereinstimmend	328	328
EPS	0,88	0,23	0,65	*286,7%*	Besser	0,54	0,66
Kapitalflussrechnung							
Barmittel a. lauf. Geschäftstätigkeit	468	287	181	*63,1%*	Schlechter	487	456
Abzüglich Capex	176	219	-43	*-19,6%*	Besser	187	175
Anteil am Umsatz	*4,5%*	*6,0%*	*-1,5%*	*-24,7%*	Besser	*4,8%*	*4,5%*
Freier Cashflow	292	68	224	*n.v.*	Schlechter	301	281
FCF/Aktie	0,89	0,21	0,68	*n.v.*	Schlechter	0,92	0,86
Rückgabe von Kapital							
Rückkäufe	109	0	109	-	Schlechter	136	100
Dividenden	93	2	91	*n.v.*	Besser	55	0
Summe Kapitalrückgaben	202	2	200	*n.v.*	Besser	175	100
Anteil an der Marktkapitalisierung	*2,9%*	*0,0%*				*2,5%*	*1,4%*

(1) Bereinigt, um für Vergleichszwecke die tatsächlich ausstehenden Aktien bei der Neuemission wiederzugeben. Für das 4. Quartal 2010 ausgewiesenes EPS: 0,11 Dollar.

ABBILDUNG 5.3 Vorlage für den Vergleich von Jahresergebnissen

(außer bei Angaben je Aktie in Millionen US-Dollar)

Ergebnisse des Geschäftsjahrs 2011, Übersicht	Ausgewiesen Geschäftsjahr '11	Ausgewiesen Geschäftsjahr '10	Differenz zum Geschäftsjahr '10	Differenz zum Geschäftsjahr '10	Besser/ schlechter	Konsens-schätzung	Meine Schätzung
Ergebnisrechnung							
Erlös	16.041	13.817	2.224	*16,1%*	Besser	16.020	16.039
Bruttomarge	2.655	2.049	606	*29,6%*	Besser	2.633	2.526
Marge	*16,6%*	*14,8%*	*1,7%*	*11,6%*	Besser	*16,4%*	*15,7%*
EBITDA	2.119	1.633	486	*29,8%*	Besser	2.011	2.044
Marge	*13,2%*	*11,8%*	*1,4%*	*11,8%*	Besser	*12,6%*	*12,7%*
Reingewinn	1.145	631	514	*81,5%*	Besser	1.035	1.072
Marge	*7,1%*	*4,6%*	*2,6%*	*56,3%*	Besser	*6,5%*	*6,7%*
Verwässerte Aktien (1)	328	328	-	-	Übereinstimmend	328	328
EPS	3,49	1,92	1,57	*81,5%*	Besser	3,15	3,27
Kapitalflussrechnung							
Barmittel a. lauf. Geschäftstätigkeit	1.377	1.142	235	*20,6%*	Schlechter	1.392	1.356
Abzüglich Capex	630	500	130	*26,0%*	Besser	641	629
Anteil am Umsatz	*3,9%*	*3,6%*	*0,3%*	*8,5%*	Besser	*4,0%*	*3,9%*
Freier Cashflow	747	642	105	*16,4%*	Schlechter	752	727
FCF/A	2,28	1,96	0,32	*16,4%*	Schlechter	2,29	2,21
Rückgabe von Kapital							
Rückkäufe	4.747	0	4.747	-	Schlechter	4.763	4.738
Dividenden	93	27	66	*244,4%*	Besser	78	0
Summe Kapitalrückgaben	4.840	27	4.813	*n.v.*	Besser	4.818	4.738
Anteil a. d. Marktkapitalisierung	*68,5%*	*0,4%*				*59,6%*	*67,0%*

(1) Bereinigt, um für Vergleichszwecke die tatsächlich ausstehenden Aktien bei der Neuemission wiederzugeben. Für 2011 und 2010 ausgewiesene EPS in Höhe von 2,72 beziehungsweise 0,92 Dollar.

ABBILDUNG 5.4 Vorlage für den Vergleich von Bilanzen

(in Millionen US-Dollar)

Bilanzdaten Geschäftsjahr 2011				
	Ausgewiesen Geschäftsjahr 2011	**Ausgewiesen Geschäftsjahr 2011**	**Änderung zum Geschäftsjahr 2010**	**Änderung zum Geschäftsjahr 2010**
Kapitalstruktur				
Finanzdaten				
EBITDA	2.119	1.633	486	*29,8%*
Zinsaufwand	123	30	93	*n.v.*
Capex	630	500	130	*26,0%*
Finanzschulden				
Barmittel	1.372	3.266	-1.894	*n.v.*
Besicherte Schulden	1.103	242	861	*n.v.*
Schulden insgesamt	2.103	289	1.814	*n.v.*
Nettoschulden	731	-2.977	3.708	*n.v.*
Kreditdaten				
EBITDA/Zinsaufwand	17,2	54,4	*n.v.*	
(EBITDA - Capex)/Zinsen	12,1	37,8	*n.v.*	
Besicherte Schulden/EBITDA	0,5	0,1	0,4	
Gesamtschulden/EBITDA	1,0	0,2	0,8	
Nettoschulden/EBITDA	0,3	-1,8	2,2	
Nettoumlaufvermögen				
Kurzfristige Aktiva				
Debitoren	2.459	2.307	152	*6,6%*
Vorräte	1.054	988	66	*6,7%*
Sonstige kurzfristige Aktiva	616	555	61	*11,0%*
Kurzfristige Aktiva insgesamt	**4.129**	**3.850**	**279**	**7,2%**
Kurzfristige Verbindlichkeiten				
Kreditoren	2.397	2.236	161	*7,2%*
Rückstellungen	1.208	1.265	-57	*-4,5%*
Kurzfristige Verbindlichkeiten insgesamt	**3.605**	**3.501**	**104**	**3,0%**
Nettoumlaufvermögen	524	349	175	*50,1%*
Kennzahlen Nettoumlaufvermögen (NUV)				
NUV als Anteil am Umsatz	*3,3%*	*2,5%*	*0,7%*	*29,3%*
Forderungslaufzeit in Tagen	56	61	-5	*-8,2%*
Lagerreichweite in Tagen	29	31	-2	*-6,2%*
Kreditorenlaufzeit in Tagen	65	69	-4	*-5,8%*

Im vierten Quartal 2011 erzielte Delphi einen Umsatz von 3,9 Milliarden Dollar (+6,8 Prozent gegenüber dem Vorjahr), ein EBITDA von 530 Millionen Dollar (+55 Prozent gegenüber dem Vorjahr) und ein EPS von 0,88 Dollar (+287 Prozent gegenüber dem Vorjahr) und schlug damit locker die Konsensschätzungen. In derselben Meldung gab Delphi für das Geschäftsjahr 2011 einen Umsatz von 16 Milliarden Dollar (+16 Prozent gegenüber dem Vorjahr), ein EBITDA von 2,1 Milliarden Dollar (+30 Prozent gegenüber dem Vorjahr) und ein EPS von 3,49 Dollar (+82 Prozent gegenüber dem Vorjahr) bekannt. In diesen dynamischen Wachstumsraten schlugen sich Delphis aus großen Tiefen wieder hochgeschnellte Stückzahlen, die Verbesserungen durch Initiativen zur Kostensenkung und die operative Leverage nieder. Rund zwei Jahre nach dem Ende des Insolvenzverfahrens spiegelte die Unternehmensleistung der neuen Delphi eindeutig den markanten Wandel des Unternehmens wider.

Auch die wichtigsten Bilanzkennzahlen werden beobachtet. Wie in Abbildung 5.4 zu sehen, stieg Delphis Fremdfinanzierungsgrad von 0,2:1 Ende 2010 auf 1:1 Ende 2011. Das lag vor allem an den neuen Schulden, die Delphi machte, um die Beteiligung im Wert von 4,3 Milliarden Dollar zurückzukaufen, die General Motors gehalten hatte. Dank des großen Barbestands von Delphi betrug der Verschuldungsgrad jedoch weiterhin nur 0,3:1. Der Deckungsgrad des Konzerns von 17,2 (investitionsbereinigt 12,1) war sehr gesund. Die Kapitalintensität, gemessen am Nettoumlaufvermögen als Prozentsatz des Umsatzes, stieg leicht von 2,5 auf 3,3 Prozent, was für ein schnell wachsendes Unternehmen nicht ungewöhnlich ist. Alles in allem war die Bilanz von Delphi in einer großartigen Verfassung.

DIE ZUSAMMENSTELLUNG DES PORTFOLIOS

Bislang haben wir uns darauf konzentriert, gewinnbringende Aktien zu finden. Aber jede Einzelposition muss im Kontext des gesamten Portfolios betrachtet werden. Eine große Position sollte ihren relativen

Rang bezüglich ihres Chance-Risiko-Profils im Verhältnis zu den anderen Aktien widerspiegeln. Auch sollte sie das Timing potenzieller Katalysatoren widerspiegeln. Kurz gesagt sollten die Positionen, von denen Sie am meisten überzeugt sind, den größten Teil Ihres Portfolios stellen. Achten Sie gleichzeitig auf Ihre allgemeine Anlagestrategie, auf Ihre Ziele und auf Ihre Risikotoleranz.

Um ein Gewinner-Portfolio zusammenzustellen, muss man auf das jeweilige Niveau des Exposures achten. Am wichtigsten sind dabei die Größen der einzelnen Positionen, die darüber entscheiden, wie viel Sie mit einer Aktie gewinnen oder verlieren können. Auch müssen Sie sich indirekter Exposures bewusst sein. Das können spezifische Sektoren, Regionen, Anlagethemen, Währungen, Rohstoffe, Zinssätze und Hebelwirkungen sein. Deshalb müssen Sie bei der anfänglichen Portfoliozusammenstellung dafür sorgen, dass Sie beispielsweise nicht auf die Entwicklungsrichtung von Rohstoffpreisen oder Devisenkursen setzen, ohne es zu merken.

In manchen Fällen fühlen Sie sich vielleicht damit wohl, dass Sie sich konzentriert bestimmten Faktoren aussetzen. Übliche Beispiels dafür sind, dass man eine bestimmte Aktie, einen Sektor oder eine Region übergewichtet. Oder wenn Sie glauben, dass zyklische Aktien auf absehbare Zukunft outperformen werden, fühlen Sie sich vielleicht damit wohl, dieses Anlagethema überzugewichten.

Im Folgenden besprechen wir entscheidende Überlegungen bei der Zusammenstellung eines Portfolios (siehe Abbildung 5.5).

Anlageziele

Dass man sich von Anfang an klare Investmentziele setzt, ist bei der Zusammenstellung eines Portfolios von entscheidender Bedeutung. Konzentrieren wir uns zunächst vor allen Dingen auf Renditeziele. Ist es Ihr Ziel, möglichst hohe absolute Erträge zu erzielen oder einen Benchmark-Index wie den S&P 500 oder den MSCI World zu übertreffen?[2]

---

[2] Im Jahr 2019 enthielt der MSCI World Index Aktien aus 23 Ländern mit entwickelten Märkten und repräsentierte circa 85 Prozent der Marktkapitalisierung jedes Landes.

ABBILDUNG 5.5 Überlegungen bei der Zusammenstellung eines Portfolios

Überlegungen bei der Zusammenstellung eines Portfolios
▪ Anlageziele
▪ Risikotoleranz
▪ Positionsgrößen
▪ Sektoren und Regionen
▪ Anlagethemen
▪ Währungen
▪ Rohstoffe
▪ Zinsen
▪ Verschuldung

Sind Sie darauf aus, zweistellige Jahresrenditen, absolute risikobereinigte Renditen, regelmäßige Einnahmen zu erzielen oder Ihr Kapital zu bewahren? Egal, wie die konkreten Ziele aussehen, die Zusammenstellung Ihres Portfolios muss darauf abgestimmt sein.

In diesen Zielen sollte sich auch Ihr Zeithorizont niederschlagen. Sind Sie langfristig orientiert, sagen wir auf drei bis fünf Jahre oder mehr? Wenn ja, dann haben Sie vielleicht das Durchhaltevermögen, vorübergehende Kurseinbrüche durchzustehen. Oder sind Sie an häufigere Bedarfe gebunden, zum Beispiel monatlich oder vierteljährlich? In diesem Fall sollten Sie vielleicht sehr volatile oder illiquide Aktien meiden. Bei Privatanlegern tragen der persönliche Liquiditätsbedarf, die Zeit bis zum Ruhestand und Renditeziele zur Festlegung des Zeithorizonts bei. Komplizierter wird es, wenn man fremdes Geld verwaltet und regelmäßigen Berichtspflichten und Rücknahmen unterliegt.

Risikotoleranz

Die Risikotoleranz hängt unmittelbar mit den Anlagezielen zusammen. Eine auf regelmäßiges Einkommen oder auf Kapitalerhaltung ausgerichtete Strategie ist von Grund auf weniger riskant als eine, die auf maximale Renditen abzielt.

Auch muss man zu sich selbst ehrlich sein. Beispielsweise kann ein konzentriertes Long-Portfolio großen Ausschlägen in beide Richtungen ausgesetzt sein. Um eine solche Strategie durchzuhalten, kommt es entscheidend auf das eigene Temperament und auf den Überzeugungsgrad an. Auch braucht man dafür geduldiges Kapital, das in volatilen Zeiten auf Kurs bleibt. Ein berühmter Ausspruch des britischen Ökonomen John Maynard Keynes lautet: „Der Markt kann länger irrational bleiben, als man solvent bleiben kann."

Bei einem klugen Portfolioaufbau muss man außerdem die Volatilität beziehungsweise das *Beta* gewisser Positionen bedenken. So hat beispielsweise eine Small-Cap-Biotech-Aktie immer ein höheres Beta als ein Blue Chip, der Basiskonsumgüter herstellt. Das heißt, wenn Sie einen möglichen schweren Kurseinbruch (oder *Drawdown*) einer einzelnen Position nicht verkraften können, dann sollten Sie vielleicht Ihr Engagement in volatilen Aktien mit hohem Beta möglichst klein halten. Wenn eine Ihrer Positionen einen großen Drawdown erleidet, sollten Sie auf jeden Fall einen kühlen Kopf bewahren und nicht in Panik verfallen. Volatilität kann auch Chancen eröffnen.

Positionsgrößen

Der Umgang mit Positionsgrößen kann sich von Anleger zu Anleger dramatisch unterscheiden. Manche halten konzentrierte Positionen für unerlässlich, um hohe Überrenditen zu erzielen. Wenn man ein paar Ideen hat, von denen man sehr überzeugt ist – so besagt diese Denkweise –, ist es sinnvoll, in sie zu investieren. David Abrams von Abrams Capital und Seth Klarman von The Baupost Group sind Vertreter dieser Philosophie. Andere sind hingegen von der breiten Diversifizierung von Portfolios überzeugt.

Ob man nun ein konzentriertes oder ein diversifiziertes Portfolio fährt, man sollte bei der Größe der Positionen immer die Vorteile jeder Position gegenüber anderen abwägen. Wenn man nicht die richtigen Größen wählt, läuft man Gefahr, sein Portfolio zu gefährden oder wertvolle Gewinne zu verpassen.

Und wie legt man nun die Positionsgrößen der ausgewählten Aktien fest? Soll es eine Position von fünf oder zehn Prozent oder nur eine einprozentige „Probierposition" sein? Wie sehr sind Sie von der betreffenden Aktie zum jetzigen Zeitpunkt überzeugt? Gibt es unmittelbar bevorstehende Katalysatoren, die den Aktienkurs deutlich in die Höhe treiben könnten? Wie sieht das Chance-Risiko-Verhältnis im Vergleich zu Ihren anderen Ideen aus? Die Festlegung von Kurszielen, an der Sie in Schritt IV gearbeitet haben, ist unentbehrlich, um Ihre Positionen nach Stärke zu sortieren und ihre Größen entsprechend zu wählen. Sie versetzt sie in die Lage, ein Portfolio aufzubauen, in dem die besten Ideen das größte Gewicht haben.

Vom taktischen Standpunkt her können Sie erwägen, etwas Pulver trocken zu halten – also nicht investiertes Kapital vorzuhalten –, um Ihre Positionen opportunistisch aufstocken zu können, wenn der Markt oder Unternehmen einen „Schluckauf" erleiden. Geht man gleich die Maximalposition ein, kann dies bedeuten, dass man nicht in der Lage ist, bei künftigen Kursdellen zu kaufen, vor allem in Zeiten, in denen der Markt panisch wird. Wenn man eine Position über einen gewissen Zeitraum aufbaut, kann man außerdem die Aktie „hochfahren", während man zunehmend Vertrauen in die These gewinnt.

Es kann aber auch Situationen geben, in denen es gerechtfertigt ist, gleich die Maximalposition einzugehen. Dafür muss man sehr überzeugt sein, entweder wegen eines attraktiven Kaufpreises oder wegen der zeitlichen Sensitivität bezüglich eines bevorstehenden Katalysators.

Sektoren und Regionen

Ebenso wie für die Größe der einzelnen Positionen haben viele Anleger auch Richtlinien, wie sehr sie sich bestimmten Sektoren und Regionen aussetzen wollen. Zum Beispiel kann man sein Technologie-Exposure auf maximal 20 Prozent des Kapitals begrenzen. Oder man kann sein Europa-Exposure deckeln.

Man muss auch auf die Korrelation zwischen konzentrierten Positionen und dem restlichen Portfolio achten. Wenn die größte Position ein Automobil-Erstausrüster ist, sollte man vielleicht im restlichen Portfolio das Autoindustrie-Exposure begrenzen. Auf dieses Weise löscht ein plötzlicher Absacker der Konjunktur oder des Automobilzyklus nicht gleich die komplette Rendite aus. Verstehen Sie uns bitte nicht falsch – wenn Sie von einem bestimmten Sektor oder von einer bestimmten Region sehr überzeugt sind, ist es völlig in Ordnung, sie überzugewichten. Aber achten Sie dabei auf die Risiken und managen Sie sie entsprechend.

Man wird ständig an die Gefahren einer übertriebenen Konzentration erinnert. Wer Ende 2014 und 2015 massiv in den Energiesektor investiert war, bezog Prügel, weil dann der Ölpreis rasant abstürzte. Andere symbolträchtige Beispiele waren übertriebenes Engagement in Internet-Aktien Ende der 1990er-Jahre, in Bank-Aktien im Jahr 2008, in europäische Aktien 2011, in Spezialpharmazie 2015 und in den Einzelhandel 2017.

Anlagethemen

Damit sind Ideen gemeint, die sich um eine bestimmte Unternehmensstrategie oder um eine bestimmte Eigenschaft von Unternehmen drehen. Beispielsweise können die eigenen Recherchen darauf hindeuten, dass M&A-Plattformen wahrscheinlich outperformen werden, weil ein attraktiver Finanzierungshintergrund oder Unterstützung durch den Markt vorliegt. Andere Themen können Turnarounds, Value-Aktien, Wachstumswerte, „Gewinnsammler" oder Zykliker sein, die sich gefühlt in einer Talsohle befinden.

Ebenso wie bei Sektoren und Regionen kann auch die zu hohe Konzentration eines bestimmten Anlagethemas gefahrvoll sein. Bei einer M&A-Strategie kann ein Zusammenbruch der Anleihemärkte die Akteure über Nacht blockieren. Und auch bei einer Strategie, die sich auf zyklische Tiefs richtet, sollte das Timing möglichst stimmen.

Wenn gewisse Themen populär werden, ziehen sie meistens Massen an. Schnelles Geld bewegt sich ebenso schnell hinein wie wieder heraus. Daher sind entsprechende Aktien trotz ihrer anfänglichen Vorzüge als Investments höchst anfällig, wenn sich die Umstände zum Schlechteren verändern. Dabei ist es egal, ob die Probleme unternehmensspezifisch oder marktbezogen sind. Wenig überzeugte Anleger hasten zu den Ausgängen. Wenn etwas schiefgeht, will man ja nicht als Letzter sitzen bleiben.

Währungen

Währungsrisiken sind eng mit den geografischen Risiken verwandt. Bei Portfolios mit Aktien, die erhebliche internationale Umsätze erzielen, können Währungsschwankungen die Gewinne und die Unternehmensleistung deutlich beeinflussen. So kann beispielsweise ein scharfer Einbruch des Euro eine Aktie mit Sitz in den Vereinigten Staaten dramatisch beeinträchtigen, die einen großen Teil ihrer Gewinne in Europa erzielt. Man spricht hier vom Wechselkursrisiko.

Ein klassisches Beispiel trug sich in der Zeit von März 2014 bis März 2015 zu, als der EUR/USD-Wechselkurs von 1,40 auf 1,05 sank, der Dollar also um 25 Prozent abwertete. Somit hätte ein Unternehmen mit Sitz in den Vereinigten Staaten, das 50 Prozent seines Gewinns in Europa erwirtschaftete, in dieser Zeit allein aufgrund der Währung einen Rückgang seiner in US-Dollar gemeldeten Finanzergebnisse um 12,5 Prozent erlebt.

Man muss dieses Risiko für jedes einzelne Unternehmen im Vorfeld identifizieren und analysieren. Man muss verstehen, wie sich Währungsschwankungen in verschiedenen Szenarien auf Gewinn und Performance auswirken können. Dann dehnt man diesen Ansatz auf die Portfolioebene aus, wo sich hinter mehreren Unternehmen eine Währungskonzentration verbergen kann.

Rohstoffe

Auf Rohstoffe bezogene Aktien sind von Natur aus zyklischer und schwanken stärker als andere Aktien. Die Verheißung von Superzyklen oder die Denkweise, diesmal sei alles anders, können zwar verführerisch sein, aber man muss dem Rohstoffzyklus den gebührenden Respekt zollen. Eine plötzliche Änderung der Preise für Öl, Harze, Kupfer oder Stahl – um nur einige wenige zu nennen – kann ein hier zu stark engagiertes Portfolio verwüsten.

Dramatische Rohstoffpreisänderungen bringen klare Gewinner und Verlierer hervor. Ein steiler Einbruch des Ölpreises schädigt die Gewinne der Förderer, kommt aber den Fluggesellschaften und Speditionen zugute. Ebenso mögen höhere Stahlpreise den Hütten zugutekommen, sie schaden jedoch Herstellern, die für ihre Produkte Stahl benötigen. Ein solches Exposure lässt sich kontrollieren, indem man zusätzlich zur Begrenzung der Positionsgrößen die Positionen hedgt – also Absicherungsgeschäfte tätigt.

Zinsen

Man sollte auch das Ausmaß managen, in dem ein Portfolio den Zinsänderungen ausgesetzt ist. Wie in der Zeit nach der Großen Rezession erlebt, können niedrige Zinsen durch die Bank für kräftigen Rückenwind sorgen. Verbraucher haben dann einen Anreiz, im Zweifelsfall lieber Geld auszugeben als es zu sparen. Das Gleiche gilt für Unternehmen, die sich dann zu attraktiven Zinsen Geld leihen können, um Investitionen, Übernahmen und Kapitalrenditen zu finanzieren.

Im Gegenzug kann eine von steigenden Zinsen geprägte straffere Geldpolitik für Gegenwind sorgen, vor allem wenn die Wirtschaft gerade nicht wächst. Besonders anfällig dafür sind Aktien mit hoher Dividendenrendite sowie verschuldete Unternehmen mit einem hohen Anteil variabler Zinsen. Auch Storys, die sich auf schuldenfinanziertes Wachstum, schuldenfinanzierte Rückkäufe oder schuldenfinanzierte Fusionen und Übernahmen stützen, sind davon betroffen. Portfolios, in denen solche Aktien übergewichtet sind, erfordern eine erhöhte Aufmerksamkeit und verstärkte Informationsbeschaffung. Man muss bereit sein, auf neue Informationen bezüglich möglicher Zinsbewegungen hin entschlossen zu handeln.

Verschuldung

Verschuldung ist ein zweischneidiges Schwert. Das richtige Gleichgewicht kann ein leistungsfähiges Werkzeug zur Schaffung von Shareholder Value sein. Billige Schulden fördern sowohl das organische Wachstum als auch gewinnbringende Fusionen und Übernahmen sowie die Rückgabe von Kapital an die Aktionäre.

In schwierigen Zeiten hingegen – ob nun volkswirtschaftlich oder unternehmensspezifisch – kann eine hohe Schuldenlast schädigend oder gar tödlich sein. Viele Unternehmen, die mit einer hoch verschuldeten Bilanz in die Große Rezession eintraten, gingen bankrott. Die Kombination aus einbrechendem Cashflow und der Unfähigkeit, fällig werdende Schulden zu refinanzieren, erwies sich als unüberwindlich. Andere überlebten zwar, aber ihr Eigenkapital wurde schwer in Mitleidenschaft gezogen und erholte sich, wenn überhaupt, erst nach Jahren wieder.

Sehen wir uns einmal Charter Communications (CHTR) an. Ende 2008 hatte das Unternehmen nach einem jahrelangen schuldenfinanzierten Übernahmerausch einen Verschuldungsgrad von fast 10:1. Die damit verbundenen hohen Zinskosten wirkten in Kombination mit einem beträchtlichen Investitionsbedarf lähmend auf das Unternehmen. Die investitionsbereinigte Deckung lag unter eins, was bedeutete, dass CHTR nicht genug Bares hatte, um seine Zinsen zu bezahlen. Zudem gelang es dem Unternehmen nicht mehr, bald fällig werdende Schulden zu refinanzieren, als die Kapitalmärkte während der Großen Rezession versiegten. Im Januar 2009 konnte Charter eine Zinszahlung nicht leisten und beantragte Insolvenz.

Nachdem es die Insolvenz im November 2009 hinter sich hatte, war sein Kreditprofil wesentlich besser. Der Fremdfinanzierungsgrad war auf 5,5 gesenkt worden und das Unternehmen hatte einen plausiblen Weg zur weiteren Entschuldung vorgelegt. CHTR war ein klassisches Beispiel für ein gutes Unternehmen mit schlechter Bilanz. Auch war es schlechtem Timing zum Opfer gefallen – die Kapitalmärkte waren Ende 2008/Anfang 2009 in einer katastrophalen Verfassung. Wäre das

Umfeld konstruktiver gewesen, hätten die Chancen auf eine Refinanzierung besser gestanden.

Man muss die Verschuldung sowohl auf die einzelnen Aktien als auch auf das Gesamtportfolio bezogen überwachen. Beträgt der durchschnittliche Verschuldungsgrad im Portfolio 4:1, das des Marktes aber nur 2:1, dann würde sich ein Abschwung wahrscheinlich unverhältnismäßig stark nachteilig auf die Performance des Portfolios auswirken.

Fazit zum Thema Portfolio

Die Zusammenstellung des Portfolios und das Risikomanagement des Portfolios gehen Hand in Hand. Man muss vorne gewissenhaft vorgehen, um sich hinten zu schützen. In Abbildung 5.6 zeigen die oberen Tabellen das Exposure und die Verschuldungsgrade der zehn größten Positionen. So ist beispielsweise Position 1, die größte, mit 2,8:1 auch relativ hoch verschuldet. Das Gleiche kann man für die Positionen 2 bis 10 ableiten.

Oben rechts ist das Portfolio nach Marktkapitalisierung und Liquidität aufgeschlüsselt. Mehr als 40 Prozent des Portfolios bestehen aus Aktien mit einer Marktkapitalisierung von mehr als 25 Milliarden Dollar. Nur fünf Prozent sind mit weniger als einer Milliarde Dollar bewertet. Was die Liquidität angeht, so ließe sich das gesamte Portfolio innerhalb von maximal 25 Tagen verkaufen. Bei 75 Prozent der Aktien würde der Ausstieg höchstens fünf Tage dauern.

Die am stärksten vertretenen Sektoren sind Kommunikation, langlebige Konsumgüter und Technologie. Nach Regionen stellen die Vereinigten Staaten 68 Prozent des Portfolios. Der US-Dollar ist jedoch mit 65 Prozent etwas schwächer vertreten, weil die US-Unternehmen neben anderen Währungen dem EUR, dem GBP und dem JPY ausgesetzt sind.

Aus der Durchsicht des Anschauungsportfolios in Abbildung 5.6 haben wir ein paar wichtige Beobachtungen abgeleitet. Zunächst einmal ist es relativ stark konzentriert, die zehn größten Positionen machen 60 Prozent aus. Zum Ausgleich ist es allerdings nach Sektoren diversifiziert und außerdem sehr liquide. Zweitens ist das Portfolio zwar insgesamt nur mäßig verschuldet, aber manche Positionen neigen zum oberen Ende hin. Und es besteht ein nicht geringes Währungs-Exposure. Nachdem man diese potenziellen Hotspots des Portfolios ausgemacht hat, kann man entweder von vornherein Anpassungen vornehmen oder es durch Absicherungsgeschäfte schützen.

ABBILDUNG 5.6 Vorlage für eine Momentaufnahme des Portfolios

Portfolio-Übersicht

Positionen		Schuldenhebel		Marktkapitalisierung	
Wertpapier	**%**	**Schulden/EBITDA**	**Hoch/Tief**	**Größe**	**%**
Position 1	10%	2,8	Hoch	> $ 25 Mrd.	40%
Position 2	8%	4,7	Hoch	$ 10 - $ 25 Mrd.	25%
Position 3	7%	1,4	Tief	$ 5 - $ 10 Mrd.	20%
Position 4	6%	1,1	Tief	$ 1 - $ 5 Mrd.	10%
Position 5	6%	0,0	Tief	< $ 1 Mrd.	5%
Position 6	6%	0,3	Tief	**Liquidität**	
Position 7	5%	1,9	Tief	**Tage bis zum Ausstieg**	**%**
Position 8	5%	0,9	Tief	< 1 Tag	20%
Position 9	4%	2,6	Hoch	< 5 Tage	75%
Position 10	3%	2,9	Hoch	< 10 Tage	85%
Sonstige	40%	2,0	Tief	< 25 Tage	100%
Total / Avg.	**100%**	**1,9**	**Tief**	**> 25 Tage**	-

Branche		Region		Währung	
Branche	**%**	**Region**	**%**	**Währung**	**%**
Kommunikation	20%	USA	68%	USD	65%
Zyklische Konsumgüter	20%	Kanada	2%	CAD	2%
Energie	-	Europa	18%	EUR	13%
Finanzunternehmen	5%	Asien-Pazifik	10%	GBP	8%
Gesundheitswesen	2%	Lateinamerika	2%	CHF	-
Industrieunternehmen	15%	Australien	-	AUD	-
Materialien	8%	Afrika	-	CNY	-
Basiskonsumgüter	10%	Naher Osten	-	JPY	5%
Technologie	20%	Russland	-	HKD	5%
Versorgungsuntern.	-	Sonstige	-	MXN	2%
Gesamt	**100%**	**Gesamt**	**100%**	**Gesamt**	**100%**

PORTFOLIO- UND RISIKOMANAGEMENT

Klarman schrieb in seinem Brief zum Jahresende 2012: „Wir machen uns ständig Sorgen darum, was mit jedem Investment und mit dem Portfolio als Ganzes schiefgehen kann; wir sind davon besessen, 24 Stunden am Tag, 7 Tage die Woche und 365 Tage im Jahr Risiken zu vermeiden und zu managen." Im Folgenden geben wir Ihnen die entscheidenden Werkzeuge an die Hand, um dies in die Praxis umzusetzen.

Das Risikomanagement muss sowohl auf der Aktien- als auch auf der Portfolioebene durchgeführt werden. Ebenso wie jede Position überwacht werden muss, muss auch die vollständige Aktienzusammenstellung überwacht werden. Dies erfordert eine ganzheitliche Einschätzung des Portfolios und die Fähigkeit, Verlustrisiken zu quantifizieren. Disziplinierte Anleger stellen Risikorichtlinien auf, um ihre Portfolios zu optimieren und sich gegen Verluste zu schützen.

Angesichts des breiten Spektrums von Fonds und Strategien herrscht auch eine entsprechende Vielfalt an Methoden des Risikomanagements. Dabei muss man zahlreiche Faktoren bedenken, unter anderem Renditeziele, Risikoneigung, das verwaltete Vermögen, die Anlegerbasis, die Stabilität des Kapitals, die Liquidität und die erwartete Halteperiode.

Der erste Schritt des wirksamen Risikomanagements besteht darin, wesentliche wunde Punkte des Portfolios zu erkennen. Etwas, das man weder sieht noch versteht, kann man nicht messen und lindern. Wie in Abbildung 5.6 angegeben, können sich die entsprechenden Exposures auf einen bestimmten Sektor, auf eine bestimmte Region oder auf eine bestimmte Währung beziehen. Auch muss man bereit sein, die Verlustrisiken verschiedener Szenarien zu quantifizieren.

Im Idealfall werden die wichtigsten Risiken schon in der anfänglichen Phase der Portfoliozusammenstellung deutlich und der Plan für die Strategie des Risikomanagements entsteht gleichzeitig damit. Das bedeutet, dass man ein *Frühwarnsystem* mit eindeutigen Schwellenwerten für Handlungsbedarf einrichtet. Wenn beispielsweise die Anlagethese auf einer M&A-Strategie beruht, muss man besonders darauf achten, ob die Finanzierungsmärkte versiegen. Und bei einem Portfolio mit hohem Energie-Exposure muss man schnell und entschieden agieren können, wenn man seine Ansicht über den Ölpreis ändert.

Deshalb erfordert die erfolgreiche Geldanlage nicht nur einen Rahmen und Disziplin, sondern auch Flexibilität. In einem dynamischen Markt, der sich ständig weiterentwickelt, ist es von entscheidender Bedeutung, dass man sich anpassen und das Portfolio neu beurteilen kann, wenn neue Informationen ans Licht kommen. Stures Festhalten an alten Ansichten oder klaren Regeln kann die Performance gefährden.

Die Identifizierung von Risiken ist der notwendige erste Schritt hin zum Risikomanagement. Der zweite ist, Methoden zur Entschärfung dieser Risiken einzusetzen (siehe Abbildung 5.7).

ABBILDUNG 5.7 Instrumente des Portfolio- und Risikomanagements

Instrumente des Portfolio- und Risikomanagements
▪ Exposure-Grenzen
▪ Verlustgrenzen
▪ Gewinnmitnahmen
▪ Rebalancing
▪ Hedging
▪ Stresstests
▪ Performancebeurteilung

Exposure-Grenzen

Die vielleicht einfachste Methode, Risiken zu managen, besteht darin, Grenzen dafür zu setzen, wie viel Dollar/Euro oder wie viel Prozent eine Position betragen darf. Dieses Exposure kann sich auf einzelne Aktien beziehen oder aggregiert auf einen Sektor, eine Region oder ein Anlagethema. Manche Anleger haben starre Regeln für die Positionsgröße, beispielsweise maximal zehn Prozent für einzelne Aktien im Portfolio oder 20 Prozent für bestimmte Sektoren. Andere sind flexibler und lassen Spielraum, um ihre besten Ideen überzudimensionieren, sich dabei aber der Risiken bewusst zu sein.

Laut einer Studie aus dem Jahr 2012 von Professoren der Business Schools Wharton und Booth[3] hatten fast 45 Prozent der Hedgefonds explizite Richtlinien für den Betrag oder den Prozentsatz, den eine einzelne Position ausmachen darf. Für die restlichen 55 Prozent des Vermögens gab es keine Einschränkungen. Offenbar managen also viele Investoren das Risiko der Konzentration mit gesundem Menschenverstand und Wachsamkeit, nicht mit strengen Richtlinien.

Verlustgrenzen

Für den Fall, dass eine Aktie nicht funktioniert, sollte man einen Mechanismus zur Verlustbegrenzung eingerichtet haben. Dies geschieht in Form von Verlustschwellen für Aktienkurse, die eine erneute Überprüfung der These auslösen, um festzustellen, ob sich nichts geändert hat – zum Beispiel bei einem Kursrückgang um 10 oder 15 Prozent. In dieser Hinsicht ist das Verlust-Kursziel (siehe Schritt IV) besonders aufschlussreich. Es hilft einem, nicht in die Falle zu tappen, dass man seine künftigen Entscheidungen von der ursprünglichen Kostenbasis beeinflussen lässt. Dem Markt ist es nämlich egal, wie viel man anfänglich für eine bestimmte Aktie bezahlt hat.

Aktienanleger genießen den Luxus, an einem liquiden Markt teilzunehmen, an dem man börsennotierte Aktien heute kaufen und morgen verkaufen kann. Das hat natürlich Vorteile, aber lassen Sie sich nicht in falscher Sicherheit wiegen. Drawdown-Richtlinien beispielsweise bei den erwähnten 10 oder 15 Prozent Kurseinbruch können dazu führen, dass man als Anleger diszipliniert seine These zu einer bestimmten Aktie erneut überprüft. Auslöser können eine verfehlte Gewinnschätzung, eine Abwärtskorrektur der Prognose oder sonstige Probleme sein.

Wenn sich eine Position gegen einen wendet, steht die eigene Überzeugung auf dem Spiel. Das ist für jeden Anleger ein schwieriger

---

3 Cassar, G. und J. Gerakos, 2012: *How do hedge funds manage portfolio risk?*

Moment. Eine geschätzte Aktie rutscht nach Bekanntwerden neuer Zahlen ab. Dann muss man schnell einschätzen, ob es etwas Ernstes oder nur etwas Vorübergehendes ist, und schnell eine Entscheidung treffen. Man steht also unter Druck. Sogenannte Experten erklären einem, eine Aktie sei ein Verlierer? Was tun Sie jetzt?

Unabhängig von Ihrer Entscheidung müssen Sie unbedingt den *Bestätigungsfehler* vermeiden, also sich nur jene Informationen herauszupicken, die für die eigene Anlagethese sprechen. Dank Richtlinien für die Verlustbegrenzung kann man diesen Fehler vermeiden und leidenschaftslos aussteigen, wenn die These „kaputt" ist. Solche Richtlinien waren gemeinsam mit geeigneter Beobachtung und Risikoeinschätzung von entscheidender Bedeutung für die Bewertung von Delphi nach der Ausgliederungstransaktion Ende 2017. Wie bei jedem großen Ereignis musste die Anlagethese erneut geprüft werden ... und mehrere Faktoren hatten sich wesentlich geändert (das werden wir im Kapitel „Post mortem" noch besprechen). Glücklicherweise wird Sie unser System auf solche Situationen vorbereitet haben. Wenn eine Ihrer Positionen nicht funktioniert, müssen Sie sich immer fragen: „Was ist mir entgangen?"

Natürlich kann Ihre Neubeurteilung auch ergeben, dass die Aktie aufgrund des erneuten Abschlags auf Ihre Schätzung ihres Wertes sogar noch attraktiver geworden ist. In diesem Fall kann es sinnvoll sein, nachzukaufen. Neben der Echtzeitanalyse und der Neubeurteilung muss man sich auch strikt an die Richtlinien halten.

Gewinnmitnahmen

Von dem großen Anleger Bernard Baruch stammt der kluge Spruch: „Durch Gewinnmitnahmen hat noch nie jemand Geld verloren." Ein korrektes Risikomanagement diktiert einem häufig, opportunistisch Gewinne mitzunehmen, sobald das Kursziel erreicht wird. Ganz besonders gilt dies, wenn das weitere Kurspotenzial begrenzt zu sein scheint.

Man nimmt auch dann Gewinne mit, wenn eine Aktie früher als geplant durch die Decke geht. In einem Szenario, in dem ein Anleger

Aktien zum Kurs von 50 Dollar kauft und ein 3-Jahres-Kursziel von 100 Dollar setzt, kann es beispielsweise klug sein, den Verkauf eines Teils der Aktien zu erwägen, wenn der Kurs bereits nach sechs Monaten auf 75 Dollar steigt. So hat man auch trockenes Pulver, um die Position aufzustocken, wenn der Kurs wieder fällt. Natürlich kann eine positive Veränderung der These oder eine Revision der Ergebnisse nach oben dafür sprechen, die Position weiterhin zu halten.

Das Kursziel ist ein wichtiges Instrument, von dem man sich hinsichtlich Gewinnmitnahmen leiten lassen kann und das dazu beiträgt, sich vor sich selbst zu schützen. Es liegt in der Natur des Menschen, dass sich Anleger in ihre besten Aktien verlieben, und das gilt erst recht, wenn diese outperformen. Deshalb zwingt einen ein effektives Risikomanagement, sich bei Erreichen des Kursziels die Überzeugung von einem weiteren Kurszuwachs aktiv wieder zu erarbeiten. Das bringt es unweigerlich mit sich, dass man anhand der aktualisierten Informationen ein neues, höheres Kursziel setzt.

Rebalancing

Für das Rebalancing des Portfolios benötigt man die gleiche Mischung aus gesundem Menschenverstand und Richtlinien, die das allgemeine Risikomanagement diktiert. Man muss immer bereit sein, das Portfolio gemäß neuen Informationen über das Unternehmen und den Markt sowie gemäß Größenbeschränkungen, Verlustbegrenzungen und Gewinnmitnahmen anzupassen.

Befassen wir uns mit einem Beispielszenario, in dem der Gesundheitssektor 20 Prozent des Gesamtportfolios stellt. Im Laufe von drei Jahren steigen die Positionen aus dem Gesundheitssektor um 100 Prozent, während das restliche Portfolio stagniert. Infolgedessen stellt der Gesundheitssektor nun 33 Prozent. Ein strenges Rebalancing würde verlangen, dass man überprüft, wohin man die überschüssigen 13 Prozentpunkte verteilt. Natürlich kann man auch zu dem Schluss kommen, dass das Gesundheitswesen der beste Ort für dieses Exposure ist, und die Übergewichtung beibehalten.

In einem anderen Szenario nimmt man bei einer großen Position Gewinne mit und hat dann trockenes Pulver. Dieses kann man gleich wieder auf bestehende Ideen verteilen, von denen man sehr überzeugt ist, oder aber dadurch eine Neugewichtung vornehmen, dass man es in neue Aktien investiert, die man aus seinem Beobachtungsbogen oder aus dem laufenden Prozess der Ideenfindung gewonnen hat.

Hedging

Durch Hedging – Absicherungsgeschäfte – versucht man, Risiken dadurch zu dämpfen, dass man eine Position einnimmt, die mögliche Verluste eines anderen Investments ausgleichen soll. Konkret kann das in verschiedenen Formen geschehen, unter anderem durch ausgleichende Positionen aus Aktien, Optionen, Indexfutures oder verschiedenen Derivaten. Man kann Hedges einsetzen, um sich gegen aktienspezifische Risiken oder gegen Risiken des Gesamtmarkts abzusichern.

Wir gleichen vor allem Aktienpositionen mithilfe von Call- und Put-Optionen aus. Dabei ist zu beachten, dass man nicht immer hedgen muss und dass es kostspielig sein kann. Ein gründlich diversifiziertes Portfolio mit einer klugen Methode des Risikomanagements kann ausreichen.

Pairing

Ein *Pair Trade* ist eine Form des Hedgings, bei der man auf eine Aktie long geht und eine ähnliche Aktie shortet, von der man glaubt, dass sie underperformen wird. Normalerweise stammen die beiden Aktien aus demselben Sektor oder bedienen dieselben Endmärkte. Zu einer bestehenden Long-Position sucht man eine ausgleichende Aktie mit schlechteren Aussichten. Ziel ist es, den Gewinn mitzunehmen, wenn die Long-Position die Short-Position bei steigendem und fallendem Markt outperformt.

Eine besonders erfolgreiche Pairing-Strategie des Jahres 2016 im Mediensektor bestand aus: 1) long Time Warner Inc. (TWX)[4] und 2)

[4] Nicht zu verwechseln mit Time Warner Cable.

short Viacom (VIAB). Die These beruhte darauf, dass TWX Must-have-Sender wie *HBO* und *CNN*, langfristige Sportrechte und das Filmstudio Warner Brothers besaß. Die starke Verbreitung von Onlinevideos sorgte außerdem dafür, dass mehr Menschen TWX-Inhalte kauften. Indes verzeichnete VIAB eine überdurchschnittliche Abwanderung von Abonnenten, schlechtere Benotungen und sinkende Werbeeinnahmen.

Dieser Pair Trade erwies sich als erfolgreich, denn TWX outperformte und erhielt schließlich ein Übernahmeangebot von AT&T. Wie in Abbildung 5.8 zu sehen, wurden aus einem Dollar, den man zum Jahresende 2015 in TWX investierte, bis Ende 2016 1,50 Dollar. Gleichzeitig schrumpfte ein Dollar, den man in VIAB investierte, auf 0,85 Dollar, sodass auf beiden Seiten des Trades ein signifikantes *Alpha*[5] generiert wurde. Ein Anleger, der mit einem Dollar long auf TWX und mit einem Dollar short auf VIAB stand, hätte mit dem kombinierten Trade 0,65 Dollar verdient.

ABBILDUNG 5.8 1 Dollar, investiert in TWX oder VIAB

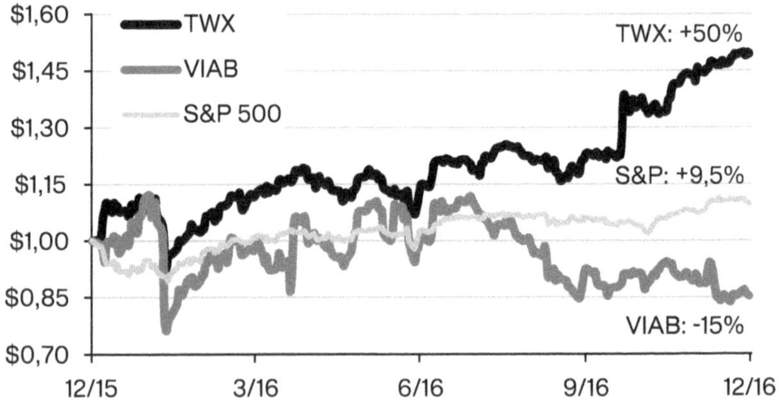

[5] Die Überrendite gegenüber einem Benchmark-Index wie etwa dem S&P 500.

Optionen

Optionen bieten die vertraglich garantierte Möglichkeit, eine Aktie zu einem vorherbestimmten Zeitpunkt zu einem vorher festgelegten Preis zu kaufen oder zu verkaufen. Ein *Call* verleiht einem das Recht, eine Aktie vor (bei amerikanischen Optionen) oder zu (bei europäischen Optionen) einem festgelegten Ausübungsdatum zu einem festgelegten Preis (dem Basispreis, Ausübungspreis oder Strike) zu *kaufen*. Ein *Put* verleiht einem das Recht, eine Aktie zu einem bestimmten Datum zu einem bestimmten Preis zu *verkaufen*. Ein typischer optionsbasierter Hedge besteht in dem Kauf eines Puts als Schutz gegen den potenziellen Kursverfall einer Long-Position.

Angenommen, man besitzt eine Aktie, die für 50 Dollar gehandelt wird, aber man fürchtet ein kurzfristiges Verlustrisiko. Dann kauft man einen Put zum Preis („Prämie") von einem Dollar[6] und einem Basispreis von 50 Dollar. Wenn die Aktie auf 40 Dollar fällt, kann man die Aktien für 50 Dollar verkaufen und daran je 9 Dollar verdienen (Basispreis 50 Dollar *minus* 40 Dollar neuer Kurs *minus* 1 Dollar Prämie). Bleibt die Aktie hingegen bis zum Ausübungsdatum über 50 Dollar, verliert man lediglich die Prämie von einem Dollar.

Man kann Optionen auch einsetzen, um eine Long-Position umzusetzen, ohne ein zu großes Risiko einzugehen. Nehmen wir beispielsweise an, eine Aktie kostet 50 Dollar und man glaubt, aufgrund eines bevorstehenden Katalysators könnte sie innerhalb der nächsten drei Monate auf 60 Dollar steigen. Wenn jedoch der Katalysator nicht wirkt, besteht die Gefahr, dass die Aktie auf 40 Dollar fällt.

Anstatt die Aktie für 50 Dollar zu kaufen und 20 Prozent Verlust zu riskieren, kann man eine Call-Option mit drei Monaten Restlaufzeit und einem Strike von 50 Dollar für einen Dollar Prämie kaufen. Wenn dann die Aktie auf 40 Dollar fällt, verliert man lediglich den einen

---

[6] Der Preis einer Call- oder Put-Option (die „Prämie") wird normalerweise gemäß dem Black-Scholes-Modell ermittelt. Er hängt von verschiedenen Eingangsgrößen ab, vor allem vom Basispreis, vom Ausübungsdatum und von der Volatilität der zugrunde liegenden Aktie (des Basiswerts).

Dollar. Steigt die Aktie hingegen auf 60 Dollar, hat man die Möglichkeit, die Aktie für 50 Dollar zu kaufen und 9 Dollar Gewinn zu erzielen (60 Dollar *minus* den Strike von 50 Dollar *minus* die Prämie von 1 Dollar).

Stresstests

Mithilfe von Stresstests analysiert man die hypothetische Performance bei verschiedenen Szenarien, die unterschiedliche Belastungen oder „Stress" darstellen. Beispielsweise kann man testen, wie sich erhebliche Änderungen des Dollarkurses, des Ölpreises oder der Zinsen auf die betreffenden Positionen auswirken würden.

Im Idealfall hat man bereits bei der Zusammenstellung des Portfolios zentrale Risiken identifiziert, denen die einzelnen Aktien und das Portfolio als Ganzes ausgesetzt sind. So sollte man beispielsweise wissen, wie viel Prozent des Gewinns jedes Unternehmens dem Energiesektor ausgesetzt sind. Dann kann man abschätzen, wie empfindlich der Gewinn pro Aktie und der Aktienkurs auf eine Bewegung des Ölpreises um einen bestimmten Prozentsatz reagieren würden. Wir haben diese Übung für den Umsatz und das EBITDA von Delphi in Abbildung 3.7 bezüglich der produzierten Automobilstückzahlen, des Euro, des Kupferpreises und des Ölpreises absolviert.

Eine einfache Berechnungsmethode für die Auswirkung auf den Aktienkurs hält das KGV konstant (oder geht gar von einem Rückgang aus) und multipliziert es mit dem Pro-Forma-EPS. Diese Berechnung führt man für alle einzelnen Aktien und dann insgesamt auf der Portfolioebene durch, um die Verlustszenarien zu ermitteln.

Bei Ihren Stresstests sollten Sie sich von historischen Präzedenzfällen leiten lassen. So sollten Sie zum Beispiel beim Ölpreis bis zu seinen historischen Tiefs hinab (oder noch tiefer) testen. Auch sollten Sie überprüfen, wie sich der Aktienkurs eines Unternehmens historisch bei gewissen Schwellenwerten des Ölpreises entwickelt hat. Ein Portfolio-Stresstest, der auf anderen Faktoren beruht (zum Beispiel auf Wechselkursen oder Zinsen), sollte sich nach ähnlichen Grundsätzen richten.

Performancebeurteilung

Man muss seinen Erfolg messen können. Profis nehmen als Messlatte für ihre Performance normalerweise einen Index, zum Beispiel den S&P 500 oder den MSCI World. Andere nehmen einen spezielleren oder maßgeschneiderten Index, der zu ihrer Anlagestrategie passt.

Um den Erfolg messen zu können, braucht man ein System, das die Performance in gewissen Abständen verfolgt, zum Beispiel täglich, monatlich, vierteljährlich oder jährlich. Anleger mit längeren Erfolgsbilanzen messen dementsprechend auch ihre Performance über längere Zeiträume, zum Beispiel über drei Jahre, fünf Jahre, zehn Jahre und von Anfang an (siehe Abbildung 5.9). Letztlich beurteilt man seinen Erfolg anhand der Performance im Verhältnis zu seinen Anlagezielen und Benchmarks.

Wenn Sie Ihre Ergebnisse mit Ihren Benchmarks vergleichen, versuchen Sie, die entscheidenden Faktoren der Outperformance oder Underperformance zu isolieren. Dadurch können Sie sowohl gewinnbringende als auch verlustbringende Strategien identifizieren. Dann können Sie Ihr Portfolio gegebenenfalls hinsichtlich einzelner Aktien, Sektoren oder Anlagethemen neu gewichten. Beispielsweise könnten Sie feststellen, dass die von Ihnen ausgewählten Turnaround-Situationen konsequent Gewinner waren, und sie künftig dementsprechend übergewichten. Oder vielleicht haben Sie mit der Gesundheitsbranche keine so gute Performance erzielt wie mit dem Technologiesektor und beschließen, diesbezüglich umzuschwenken.

Für langfristigen Erfolg braucht man ernstliche Disziplin, man muss sich an die Grundsätze halten und sich anpassen können. Der Feind heißt Selbstgefälligkeit. Nur weil etwas ein Vierteljahr lang, ein Jahr lang oder noch länger funktioniert hat, heißt das noch nicht, dass es ewig funktionieren wird.

Bei anhaltender Underperformance müssen Sie eine Pause einlegen und einen Schritt zurücktreten. Was funktioniert nicht und warum nicht? Überprüfen Sie Ihre Strategie für das Gesamtportfolio und Ihre Methoden des Risikomanagements. Kurz gesagt: Gehen Sie zurück zu Schritt I und prüfen und rekonstruieren Sie das Portfolio systematisch.

ABBILDUNG 5.9 Darstellung der historischen Performance – Fonds vs. S&P 500

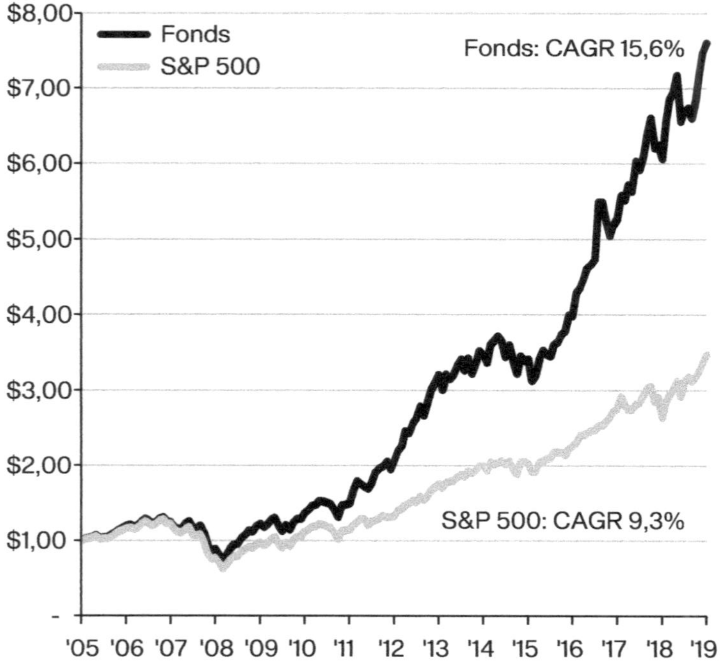

**Rendite des S&P 500 bei reinvestierten Dividenden*

Annualisierte Rendite

Zeitraum	Fonds	S&P 500
1 Jahr	25,4%	31,5%
3 Jahre	24,1%	15,3%
5 Jahre	17,0%	11,7%
10 Jahre	20,0%	13,6%
seit Auflegung	15,6%	9,3%

Kumulierte Rendite

Zeitraum	Fonds	S&P 500
3 Jahre	91%	53%
5 Jahre	119%	74%
10 Jahre	521%	256%
seit Auflegung	661%	247%

Jahresrendite

Jahr	Fonds	S&P 500
2006	19,3%	15,8%
2007	4,3%	5,6%
2008	-28,7%	-37,0%
2009	38,1%	26,4%
2010	11,7%	15,1%
2011	9,3%	2,1%
2012	38,8%	16,0%
2013	54,4%	32,4%
2014	8,3%	13,7%
2015	-1,7%	1,4%
2016	16,5%	12,0%
2017	32,5%	21,8%
2018	15,2%	-4,4%
2019	25,4%	31,5%

Ihre Analyse ergibt vielleicht tatsächlich, dass das bestehende Portfolio solide ist und einen nennenswerten Performance-Nachholbedarf hat. In diesem Fall ist es vielleicht die beste Strategie, weitgehend auf Kurs zu bleiben.

Die gleiche introspektive Methode wendet man auf die einzelnen Aktien an. Wenn Sie aus einer Position aussteigen, sehen Sie sich an, wie sich die Aktie im Verhältnis zu Ihrer ursprünglichen These entwickelt hat. Dafür müssen Sie ehrlich einschätzen, was schiefgegangen ist und was funktioniert hat. Wenn Sie sich an diese disziplinierte Methode halten, werden Sie mit Ihren künftigen Investments eher Erfolg haben. So können Sie frühere Fehler vermeiden und die gewinnbringenden Rezepte wiederholen.

Kernpunkte

- Investmententscheidungen erfordern Überzeugung – sorgen Sie dafür, dass Sie Ihre Hausaufgaben gemacht haben.
- Tappen Sie nicht in die Falle guter Unternehmen mit schlechten Aktien – auf den richtigen Einstiegskurs und den richtigen Zeitpunkt kommt es an.
- Wenn man eine Position eingeht, hört die Due-Diligence-Prüfung niemals auf.
- In der Positionsgröße sollte sich das relative Chance-Risiko-Profil niederschlagen – die Aktien, von denen Sie am stärksten überzeugt sind, sollten am höchsten gewichtet werden.
- In der Zusammenstellung Ihres Portfolios sollten sich Ihre Anlageziele und Ihre Risikotoleranz niederschlagen.
- Identifizieren Sie im Vorfeld die wichtigsten Exposures und richten Sie eine entsprechende Strategie des Risikomanagements ein.

- Zu den wichtigsten Instrumenten des Risikomanagements gehören Exposure-Grenzen, Gewinnmitnahmen und Rebalancing.
- Sie müssen so diszipliniert sein, Ihre Verluste zu begrenzen, wenn Ihre These „kaputt“ ist.
- Durch die Portfoliobeurteilung erkennt man Elemente seines Prozesses/seiner Strategie, die funktionieren oder verändert werden müssen.

POST MORTEM: DELPHI AUTOMOTIVE

Wir haben im Laufe des Buches Delphi Automotive als Fallstudie verwendet, um unseren aus fünf Schritten bestehenden Prozess zu veranschaulichen, den man anwenden kann, um Ideen für Aktienpositionen zu finden, gründlich zu prüfen, zu bewerten und schließlich zu managen. Dabei haben wir Sie an den Zeitpunkt der Entscheidung zurückversetzt, vor der Anleger im November 2011 standen, als Delphi an die Börse ging.

Dann führten wir Sie durch den gewaltigen Erfolg der Jahre danach, der in der Ausgliederung im Dezember 2017 gipfelte. In diesem Zeitraum wurden Anleger mit einer annähernden Verfünffachung belohnt. Zum Vergleich: Andere Automobilzulieferer und der S&P 500 verdoppelten sich im selben Zeitraum lediglich (siehe Abbildung PM.1).

ABBILDUNG PM.1 Die Kurse von Delphi, anderen Automobilzulieferern und des S&P 500 im Vergleich

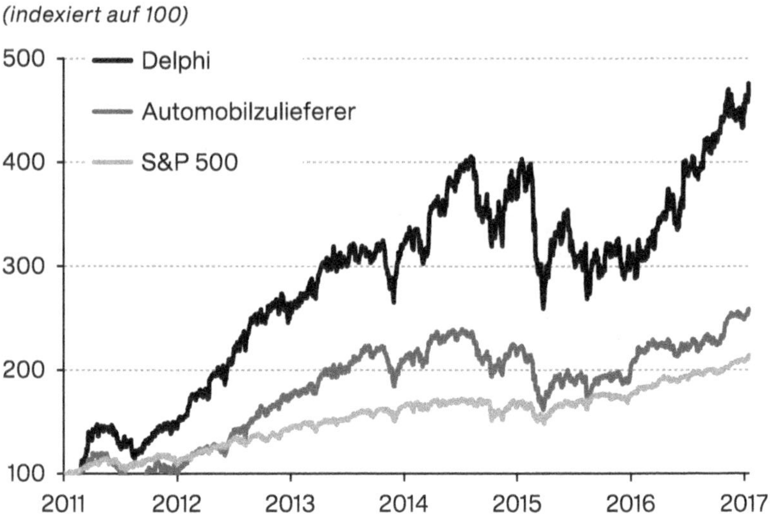

Die Entscheidung, zum Börsengang in Delphi zu investieren, beruhte auf zahlreichen Faktoren, die sich wohl am besten so zusammenfassen lassen, dass sich die Gelegenheit bot, langfristiges Wachstum zu einem zyklischen Preis zu kaufen. Die globale Erholung des Automobilmarkts war noch im Anfangsstadium und Delphi hatte eine starke langfristige Story, die sich um „sicher, umweltfreundlich und vernetzt" sowie um eine verlockende Wachstumsstory in China drehte. All dies wurde noch durch weltweite Standorte zu günstigsten Kosten, durch einen höchst aktiven Verwaltungsrat und ein Führungsteam unterfüttert, das auf die Generierung von Shareholder Value aus war. Dies bildete eine Gelegenheit für zahlreiche Katalysatoren, vor allem übertroffene Ergebniserwartungen, Aktienrückkäufe und wertsteigernde Fusionen und Übernahmen.

Wie aus der Performance des Aktienkurses eindeutig hervorgeht, war der Keim der Kernthese in den Jahren bis zum Dezember 2017 solide gelegt, als sich Delphi Automotive in zwei separate Unternehmen aufspaltete, Aptiv (APTV) und Delphi Technologies (DLPH). Bis zu diesem Zeitpunkt war das EPS von rund 3,25 Dollar beim Börsengang auf 6,75 Dollar gestiegen. Auch das auf das Vorjahr bezogene KGV stieg bis zum Zeitpunkt der Aufspaltung von circa 6,75 auf 15,5 (siehe Abbildung PM.2).

ABBILDUNG PM.2 Die Bewertungssteigerung von Delphi vom Börsengang bis zur Aufspaltung

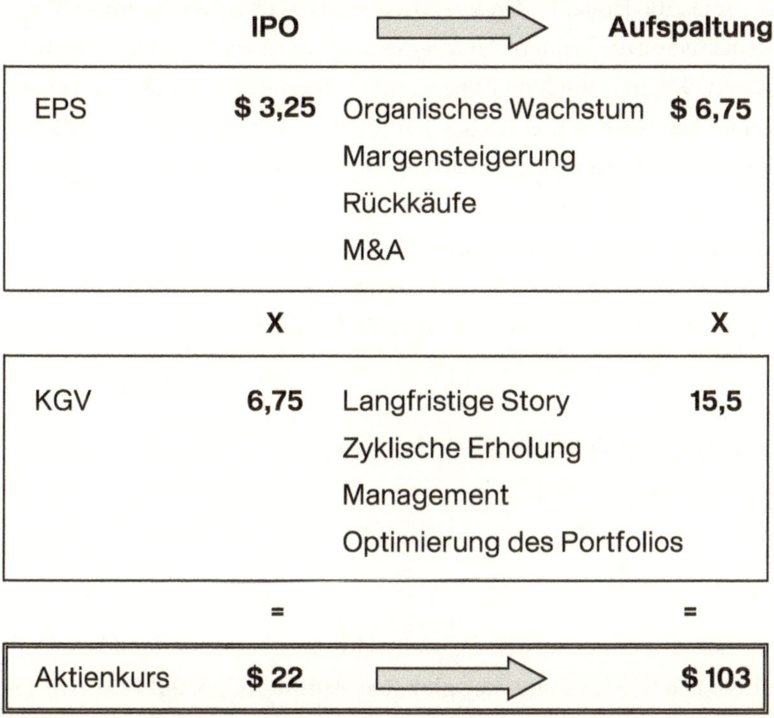

Gleichzeitig bildete die Ausgliederungs-Transaktion einen natürlichen Schlussstein für die Neubeurteilung der Anlagethese. Zunächst einmal verdient jede Ausgliederung eine erneute Analyse, weil es dann zwei neue Unternehmen mit verschiedenen Geschäftsmodellen, Strategien und Führungsteams gibt. In diesem Fall war das besonders relevant, weil Aptiv als Premium-Pure-Player der Automobiltechnologie positioniert war, der auf führende Geschäftszweige in den Bereichen aktive Sicherheit, Infotainment, elektrische Architektur und autonomes Fahren aufgebaut war. Indes war Delphi Technologies ein reiner Anbieter von Antriebssystemen, dessen Geschicke vor allem stark an den globalen Mix von Antriebsstrang-Komponenten gebunden waren. Dies waren in der Tat zwei sehr unterschiedliche Anlagethesen …

Außerdem bedeutete Delphis kometenhafter Aufstieg von 22 auf mehr als 100 Dollar in den sechs Jahren davor, dass Gewinnmitnahmen, Rebalancing und andere Ausstiegserwägungen von größter Bedeutung waren. Wie in Abbildung PM.2 zu sehen, befand sich das KGV auf einem zyklischen Hoch, was einen beträchtlichen Aufschlag auf die historischen Durchschnittswerte und einen soliden Aufschlag auf andere Zulieferer von Autoteilen bedeutete. Dazu nehme man noch einen nachlassenden Automobilzyklus im Endstadium und den beschleunigten Rhythmus der Handelsspannungen – und so gab es zahlreiche Gründe, die allgemeine Anlagethese noch einmal zu überprüfen.

NACH DER ABSPALTUNG, 2019 UND DANACH …

Der Sektor

Im Jahr 2018 begann sich der weltweite Automobilmarkt abzuschwächen. Die Schätzungen der globalen Automobilproduktion wurden das ganze Jahr hindurch nach unten korrigiert, weil die Nachfrage nachließ, dem Handel zwischen den Vereinigten Staaten und China der Wind ins Gesicht blies und in Europa neue Normen für die Prüfung des Schadstoffausstoßes eingeführt wurden. Auch Rohstoffe und Währungen beeinträchtigten die finanzielle Performance der Automobilkonzerne. Bis zum Jahresende war die Automobilproduktion gegenüber dem Vorjahrszeitraum um ein Prozent zurückgegangen und der Analystenkonsens sagte für 2019 einen weiteren Rückgang voraus.

Dementsprechend wurden auch die Automobil-Aktien davon erfasst. Der durchschnittliche Automobilzulieferer fiel im Jahr 2018 um mehr als 20 Prozent. Quer durch den Sektor wurden die Umsatz- und Gewinnschätzungen das ganze Jahr über nach unten korrigiert und die Bewertungskennzahlen sanken – ein zweifacher Schlag ins Gesicht für die Aktienkurse.

Das Jahr 2019 erwies sich als noch turbulenter als anfänglich erwartet, denn die Schätzungen der Automobilproduktion tendierten weiterhin nach unten und fielen letztlich gegenüber dem Jahr 2018 um sechs Prozent. Die größten Schuldigen waren weiterhin die Schwäche Chinas, der stockende Welthandel und negative Veränderungen in Europa und Nordamerika, darunter auch die Wirkung des Streiks bei General Motors.

Insgesamt ging es im Jahr 2019 vorwiegend um die Gewinner und Verlierer unter den Automobil-Aktien. Unternehmen, die mit starken langfristigen Chancen verknüpft waren, outperformten, und diejenigen, die als am anfälligsten für den makroökonomischen Druck galten, mussten weiterhin leiden.

Im Folgenden besprechen wir, was die Jahre 2018 und 2019 für die beiden Nachfolgeunternehmen von Delphi Automotive brachten, Aptiv und Delphi Technologies.

Aptiv (die Muttergesellschaft)

Nach der Ausgliederung startete Aptiv auf hohem Niveau in das Jahr 2018. Seine langfristige Wachstumsstory am Schnittpunkt der Vernetzung, Elektrifizierung, Sicherheit von Autos und dem autonomen Fahren fand bei den Anlegern Widerhall. Die Performance des Unternehmens war stark und ragte gegenüber derjenigen der anderen Akteure der Automobilbranche heraus, die mit dem erwähnten Gegenwind zu kämpfen hatten. Tatsächlich hob Aptiv seine Prognosen für die beiden ersten Quartale 2018 sogar an. Bis Mitte Juni war die Aktie um mehr als 20 Prozent gestiegen.

Jedoch intensivierte sich im Herbst die negative Stimmung bezüglich der Automobil-Aktien – dagegen kamen nicht einmal die starke

Unternehmensleistung und die verlockende Story von Aptiv an. Im dritten Quartal 2018 lieferte Aptiv ein organisches Wachstum von neun Prozent gegenüber dem Vorjahresquartal ab, was angesichts des um fast drei Prozent gesunkenen Produktionsvolumens ein Delta von zwölf Prozent darstellte. Allerdings sagte die Unternehmensleitung aufgrund der nachlassenden Fahrzeugproduktion in China zwar ein schwächeres viertes Quartal 2018 voraus, allerdings immer noch ein beachtliches organisches Umsatzwachstum von sechs Prozent, was circa acht bis neun Prozent über dem Marktdurchschnitt lag.

Bis zum Jahresende 2018 war der Aktienkurs von Aptiv seit seinem Hoch Mitte Juni gesunken, obwohl das Unternehmen die ursprüngliche Prognose für das Gesamtjahr 2018 überboten hatte. Auf fundamentaler Ebene blieb die starke langfristige Wachstumsstory des Unternehmens intakt, wodurch es sich von anderen Automobilzulieferern abhob … und im Jahr 2019 wurde diese Story schließlich belohnt.

Obwohl der Automobilindustrie allgemein der makroökonomische Wind ins Gesicht blies, etablierte sich Aptiv im Jahr 2019 als Liebling der Börse. ESG-Anleger (Environmental, Social, and Governance = Umwelt, Soziales und gute Unternehmensführung) und thematisch orientierte Anleger schlugen aufgrund des nun bewährten langfristigen Portfolios von Aptiv und seiner über den Zyklus hinwegreichenden besseren Performance zu und Aptiv wurde zu einer der am breitesten gehaltenen Aktien im Automobilsektor. Gegen Ende des holprigen ersten Halbjahrs 2019 veranstaltete der Konzern einen Investor Day, der gut ankam und auf dem die Unternehmensleitung ihre langfristigen Wachstums- und Gewinnziele sowie eine verlockende Vision bekräftigte, die sich bis über die Mitte des nächsten Jahrzehnts hinaus erstreckte. Die starken Ergebnisse im zweiten Quartal 2019 erhöhten die Plausibilität der Story noch weiter, während eine Reihe anderer Unternehmen in der Industrie und der Automobilbranche zu kämpfen hatten.

Und dann gab Aptiv im September 2019 die Gründung eines neuen Joint Ventures mit Hyundai bekannt, das dessen Technologie des autonomen Fahrens zur Serienreife bringen sollte. Aptivs Reputation, wertsteigernde Portfoliotransaktionen durchzuführen, festigte, gepaart mit seiner Positionierung bei Auto 2.0, seinen Status noch weiter. Zum Jahresende wurde die Aptiv-Aktie für 95 Dollar gehandelt, also nicht weit unter dem Aktienkurs von 103 Dollar, zu dem der ehemalige Gesamtkonzern Delphi Automotive vor der Ausgliederung gehandelt worden war. Damit übertraf Aptiv alle anderen US-Konkurrenten im Automobilbereich und hatte den im vierten Quartal 2018 verlorenen Boden mehr als gutgemacht.

Delphi Technologies (die ausgegliederte Tochtergesellschaft)

Bei Delphi Technologies – also die ausgegliederte Antriebssystem-Sparte – war der makroökonomische Gegenwind noch stärker ausgeprägt. Negative Faktoren in Bezug auf die Mischung des Produktportfolios von Delphi Technologies und sein geografisches Exposure belasteten die Performance. Rückläufige Diesel-Verkaufszahlen, gekürzte Produktionszeitpläne aufgrund neuer europäischer Normen für die Abgasprüfung und ein plötzlicher Einbruch des chinesischen Inlandsmarkts trafen Delphi Technologies härter als seine Konkurrenten.

Hinzu kamen noch einige selbst zugefügte Wunden im Zusammenhang mit der Umsetzung, den Prognosen und der Kommunikation mit der Wall Street. Nachdem das Management zunächst nach dem ersten Quartal 2018 seine Schätzungen angehoben hatte, senkte es sie in den beiden nächsten Quartalen. Wenig überraschend verstärkten diese (Fehl-)Prognosen die negative Reaktion seitens der Investoren noch.

Den größten Schaden richtete womöglich die Meldung des Unternehmens am 5. Oktober 2018 an, die eine zweifache Gefahr darstellte. Nicht nur wurde bekannt gegeben, dass der CEO[1] plötzlich seinen Abschied genommen hatte, sondern Delphi Technologies senkte auch

---

[1] Der CEO von Delphi Technologies war im Zuge der Übernahme von MVL ins Unternehmen eingetreten und hatte dem Managementteam vor dem IPO nicht angehört.

den Ausblick für das Gesamtjahr 2018 drastisch. Allein an diesem Tag stürzte die Aktie um fast 13 Prozent ab.

Die offizielle Ergebnismeldung zum dritten Quartal 2018, die am 7. November 2018 erfolgte, trug wenig zur Beschwichtigung der Anleger bei, denn das Management gab für 2019 einen enttäuschenden Ausblick. Bis Ende 2018 war die Aktie rasant gefallen – weil die Gewinne hinter den Erwartungen zurückgeblieben und die Bewertungskennzahlen signifikant geschrumpft waren.

Wie vom Markt erwartet, erwies sich das Jahr 2019 für Delphi weitgehend als Fortsetzung des Jahres 2018. Das Unternehmen begann das Jahr mit der Aussetzung seiner Dividende und die Anleger fragten sich, ob es ihm gelingen würde, sich durch das ungünstige OEM-Exposure in China sowie durch das ungünstige makroökonomische Klima zu manövrieren. Zudem war die Profitabilität fraglich, denn Delphi versuchte den Übergang von seinen traditionellen Produkten für Verbrennungsmotoren zu einer neuen Produktgeneration einschließlich Produkten für Elektrofahrzeuge.

Jedoch konzentrierte sich die neue Unternehmensführung Ende 2019 darauf, eine „Selbsthilfe"-Strategie umzusetzen, die auf einer mehrgleisigen internen Restrukturierung basierte. Der neue Plan sah operative Disziplin, unter anderem einen technischen Fußabdruck passender Größe, die bessere Vorbereitung von Produktstarts und geringere Vertriebs- und Verwaltungskosten sowie ein zweistelliges Wachstum zentraler Produktlinien vor. Sowohl das Unternehmen als auch der Markt betrachteten das Jahr 2020 als wichtiges Jahr des Übergangs, um mit der Umsetzung dieser Initiativen zu beginnen.

Dann gab der Konkurrent BorgWarner im Januar 2020 die Absicht bekannt, das Unternehmen für 3,3 Milliarden Dollar übernehmen zu wollen, was einem Aktienkurs von 17,39 Dollar entsprach. Bei der Ankündigung bedeutete dies einen Aufschlag von 75 Prozent auf den aktuellen Aktienkurs von Delphi Technologies. Die Produkte des neuen Konzerns würden einander ergänzen und er hätte ein deutlich breiteres Portfolio aus traditionellen Komponenten für Verbrennungsmotoren sowie höhere Kompetenzen für Komponenten für Elektrofahrzeuge.

Wie in Schritt V besprochen sind die Entwicklungen bei Aptiv und Delphi Technologies nach der Ausgliederung wichtige Fallstudien für präzises Risikomanagement. Die Ausgliederung im Dezember 2017 markierte einen klaren Wendepunkt für die ursprüngliche Investition in Delphi Automotive, die daher von Grund auf neu beurteilt werden musste. Eine strenge Überwachung der Position, eine sorgfältige Größenbestimmung, eine ständige Überprüfung der Anlagethese, rechtzeitige Gewinnmitnahmen und Geduld sind entscheidend, um überdimensionale Anlagerenditen zu erzielen.

BIBLIOGRAFIE UND EMPFOHLENE LEKTÜRE

Batnick, Michael. Big Mistakes: *The Best Investors and Their Worst Investments.* Hoboken, NJ: John Wiley & Sons 2018.

Benello, Allen C., Michael van Biema und Tobias E. Carlisle. *Concentrated Investing: Strategies of the World's Greatest Concentrated Value Investors.* Hoboken, NJ: John Wiley & Sons 2016.

Berntsen, Erik Serrano und John Thompson. *A Guide to Starting Your Hedge Fund. Hoboken,* NJ: John Wiley & Sons 2015.

Bruner, Robert F. *Applied Mergers and Acquisitions.* Hoboken, NJ: John Wiley & Sons 2004.

Damodaran, Aswath. *Investment Valuation: Tools and Techniques for Determining the Value of Any Asset.* 3rd ed. New York: John Wiley & Sons 2012.

Dreman, David. *Contrarian Investment Strategies: The Psychological Edge.* New York, NY: Free Press/Simon & Schuster 2012.

Graham, Benjamin. *The Intelligent Investor: The Definitive Book on Value Investing.* Revised ed. New York, NY: HarperBusiness 2006.

Graham, Benjamin und Spencer B. Meredith. *The Interpretation of Financial Statements.* New York, NY: HarperBusiness 1998.

Graham, Benjamin und David L. Dodd. *Security Analysis.* 6th ed. New York, NY: McGraw-Hill Education 2008.

Greenblatt, Joel. *The Little Book that Still Beats the Market.* Hoboken, NJ: John Wiley & Sons 2010.

Greenblatt, Joel. *You Can Be a Stock Market Genius: Uncover the Secret Hiding Places of Stock Market Profits.* New York, NY: Fireside/Simon & Schuster 1997.

Greenwald, Bruce C. N., Judd Kah, Paul D. Sonkin und Michael van Biema. *Value Investing: From Graham to Buffett and Beyond.* Hoboken, NJ: John Wiley & Sons 2001.

Heins, John und Whitney Tilson. *The Art of Value Investing: How the World's Best Investors Beat the Market.* Hoboken, NJ: John Wiley & Sons 2013.

Klarman, Seth. *Margin of Safety: Risk-Averse Value Investing Strategies for the Thoughtful Investor.* New York, NY: HarperCollins 1991.

Koller, Tim, Richard Dobbs und Bill Huyett. *Value: The Four Cornerstones of Corporate Finance.* Hoboken, NJ: John Wiley & Sons 2010.

Koller, Tim, Marc Goedhart und David Wessels. *Valuation: Measuring and Managing the Value of Companies.* 6th ed. Hoboken, NJ: John Wiley & Sons 2015.

Lefèvre, Edwin. *Reminiscences of a Stock Operator.* Hoboken, NJ: John Wiley & Sons 2007.

Leibowitz, Martin L., Simon Emrich und Anthony Bova. *Modern Portfolio Management: Active Long/Short 130/30 Equity Strategies.* Hoboken, NJ: John Wiley & Sons 2009.

Lynch, Peter und John Rothchild. *Beating the Street.* New York, NY: Simon & Schuster 1994.

Marks, Howard. *The Most Important Thing Illuminated: Uncommon Sense for the Thoughtful Investor.* New York, NY: Columbia University Press 2013.

Marks, Howard. *Mastering the Market Cycle: Getting the Odds on Your Side.* New York, NY: Houghton Mifflin Harcourt 2018.

Mihaljevic, John. *The Manual of Ideas: The Proven Framework for Finding the Best Value Investments.* Hoboken, NJ: John Wiley & Sons 2013.

Montier, James. *Value Investing: Tools and Techniques for Intelligent Investment.* Hoboken, NJ: John Wiley & Sons 2009.

Moyer, Stephen. *Distressed Debt Analysis: Strategies for Speculative Investors.* Plantation, FL: J. Ross Publishing 2004.

Nesvold, H. Peter, Elizabeth Bloomer Nesvold und Alexandra Reed Lajoux. *Art of M&A Valuation and Modeling: A Guide to Corporate Valuation.* New York, NY: McGraw-Hill Education 2015.

O'Shaughnessy, James P. *What Works on Wall Street: The Classic Guide to the Best-Performing Investment Strategies of All Time.* 4th ed. New York, NY: McGraw-Hill Education 2011.

Porter, Michael E. *Competitive Advantage: Creating and Sustaining Superior Performance.* New York, NY: Free Press/Simon & Schuster 1998.

Pratt, Shannon P. und Roger J. Grabowski. *Cost of Capital: Estimation and Applications.* 5th ed. Hoboken, NJ: John Wiley & Sons 2014.

Reed, Stanley Foster, Alexandra Reed Lajoux und H. Peter Nesvold. *The Art of M&A: A Merger Acquisition Buyout Guide.* 4th ed. New York: McGraw-Hill 2007.

Rittenhouse, L.J. *Investing Between the Lines: How to Make Smarter Decisions by Decoding CEO Communications.* New York, NY: McGraw-Hill 2013.

Rosenbaum, Joshua und Joshua Pearl. *Investment Banking: Valuation, LBOs, M&A, and IPOs.* 3rd ed. Hoboken, NJ: John Wiley & Sons 2020.

Salter, Malcolm S. und Joshua N. Rosenbaum. *OAO Yukos Oil Company.* Boston: Harvard Business School Publishing 2001.

Scaramucci, Anthony. *The Little Book of Hedge Funds: What You Need to Know About Hedge Funds but the Managers Won't Tell You.* Hoboken, NJ: John Wiley & Sons 2012.

Schwager, Jack D. *Market Wizards: Interviews with Top Traders.* Hoboken, NJ: John Wiley & Sons 2012.

Seides, Tim. *So You Want to Start a Hedge Fund: Lessons for Managers and Allocators.* Hoboken, NJ: John Wiley & Sons 2016.

Shearn, Michael. *The Investment Checklist: The Art of In-Depth Research.* Hoboken, NJ: John Wiley & Sons 2011.

Sonkin, Paul D. und Paul Johnson. *Pitch the Perfect Investment: The Essential Guide to Winning on Wall Street.* Hoboken, NJ: John Wiley & Sons 2017.

Staley, Kathryn F. *The Art of Short Selling.* Hoboken, NJ: John Wiley & Sons 2007.

Swensen, David F. *Pioneering Portfolio Management: An Unconventional Approach to Institutional Investment.* New York, NY: Free Press/ Simon & Schuster 2009.

Tracy, John A. und Tage Tracy. *How to Read a Financial Report: Wringing Vital Signs Out of the Numbers.* 8th ed. Hoboken, NJ: John Wiley & Sons 2014.

Valentine, James. *Best Practices for Equity Research Analysts: Essentials for Buy-Side and Sell-Side Analysts.* New York, NY: McGraw-Hill 2011.

Whitman, Martin J. *Value Investing: A Balanced Approach.* Hoboken, NJ: John Wiley & Sons 2000.

Whitman, Martin J. und Fernando Diz. *Distress Investing: Principles and Technique.* Hoboken, NJ: John Wiley & Sons 2009.

Whitman, Martin J. und Fernando Diz. *Modern Security Analysis: Understanding Wall Street Fundamentals.* Hoboken, NJ: John Wiley & Sons 2013.

Wir hoffen, unser Buch zu lesen hat Ihnen so viel Spaß gemacht wie uns, es zu schreiben. Jetzt besitzen Sie die wichtigsten Bausteine, um professioneller Investor zu werden.

Wir wünschen Ihnen viel Erfolg bei Ihren Anlagebemühungen.

– Josh & Josh

E-Mails an josh@investinglikethepros.com

DANKSAGUNGEN

Wir sind den zahlreichen Mitarbeitern, Fachkollegen und Freunden, die Rat, Input und harte Arbeit beisteuerten, um dieses Buch möglich zu machen, zutiefst zu Dank verpflichtet.

Besonderer Dank geht an **Mitch Kuflik** und **Rob Sobel**, Mitgründer von Brahman Capital. Nach meinen (JP) vielen Jahren im Investmentbanking gaben sie mir die Chance, professioneller Investor zu werden. Nachdem sie mir das Tor zur Welt der Geldanlage geöffnet hatten, halfen sie mir, meine Fähigkeiten zu erweitern, und gaben mir über viele Jahre kluge Ratschläge. Ihre jahrzehntelange Erfahrung und ihr Wissen waren für meine Laufbahn von unschätzbarem Wert. Meine Familie und ich sind ihnen zu ewigem Dank verpflichtet.

Zwei meiner (JP) Mentoren, **Jeff Schachter** und **Mitch Julis**, die zufällig auch gut befreundet sind, hatten unglaublich großen Einfluss auf dieses Buch. Ohne ihre stetige Unterstützung und Ermutigung wäre es nicht fertig geworden. Persönlich habe ich versucht, diesen beiden Personen nachzueifern und die Art nachzuahmen, wie sie denken, handeln und ihre Leben führen. Beide sind im wahrsten Sinne des Wortes „feine Kerle".

Wir hätten unsere Vision von diesem Buch ohne die Hilfe von **Raymond Azizi** von Weiss Multi-Strategy Advisers nicht verwirklichen können, dessen Investmenterkenntnisse, Erfahrungen und Primärrecherchen unschätzbar wertvoll waren. Ray gehört zu den begabtesten Portfoliomanagern, die wir kennen, und er ist im vollen Sinne des Wortes der dritte Koautor. Vor allem aber gehört er zu unseren besten Freunden. **Joseph Gasparro** von Credit Suisse war von entscheidender Bedeutung für den Lektorats- und Herstellungsprozess, der das Endprodukt unserer Arbeit geglättet und verfeinert hat. Joe verfügt über ein riesiges Netzwerk, einen unerbittlichen, zupackenden Ansatz und die angeborene Fähigkeit, Dinge zu erledigen. Er ist uns seit vielen Jahren ein wahrer Partner.

Wir möchten auch die wichtigen Beiträge hervorheben, die **Brian Johnson** von Barclays und **Dan Levy** von Credit Suisse leisteten, beide renommierte Aktien-Researchanalysten. Ihre Beiträge waren vielgestaltig und ihr unerschütterlicher Enthusiasmus, ihre Erkenntnisse und ihre Unterstützung waren nichts weniger als vorbildlich.

Besonderer Dank geht an **Rodney O'Neal**, den ehemaligen CEO von Delphi Automotive, und an den ehemaligen Vorsitzenden **Jack Krol**, die uns Anregungen für unsere Fallstudie gaben und uns bei der Erzählung der Geschichte regelmäßig halfen. **Kevin Clark**, CEO von Aptiv, der Vorsitzende **Rajiv Gupta**, das Verwaltungsratsmitglied **Sean Mahoney** und **Elena Rosman** aus der Investor-Relations-Abteilung betreuten unser Buch intern, gaben kluge Rückmeldungen und trugen dazu bei, dass die Details stimmen.

Didric Cederholm steuerte tiefe Einblicke in das Insolvenzverfahren von Delphi bei und ebnete den Zugang zu vielen entscheidenden Beteiligten. Das Team von Silver Point Capital, bestehend aus dem Mitgründer **Ed Mulé** und **Jeff Forlizzi**, verschaffte uns Einblick in die vollständige Hintergrundgeschichte von Delphi einschließlich des arbeitsintensiven Prozesses der Schöpfung eines enormen Shareholder Value.

Jeremy Weisstub lieferte fundierte technische Erkenntnisse und half uns, komplexe Konzepte in für Laien verständliche Begriffe zu destillieren. **Milwood Hobbs, Jr.**, seit meinen ersten Tagen im Investmentbanking mein Mentor und Kollege, war entscheidend dafür, dass wir für dieses Buch die richtigen Menschen ins Boot holten. Auch nach 15 Jahren ist er noch ein wertvoller Freund und Partner.

Wir möchten dem herausragenden Team von Wiley danken, das seit mehr als zehn Jahren partnerschaftlich an allen unseren Büchern und Kursen mitarbeitet. Unser für die Manuskriptauswahl zuständiger Lektor **Bill Falloon**, der uns in die Wiley-Familie einführte, hielt an seiner Vision fest und unterstützte uns. Er ist seit vielen Jahren ein Fels in der Brandung und wurde zum wahren Freund.

Unser Verleger **Matt Holt** trat intern wie extern für unser Buch ein. **Michael Henton, Steven Kyritz, Michael Freeland, Susan Cerra** und **Purvi Patel** aus der Lektorats- und Herstellungsabteilung arbeiteten gewissenhaft daran, dass alle Details beachtet wurden, und sorgten für einen reibungslosen Produktionsprozess. Unser Marketingmanager **Jean-Karl Martin** half uns durch seine Kreativität und Weitsicht, unsere Vision zu verwirklichen.

Wir möchten auch unseren Familien und Freunden unsere unermessliche Dankbarkeit ausdrücken. **Masha, Jonathan** und **Olivia** sowie **Margo** und **Alex** – wir danken euch sehr für eure Unterstützung, eure Geduld und eure Opfer. Wir hatten euch stets im Herzen und im Sinn, während wir fleißig an einem Buch arbeiteten, das uns alle stolz machen würde.

Ohne die Anstrengungen folgender Personen hätten wir dieses Buch nicht fertigstellen können:

Raymond Azizi, *Weiss Multi-Strategy Advisers*
Nadav Besner, *Sound Point Capital*
Didric Cederholm, *Lion Point Capital*

Maimi Chow, *Time Warner, Inc.*
Christopher Clark, *Soros Capital Management*
Kevin Clark, *Aptiv PLC*
Juan Pablo Del Valle Perochena, *Orbia Advance*
Michael Evelson, *Kingdon Capital Management*
Bryan Fingeroot, *Raymond James*
Jeff Forlizzi, *Silver Point Capital*
Joseph Gasparro, *Credit Suisse*
Joshua Glassman, *Goldman Sachs*
Greg Gliner, *Ironwall Capital Management*
Michael Goody, *Scharf Investments*
Steven Gordon, *J. Goldman & Co.*
Michael Groner, *Millennium Partners*
Rajiv Gupta, *Aptiv PLC*
Tim Hani, *Bloomberg*
Han He, *Oaktree Capital Management*
Milwood Hobbs, Jr., *Oaktree Capital Management*
Benjamin Hochberg, *Lee Equity Partners*
Cal Hunter, *Barnes & Noble*
Robert Jermain, *SearchOne Advisors*
Brian Johnson, *Barclays*
Mitchell Julis, *Canyon Partners*
Jennifer Klein, *Sequence Capital*
Jack Krol, *Delphi Automotive*
Shaya Lesches, *Young Jewish Professionals*
Marshall Levine, *GMT Capital*
Dan Levy, *Credit Suisse*
Jonathan Luft, *Eagle Capital Partners*
Peter Lupoff, *Tiburon Family Office*
Sean Mahoney, *Private Investor, Aptiv PLC*
David Marino, *BGC | MINT Equities*
Dave Miller, *Elliott Management*
Edward Mulé, *Silver Point Capital*

Rajeev Narang, *Hudson Bay Capital*
Justin Nelson, *J.P. Morgan*
Rodney O'Neal, *Delphi Automotive*
Daniel Reichgott, *Federal Reserve Bank of New York*
Eric Ritter, *Needham & Company*
Elena Rosman, *Aptiv PLC*
Jeff Schachter, *Crawford Lake Capital*
Howard A. Scott, *Park Hill Group*
Hooper Stevens, *Sirius XM*
Anne Tarbell, *Trian Fund Management*
Jeremy Weisstub, *Aryeh Capital Management*

ÜBER DIE AUTOREN

Sie können sich unter dieser E-Mail-Adresse gern mit Fragen, Kommentaren oder Empfehlungen für künftige Ausgaben an Joshua Pearl und Joshua Rosenbaum wenden:

josh@investinglikethepros.com

JOSHUA PEARL, AUTOR

Joshua Pearl ist geschäftsführendes Vorstandsmitglied der Long-/ Short-Aktien-Vermögensverwaltung Brahman Capital. Seine Schwerpunkte sind börsennotierte Aktien und Sondersituationen unter Anwendung eines fundamentalen Ansatzes. Davor strukturierte er als Verwaltungsratsmitglied der UBS Investment Bank hochverzinsliche Finanzierungen, fremdfinanzierte Übernahmen und Restrukturierungen. Vor UBS arbeitete er bei Moelis & Company und bei der Deutschen Bank. Er hat an der Kelley School of Business der Indiana University seinen BS in Betriebswirtschaft gemacht. Außerdem ist er Co-Autor von „Investment Banking: Valuation, LBOs, M&A, and IPOs“.

JOSHUA ROSENBAUM, AUTOR

Joshua Rosenbaum ist geschäftsführender Vorstand und Leiter der Industrials & Diversified Services Group bei RBC Capital Markets. Er organisiert und strukturiert Fusionen und Übernahmen, Unternehmensfinanzierungen sowie Kapitalmarkt-Transaktionen und ist in diesen Bereichen beratend tätig. Davor arbeitete er bei UBS Investment Bank und bei der International Finance Corporation, der Direktinvestmentabteilung der Weltbank. Er machte seinen AB in Harvard und seinen MBA als Baker Scholar an der Harvard Business School. Außerdem ist er Co-Autor von „Investment Banking: Valuation, LBOs, M&A, and IPOs".

RAYMOND AZIZI, REDAKTEUR

Raymond Azizi ist Portfoliomanager bei Weiss Multi-Strategy Advisers, wo er ein Long-/Short-Aktienportfolio managt. Davor war er Investmentexperte bei Lehman Brothers Merchant Banking mit den Schwerpunkten fremdfinanzierte Übernahmen und wachstumsorientierte Kapitalanlagen. Vor seiner Tätigkeit im Private-Equity-Bereich arbeitete er in der Investmentbanking-Abteilung von Lehman Brothers. Er machte seinen BS in BWL an der Rutgers University und seinen MBA an der Wharton School der University of Pennsylvania. Außerdem arbeitete er an „Investment Banking: Valuation, LBOs, M&S, and IPOs" mit.

JOSEPH GASPARRO, REDAKTEUR

Joseph Gasparro ist Vice President Capital Services bei Credit Suisse, wo er Manager von alternativen Investments bei der Kapitalbeschaffung sowie operativ berät. Davor wickelte er in der Investmentbanking-Abteilung des Unternehmens M&A- und Kapitalmarkt-Transaktionen ab. Vor Credit Suisse arbeitete er bei BofA Securities und bei UBS. Er machte seinen BA am Gettysburg College und seinen MBA an der Rutgers Business School. Zweimal bekam er vom Präsidenten der Vereinigten Staaten den Volunteer Service Award verliehen. Außerdem arbeitete er an „Investment Banking: Valuation, LBOs, M&A, and IPOs“ mit.

HAFTUNGS-AUSSCHLUSS

Geäußerte Meinungen. Alle in diesem Buch geäußerten Meinungen sind die Ansichten der Autoren zum Zeitpunkt der Veröffentlichung und stellen nicht die Meinungen ihrer derzeitigen oder ehemaligen Mitarbeiter oder von Körperschaften dar, mit denen die Autoren jemals verbunden waren, derzeit verbunden sind oder in Zukunft verbunden sein werden. Die hier geäußerten Informationen und Meinungen können sich jederzeit ohne Vorankündigung ändern. Die Autoren und John Wiley & Sons, Inc. (der „Verlag") sind nicht verpflichtet, in diesem Buch angegebene Informationen auf den neuesten Stand zu bringen oder zu berichtigen.

Nur zu Informationszwecken; keine Anlageberatung. Die in diesem Buch bereitgestellten Informationen sind nur für allgemeine Informationszwecke gedacht. Sie sind keine „Anlageberatung" oder „Empfehlungen" irgendwelcher Art (auf Anlagen, Finanzen, Buchhaltung, Steuern oder Rechtliches bezogen) oder „Werbematerial" irgendwelcher Art und dürfen nicht als solche betrachtet werden. Dieses Buch bietet keine Empfehlungen oder Meinungen darüber, ob eine Aktie oder ein Investmentansatz für die finanziellen Bedürfnisse einer bestimmten Person geeignet ist. Ihre Bedürfnisse, Ziele und Umstände sind einzigartig und erfordern die individuelle Tätigkeit eines zugelassenen Finanzberaters.

Verweise und Beispiele strikt unverbindlich. Alle in diesem Buch enthaltenen Beispiele dienen nur dem Zweck der Veranschaulichung, stellen keine Empfehlungen irgendwelcher Art dar und sind nicht dafür gedacht, Ergebnisse darzulegen, deren Erzielung Sie erwarten könnten. Jegliche Bezugnahme auf ein beliebiges Unternehmen in diesem Buch ist nicht als Eintreten für eine Aktie, eine Marke oder ein Produkt gedacht und darf nicht als solches ausgelegt werden.

Richtigkeit von Informationen. Zwar wurden die hier bereitgestellten Informationen aus Quellen bezogen oder zusammengestellt, die die Autoren für zuverlässig halten, jedoch können sie keine Gewähr dafür übernehmen, dass Informationen, die Ihnen hier zu einem bestimmten Zweck zur Verfügung gestellt werden, zutreffend, gültig, zeitnah oder vollständig sind. Weder die Autoren noch der Verlag haften für etwaige Verluste oder Schädigungen, die Sie im Falle von Fehlern, Ungenauigkeiten oder Auslassungen erleiden könnten, oder sind dafür verantwortlich.

Risiko. Geldanlage ist mit Risiken behaftet, darunter das Risiko des Kapitalverlusts. Als Anleger muss man seine eigenen Anlageziele und die Risiken sorgfältig abwägen, bevor man ein Investment tätigt. Es gibt keine Garantie, dass Anlagen in Gewinnen resultieren oder nicht in Verlusten resultieren. Jeder Anleger muss die mit Geldanlagen jeder Art, die zu tätigen er sich entscheidet, verbundenen Risiken vollständig verstehen. Die Performance jedes Portfolios wird von Wirtschaftsfaktoren, Marktbedingungen und Anlagestrategien beeinflusst und es gibt keine Gewissheit, dass es einer bestimmten Benchmark entsprechen oder sie übertreffen wird.

Keine Gewährleistung. Die Autoren haften weder vertragsrechtlich noch zivilrechtlich (einschließlich Unterlassung) oder in anderer Hinsicht für Schäden, Kosten oder Verluste, die Ihnen durch in diesem Buch gelieferte Informationen oder Inhalte oder im Zusammenhang mit solchen Informationen oder Inhalten oder dadurch womöglich entstehen, dass Sie sich auf solche Informationen, Inhalte oder Meinungen verlassen. Alle Investments, die Sie tätigen, liegen ausschließlich in Ihrem Ermessen und erfolgen ausschließlich auf eigene Gefahr.

Gewährleistungsausschluss und Haftungsbeschränkung. In keinem Fall können die Autoren, der Verlag, damit verbundene Unternehmen oder Personen oder ähnliche Parteien von Ihnen für mittelbare oder unmittelbare Schäden, konkrete Schäden, Folgeschäden, beiläufige Schäden oder andere irgendwie geartete Schäden haftbar gemacht werden.